Por que o diva?

Por que o divã?

perspectivas de escuta
e a poética da psicanálise

LUCAS KRÜGER

Para Marília e Inácio,
por todo o amor e por toda a paciência
durante o processo de escrita.

Por que o divã? Perspectivas de escuta e a poética da psicanálise
© 2023 Lucas Krüger

Editora Edgard Blücher Ltda.
Publisher Edgard Blücher
Editor Eduardo Blücher
Coordenação editorial Andressa Lira

Editora Artes & Ecos.
Editor Lucas Krüger
Preparação e revisão Andréa Ilha e Mauricio Wajciekowski
Diagramação Luísa Zardo
Capa Lucas Krüger

Artes & Ecos
contato@arteseecos.com.br
www.arteseecos.com.br

Blucher

Rua Pedroso Alvarenga, 1245, 4º andar
04531-934 – São Paulo – SP – Brasil
Tel.: 55 11 3078-5366
contato@blucher.com.br
www.blucher.com.br

Segundo o Novo Acordo Ortográfico, conforme 6. ed. do *Vocabulário Ortográfico da Língua Portuguesa*, Academia Brasileira de Letras, julho de 2021.

É proibida a reprodução total ou parcial por quaisquer meios sem autorização escrita da editora.

Todos os direitos reservados pelas Editora Edgard Blücher Ltda.

Dados Internacionais de Catalogação na Publicação (CIP)
Angélica Ilacqua CRB-8/7057

Krüger, Lucas
  Por que o divã? : perspectivas de escuta e a poética da psicanálise / Lucas Krüger. – 1. ed. - São Paulo : Blucher ; Artes & Ecos, 2023.
  352 p.

  Bibliografia
  ISBN 978-65-5506-735-4

  1. Psicanálise 2. Escuta psicanalítica I.. Título

23-1802 CDD 150.195

Índice para catálogo sistemático:
1. Psicanálise

11   NOTA EDITORIAL

13   **PREFÁCIO** O divã imprevisível — por Daniel Kupermann

21   **ABERTURA**

29   **PARTE I** — Perspectivas de escuta

31   1. O divã-reminiscência de Sigmund Freud

39   2. O divã, a criança que vive no adulto e as ousadias técnicas de Sándor Ferenczi

47   3. O divã-corpo de Donald Woods Winnicott

59   4. O divã-pele de Didier Anzieu

63   5. O divã de André Green — o modelo do sonho, outras contribuições e equívocos

83   6. Thomas Ogden e a privacidade no divã

95   7. Christopher Bollas e o divã evocativo

111   8. Um divã distante em Jacques Lacan?

121   9. O divã em latência de René Roussillon

133   10. O processo criativo do analista e o divã para Melanie Klein

139   11. O divã embrionário de Wilfred Bion

149   12. O divã dramatúrgico e neuropsíquico de James Grotstein

157	13. O divã como auxiliar a um "roteiro fílmico" de John Munder Ross
163	14. Outros autores e as diversas formas de pensar o trabalho psicanalítico a partir do divã
203	15. Breves comentários finais

205 PARTE II — A poética da psicanálise

207	1. Introdução — O *self* teórico-clínico de um analista em diálogo com outros
211	2. Algumas considerações sobre a história e a etimologia da palavra divã
215	3. O brincar como essência do processo psicanalítico
215	3.1 A criança-poeta de Freud e o jogo das nuvens de Goethe
220	3.2 As nuvens, os poetas e o criacionismo de Vicente Huidobro
225	3.3 O *diwan* enquanto nuvem — a *re-forma* em análise
229	4. As regiões psíquicas e o estado de nuvem
239	5. A nuvem, a condensação e o fazer poético: reflexões sobre o *Dichter*, a *Dichtung* e a *Verdichtung*
245	6. A roupagem simbólica e as suas apresentações na clínica a partir do *estado de nuvem*
245	6.1 Brevíssimo prelúdio
246	6.2 Reflexões essenciais sobre a *Verkleidung* (disfarce/roupagem) e a *Darstellung* (apresentação)

251	6.3 A *roupagem simbólica*: uma conceitualização
255	6.4 A tecelagem psíquica — um caminho para pensar os papéis transferenciais
261	7. O divã/*diwan* e a metáfora da nuvem na clínica
261	7.1 Retomando a proposta de *regiões psíquicas* para pensarmos a clínica
263	7.2 Os mecanismos psíquicos de defesa e as regiões internas predominantemente neuróticas
269	7.3 A importância do divã para a clínica além da neurose
289	7.4 A sala de atendimento como um todo e sua relação com os processos inconscientes
296	7.5 Considerações a respeito da análise de crianças — o divã enquanto cama, barco e castelo
299	7.6 O compartilhamento da poesia interna singular e a apresentação da *roupagem simbólica* — penúltimas palavras

309 ÚLTIMAS PALAVRAS

315 EXTRAS

317	Poema "Criação"
319	Provocações a respeito dos atendimentos remotos *online*: A necessidade do divã ou um substituto que não o olhar

333 REFERÊNCIAS

NOTA EDITORIAL

Boa parte das referências e citações bibliográficas presentes neste livro são, originalmente, oriundas de línguas estrangeiras. Porém, decidiu-se que elas deveriam ser apresentadas em português, para um melhor entendimento do leitor. Toda e qualquer citação que esteja apresentada em português, de algum livro não publicado em nossa língua, foi traduzida diretamente pelo autor, Lucas Krüger. Em alguns casos, por opção autoral, Lucas Krüger valeu-se tanto das versões publicadas em português[1] quanto da versão original desses escritos, a fim de compartilhar a tradução que confira o melhor entendimento das comunicações do autor originalmente citado.

---

[1] Equívocos na pontuação das versões publicadas em português foram, na maior parte dos casos, ajustados pelos revisores.

PREFÁCIO

O DIVÃ IMPREVISÍVEL

Daniel Kupermann

Surpresa. Essa é a palavra que encontrei para expressar minha experiência de leitura de *Por que o divã? Perspectivas de escuta e a poética da psicanálise*, de Lucas Krüger. Meus olhos, habituados — e, às vezes, também cansados — com a leitura de centenas de livros, dissertações, teses e artigos publicados em periódicos sobre psicanálise, se arregalaram em muitas passagens e paisagens, curiosos por saber os caminhos que seriam tomados por esse escrito erudito, criativo e provocador, dedicado ao objeto que se transformou em símbolo maior da psicanálise: o divã.

Divã. Para os não psicanalistas, a palavra soa como coisa de avó. Raro, nos dias de hoje, se encontrarem divãs como parte da mobília, nos lares privilegiados do Ocidente, talvez porque o divã esteja associado à leitura, ao repouso, à contemplação, ao devaneio, à imaginação e ao sonhar. E, na sociedade do cansaço, há pouco espaço para essas atividades inúteis, segundo o imperativo de desempenho a que estamos submetidos.

Se o divã persiste sendo parte da mobília psicanalítica, isso já diz bastante acerca do que é a psicanálise. Mérito para Freud e seus seguidores, que parecem insistir em manter um lugar bastante especial, uma *tópica* em nosso ambiente cultural, que se impõe como *reserva* — no sentido em que dizemos reserva ecológica — para o exercício da escuta e da poética singular, que, muitas vezes, parece caminhar para a extinção.

Foi uma surpresa acompanhar os ricos desdobramentos empreendidos por Lucas Krüger a partir da etimologia do termo divã, oriundo de *diwan*, em suas vertentes persa e turco-otomana. A primeira nos remete à poética, seja ao escritor propriamente dito, seja a uma coletânea de poesias. Já a segunda se refere à concepção espacial da sala de reuniões onde questões importantes eram decididas pelos sultões. Além desses sentidos, há ainda a derivação *aduana* — cuja sonoridade revela sua etimologia —, isto é, controle de entrada e saída de mercadorias transportadas de um lugar a outro. Recordo que, em alemão, a palavra *Übertragung*, utilizada por Freud como conceito clínico, traduzida como transferência, significa também transporte de um lugar a outro. No caso, transporte de afetos referidos às experiências existenciais, traumáticas ou vitalizantes, do sistema de memória inconsciente do analisando para a figura do psicanalista, presentificando o passado daquele que se deita no divã.

Que o leitor não se iluda. O objetivo de *Por que o divã?* não é apenas o de nos despertar para a pletora de sentidos embutida na mobília mais característica dos consultórios de psicanálise, mas o de nos sensibilizar para a especificidade do próprio fazer psicanalítico, adotando o divã como sua metáfora maior.

O divã de Procusto

Metáforas são antídotos para o dogmatismo esterilizante. Pegam no pé das letras e das palavras e as fazem rodopiar, as viram de ponta-cabeça, perpetuando sua polissemia. O divã, no livro de Krüger, é tomado como a metáfora preliminar de uma sucessão de metáforas conceituais que favorecem uma transmissão viva do fazer psicanalítico.

A psicanálise, ao longo da sua história, construiu verdadeiros divãs de Procusto, na forma de institutos e escolas dedicados a formar analistas, de acordo com o pensamento predominante nesses espaços — a ponto de um autor como Michael Balint afirmar que o grande desafio para o psicanalista em formação seria o de escapar da produção de obediência a ele imposta, seja pela ingerência institucional sobre as análise "didáticas", seja pela obrigatoriedade da adoção de uma linguagem única para testemunhar a experiência analítica, engendrando a ecolalia das palavras dos mestres e a adesão acrítica às teorias vigentes.

Há uma proposição implícita no livro de Lucas Krüger: o psicanalista, em seu processo de formação, deveria constituir um *self* teórico-clínico afeito ao seu estilo e capaz de encontros e desencontros com outros *selves* teórico-clínicos de outros analistas. Desses encontros e desencontros depende o desenvolvimento do pensamento psicanalítico. Para constituir um *self* teórico-clínico, no entanto, seria necessário introjetar o divã, constituindo algo próximo ao que André Green nomeou de enquadre interno, o que nos permitiria, inclusive, levar o nosso divã interior a todo e qualquer espaço onde a psicanálise seja convocada em sua escuta e em sua poética.

Encontramos, assim, um divã móvel (para não perder a graça do trocadilho), nômade, no sentido transferencial, passível de ser levado ao encontro de todo sofrimento psíquico, seja no consultório do psicanalista, seja no hospital, nas escolas, nas ruas ou nas telas de computadores e celulares, como nos impuseram os atendimentos remotos universalizados durante a pandemia. Um divã caracterizado, ao contrário daquele coberto com tapetes persas de Freud, pela leveza de uma nuvem que, andante, acolhe o voo da imaginação que se evadiu da estátua de pedra, provocada pelo olhar aterrorizante da Medusa.[1]

---

1   Segundo a inspiração da poesia de Murilo Mendes, citada por Krüger, ao lado de muitos outros poetas que se dedicaram ao tema da nuvem.

O divã fabricado por Lucas Krüger nos remete ao "estado de nuvem", oferecendo-se como verdadeiro antídoto à tendência de se criarem divãs de Procusto nos diversos lugares de transmissão da psicanálise.

Olhe para cima

A nuvem é, efetivamente, a musa inspiradora da conceitualização acerca da poética psicanalítica tecida pelo autor que, convém notar, publicou, há alguns anos, um livro de poesias intitulado *Homenagem à nuvem*. Surpresa para os leigos em poesia, obviedade *a posteriori*: a nuvem é inspiração bastante presente no campo da poesia, de Goethe a Carlos Drummond de Andrade.

Não poderia ser diferente. A matéria *informe* da qual são feitas as nuvens se oferece, no mundo físico, como a imagem mais eloquente de um meio maleável necessário para que o poeta possa crer em sua potência criadora de mundos. As nuvens, com seus jogos de formas em movimento são, para a imaginação daquele que sabe olhar para cima, como letras capazes de compor as palavras de que precisamos para celebrar nossa curta e imprevisível existência. Ludwig Tieck, citado no livro, escreve: "Grande elefante! Estique a tromba, / diz a criança à nuvem que se alonga. / E a nuvem obedece". Não duvido que o primeiro poeta tenha sido aquele que elevou seus olhos para o céu e, em sintonia com o jogo das nuvens, foi capaz de sublimar a potência da sua voz em palavras mágicas.

Pode ser que Freud fosse mesmo um adicto em tabaco e, por isso, estivesse sempre fumando durante as sessões com seus pacientes. No entanto, após a leitura de *Por que o divã?*, imagino que, ao lado do amor pelo perfume da queima da planta e pelo efeito da nicotina em seu sangue, Freud desenvolveu o método psicanalítico porque era transportado ao "estado de nuvem", inspirado pelos volteios da fumaça que subia da ponta de seu charuto e daquela que exalava de seus lábios.

Ao propor que o analisando se deite no divã, o analista o convida a desviar o olhar de seu rosto, a olhar para cima, liberando-o do jogo das demandas de amor, de reconhecimento e de poder que caracterizam nossas relações sociais. O olhar para cima reproduz o gesto do poeta primordial, favorecendo a regressão aos processos primários de pensamento característicos do sonho, via régia para a poética do inconsciente, de acordo com Freud. Nesse "estado de nuvem", ao qual o analisando é transportado, faz-se possível a perlaboração das dores, a transmutação dos fantasmas referidos às imagos inconscientes infantis, a emergência do gesto onipotente da criança que reside em cada um de nós, favorecendo a criação de novas formas de ser, que passam a habitar o espaço analítico tornado nuvem, como se fossem figuras levitantes de Chagall, com as quais o analisando poderá compor sua estilística da existência.

A aduana

A metáfora conceitual "estado de nuvem" proposta por Krüger é o testemunho, em nome próprio, acerca do cerne da experiência psicanalítica, definido como escuta e poética. Escuta dos núcleos traumáticos do analisando, bem como de seu desejo de encontro com o Outro vitalizante, enunciados por modos de expressão diversos, seja pela palavra, seja pelo silêncio ou pelo brincar. Escuta, por parte do analista, do modo como é afetado no exercício do seu ofício. Poética como a criação possível, por meio do encontro afetivo, capaz de afetar ambos os parceiros dessa aventura chamada psicanálise.

Uma das nossas maiores dificuldades epistemológicas é encontrar uma linguagem conceitual capaz de ilustrar o espaço de encontro de subjetividades promovido pela experiência clínica. As tópicas freudianas foram mais bem-sucedidas em representar a dinâmica dos aparelhos psíquicos individuais. Inspirado na filosofia estética, Ferenczi importou o conceito de empatia para descrever um estilo clínico que considerasse uma zona de mistura entre psiquismos. Winnicott, por seu turno, avançou na tentativa de descrever o espaço analítico como uma terceira área da experiência, nem interna nem externa, transicional. Seu leitor Thomas Ogden inventou o terceiro analítico intersubjetivo para descrever o *locus* de origem dos pensamentos que emergem no *setting*. Lucas Krüger se filia a essa tradição, recorrendo à metáfora conceitual do "estado de nuvem".

A metáfora conceitual é guiada menos pela ambição de criação de uma nova topologia do que de uma ferramenta para sensibilizar o leitor e transmitir o entendimento do autor acerca da perspectiva criadora da clínica psicanalítica. O "estado de nuvem" é, assim, a condição de possibilidade para que analisando e analista possam transitar pelas *aduanas* intra e intersubjetivas, tornando a experiência psicanalítica um acontecimento efetivamente transformador dos modos de ser, sentir e agir no mundo.

O divã descrito por Krüger detém, portanto, uma riqueza que justifica o fato de ter se tornado símbolo maior da invenção freudiana. Ele é *diwan*, tanto o escritor quanto a obra poética: o lugar onde as coisas que realmente importam são decididas. Ele é o corpo da mãe, a pele que dá contornos à experiência da loucura. Ele permite a emergência da criança no adulto, a regressão e o sonho. Ele favorece a capacidade de odiar e de sobreviver ao ódio, o anonimato e o segredo. Ele é o espelho que reconhece nossas dores e nossa potência. Ele é o esconderijo protetor, o barco ou o castelo das brincadeiras infantis. Ele é o lugar onde o comércio pulsional, representacional e afetivo é possível.

Surpreendentemente, Lucas Krüger publica seu livro a contrapelo da história da psicanálise, justamente quando, após a pandemia da covid-19, os atendimentos remotos se tornaram corriqueiros, prescindindo, na maior parte das vezes, da materialidade do divã — ainda que muitos analisandos e analistas tenham preferido a voz sem imagem, e outros tenham simulado divãs em seus espaços privados.[2] Porém,

---

2 Para além do divã "propriamente dito", é preciso salientar que a proposta de Krüger transcende a materialidade do divã e abarca a experiência de análise remota (*online*).

considerando as questões presentes em *Por que o divã?*, é legítimo perguntar se, no dia em que o divã for dispensável ou não tiver mais lugar nos espaços de escuta clínica, ainda haverá algo de psicanalítico em nossa cultura.

Da escrita

Imagino o sentido de responsabilidade que pode se abater sobre um psicanalista ainda jovem, poeta e também editor, ao escrever e publicar um livro sobre psicanálise. Imagino nosso autor no divã em "estado de nuvem", combatendo seus críticos fantasmas e suas fantasias de onipotência, tal qual um Quixote enfurecido, contando com seu Sancho Pança, também em "estado de nuvem", que o escuta e o ajuda a enfrentar e a dissipar seus delírios, de modo a encontrar a justa fórmula para que se tornassem metáforas conceituais generosas com a comunidade psicanalítica.

Foi preciso que Lucas Krüger dividisse seu livro em duas partes bem distintas: a primeira, "Perspectivas da escuta", dedicada a uma extensa e invejável pesquisa, à moda acadêmica, acerca do estatuto do divã na obra de diversos psicanalistas. São tantos que não me cabe enumerá-los aqui, mas posso afirmar ao leitor que decerto encontrará seus autores de preferência citados. Já na segunda parte, "A poética da psicanálise", Krüger parece escrever como se suas palavras fossem a chuva fina que nos alivia, anunciando o fim da fúria de uma tempestade; trata-se de uma escritura de quem decerto frequentou seu "estado de nuvem" teorizante e foi capaz de transmitir, de modo elaborado e estimulante, o que de lá enxergou e intuiu. Percebe-se que a primeira parte do livro, estudiosa e obediente, concedeu a Krüger a licença poética de ousar pensar e escrever, a partir de seu *self* teórico-clínico, a psicanálise que encontrou em seu percurso com pacientes que habitam as mais diversas formas do sofrer encontradas pelo humano, da neurose às clivagens narcísicas, dos adultos às crianças.

Por que o divã? Perspectivas de escuta e a poética da psicanálise é, portanto, mais do que um livro sobre o objeto que domina o imaginário cultural acerca do que é a psicanálise; é um testemunho do impacto do saber psicanalítico sobre alguém que quis entender que essa aventura vale a pena ser vivida, sonhada e transmitida.

Daniel Kupermann é psicanalista, professor livre-docente do Instituto de Psicologia da Universidade de São Paulo e presidente do Grupo Brasileiro de Pesquisas Sándor Ferenczi.

ABERTURA

Se há algo que representa a psicanálise, na cultura e no imaginário popular, é o divã. Para que mesmo serve o tal divã? Qual sua função? São perguntas de leigos... mas não só. Ao passo que sua figura se destaca, também alimenta a criação de dogmas e até mesmo de tabus. Portanto, é fundamental discutirmos, a fundo, as suas especificidades e suas funções auxiliares ao processo psicanalítico.

É fato que Freud pouco se ocupou em teorizar a respeito do divã e da sua importância para a escuta e a intervenção clínica. São raros e esparsos os momentos de sua obra em que esse objeto-mobília é citado, e a não teorização acerca desse importante auxiliar nas análises acaba por ser até mesmo comum, inclusive na obra de autores proeminentes. De maneira geral, os autores não se ocupam em discutir o tema em profundidade, muitas vezes não dedicando mais do que um ou outro parágrafo ao tema e, na grande maioria dos casos, nem isso. Portanto, devido ao curioso fato de até hoje ainda não termos um livro que se empenhe inteiramente em discutir as inúmeras e possíveis funções do divã enquanto um auxiliar à análise, esta publicação procurará ocupar essa lacuna, com o objetivo de apresentar, introdutoriamente, alguns *modos de escutar e intervir a partir do divã*. E, assim, a partir da exposição de premissas teórico-clínicas diversas, acabaremos por encontrar singulares ângulos de pensar as suas funções. Ainda que, em muitos momentos, encontremos posições antagônicas, também encontraremos posições complementares que acabam por tecer camadas de complexidade que vêm a se interligar na forma de encarar esse objeto-mobília na clínica psicanalítica.

A noção de enquadre, apesar de fundamental para o pensamento teórico-clínico psicanalítico, não é o ponto de partida da discussão. Ainda que a respectiva noção tangencie o uso do divã — e, por conta disso, ela estará presente sempre que for necessária à discussão —, a proposta deste livro é nos aprofundarmos nas especificidades das funções do divã. Escritos que enfocam o enquadre psicanalítico, apesar de riquíssimos e de suma importância para pensar o fazer psicanalítico, costumeiramente "simplificam" o divã enquanto um de seus "elementos" constituintes,[1] acabando por não desenvolver algumas das facetas que pretendemos explorar. Este escrito se propõe, portanto, a deslocar a centralidade da questão do enquadre para o divã em si, justamente para dar conta de especificidades que concernem às formas de encarar o seu uso, na prática clínica, que acabam por não ser devidamente contempladas, quando o enfoque recai sobre o prisma do enquadre.

Pensar a função do divã é muito mais do que pensar elementos do enquadre, e é isso que pretendemos discutir, ao longo deste livro — ainda que, obviamente, as temáticas se interliguem. Para tanto, é imprescindível um resgate histórico de como algumas possíveis funções do divã foram sendo experienciadas e percebidas pelos psicanalistas no trabalho com seus analisandos, até se tornarem parte de seus modos singulares de escuta e intervenção, ao longo do desenvolvimento da psicanálise.

Compilar a contribuição de alguns dos mais importantes autores da psicanálise é fundamental para compreendermos quão diversas e complexas podem ser as formas de encarar

---

1   O tema do enquadre, como veremos depois, sobretudo no capítulo "O divã de André Green – o modelo do sonho, outras contribuições e equívocos", contempla muitos elementos, dos quais o divã é apenas um.

o divã na clínica, e esse é um dos objetivos principais da primeira parte deste livro. Essa tarefa exigirá, em boa parte dos casos, trabalhar com vestígios de ideias embrionárias que, apesar de presentes em produções escritas, não são o tópico principal desses textos. Percorremos, não sem alguma dificuldade em reunir os esparsos rastros, algumas contribuições importantes. Se reflexões acerca da utilização do divã, na sessão psicanalítica, já são escassas em Sigmund Freud, não são menos em Jacques Lacan, Wilfred Bion e Sándor Ferenczi, que dedicam ao tema apenas uma frase ou outra em suas obras. Isso não é muito diferente do que encontramos em autores como Donald Winnicott e Christopher Bollas, que, apesar de não dedicarem muitos parágrafos ao tema, trazem fundamentais contribuições que nos levam a ampliar janelas. Veremos como André Green, Thomas Ogden e René Roussilon partem de reflexões acerca do enquadre que culminam na discussão de importantíssimas facetas do trabalho no divã. E apresentaremos, também, os esforços de Melanie Klein em tentar compreender e articular as funções do divã, ainda nos primórdios da psicanálise, sem deixarmos de percorrer as contribuições de Didier Anzieu, James Grotstein e John Munder Ross. Ainda, para além dos autores já citados, há um capítulo a compilar inúmeras contribuições que partem de autores como Otto Rank, Karl Abraham, Otto Fenichel, Michael Balint, Donald Meltzer, Masud Khan, Jean Laplanche, César e Sara Botella, Antonino Ferro, Paula Heimann, Danielle Quinodoz e Hanna Segal, dentre muitos outros.

Apesar do objetivo de reunir as contribuições de todos os autores citados, é preciso salientar que esses capítulos não sofrem de uma neutralidade opaca e asséptica de minha parte. Ainda que seja da maior importância ser fiel à comunicação do pensamento dos autores selecionados como um todo, e é meu compromisso fazê-lo, suas breves colocações acerca do divã instigam a que escutemos para além das lacunas deixadas e a que sigamos os rastros aparentemente não desenvolvidos por eles. Portanto, a proposta do livro transcende a ideia de apenas repetir os posicionamentos de outrem, buscando lê-los como quem escuta para além do conteúdo manifesto. É necessário que o psicanalista se coloque a escutar "para dentro" das obras psicanalíticas, com o intuito de explorar suas lacunas e penetrar em seus enigmas. Sob essa ótica, proponho uma "leitura criativa", como recomenda Thomas Ogden,[2] a fim de seguir ampliando a discussão teórico-clínica. Consequentemente, ao lado da apresentação das contribuições desses autores, são levantados pontos de reflexão que, de certa maneira, tecem fios que transpassam e interligam os capítulos, sempre em prol de problematizar as diferentes perspectivas acerca do trabalho com o divã e suas funções, levando em conta as singularidades de cada caso clínico.

A segunda parte, para além de complementar as discussões da primeira, traz ângulos de reflexão não desenvolvidos anteriormente. Se, por um lado, ela se constrói como uma continuação da discussão anterior, por outro, deixa claro que me comprometi a trabalhar o divã e suas funções a partir do que poderíamos chamar de "a poética da psicanálise", que culminaria em discutir a função poética contida no trabalho, a partir de nosso objeto-mobília auxiliar. Devo confessar minha dificuldade em apresentar o conteúdo trabalhado nessa segunda parte em um breve resumo introdutório, como é a proposta desta Abertura, pois receio que elencar o percurso a ser seguido não auxilie muito a compreensão do leitor aqui nesse início, podendo ser tomada como confusa.[3] Contudo, tal premissa é também o que faz dela uma aposta, no que concerne ao fazer do psicanalista, pois o que se apresenta obscuro na clínica, sobretudo nos primeiros contatos com nossos analisandos, é o que nos propulsiona a continuarmos curiosos e desejosos de seguir nosso trabalho. A curiosidade é uma poderosa força motriz para o psicanalista se manter a escutar o que primeiramente possa soar confuso, lacunar e

---

2   Ogden, 2014.

3   "Eu tô te explicando pra te confundir / Tô te confundindo pra te esclarecer", canta Tom Zé, no refrão de sua canção Tô, do álbum Estudando o samba (1976).

inacabado e acompanhar os vestígios não tão claros que lhe são oferecidos por outrem para, quem sabe, em determinado momento, alcançar algum tipo de esclarecimento... ou não.

O pontapé de partida para essas segundas ideias é evocar a etimologia de *diwan* (divã) que, curiosamente, não foi desenvolvida por nenhum dos autores pesquisados e, aparentemente, não é conhecido pelos demais colegas, apesar de estar contida, nela, a essência do fazer psicanalítico. A vertente persa[4] de *diwan* está intimamente ligada à poética e à obra poética, enquanto a vertente turco-otomana remete, dentre outras significações, a uma "sala de reuniões importantes" e a questões ligadas à espacialidade, como veremos depois mais profundamente. Trabalharmos a partir da etimologia nos levará até Goethe e seu "jogo das nuvens" e a re-trabalhar diferentes conceitos ligados ao funcionamento do psiquismo, à espacialidade, à poética, às funções do brincar,[5] a re-articular noções que envolvem a *Verdichtung* (condensação), o *Dichter* (poeta) e a *Dichtung* (obra poética), assim como a construir uma espécie de *modelo de escuta* que se baseie em uma metáfora que leva em conta as nuvens, seus movimentos e sua morfologia (dentre outros aspectos intrínsecos à sua figura). Para tal objetivo, não seria menos importante trabalharmos o conceito de *roupagem simbólica*, que nos auxiliará a desenvolver esse modelo-clínico de escuta e intervenção, intimamente relacionado aos aspectos discutidos na primeira parte do livro, mas também oferecendo novas perspectivas de entendimento ao trabalho psicanalítico, a partir do uso do divã.

Antes de dar prosseguimento aos capítulos do livro, é primordial advertir o leitor de que toda a discussão que se

---

4   Mario Coutinho Jorge e Antonio Quinet mencionam, brevemente, a etimologia persa em seus livros, ainda que não a desenvolvam ou, ao menos, não a desenvolvam da maneira que proporei. (Cf. Jorge, 2017; Quinet, 2009).

5   Refiro-me, aqui, ao brincar em sua amplitude, levando em consideração uso que Freud faz da palavra *Spiel*, conforme explicado pelo tradutor Paulo César de Sousa. "A palavra *Spiel*, que corresponde à inglesa *play*, pode ser vertida por 'brincadeira', 'jogo', 'execução musical' ou 'representação teatral'" [Freud, (1905/1906) 2019a, p. 363].

segue acaba por privilegiar o trabalho clínico realizados nos consultórios[6]; todavia, de nenhuma maneira se propõe a uma idealização do uso do divã. A temática do livro possui limites e não consegue abarcar outras modalidades da prática psicanalítica, sobretudo ao que convencionalmente é chamado de "psicanálise extramuros". Saliento a importância da ocupação da psicanálise com o campo social e a criação de modalidades que buscam trabalhar a psicanálise de formas diversas, sejam elas a partir da psicanálise de grupos, sejam as demais formas de atuação, realizadas em qualquer ambiente para além da clínica tradicional. Registro aqui o meu profundo respeito pela seriedade dos colegas dedicados a essas modalidades. Quanto ao livro, há questões diversas de acessibilidade que acabam por não ser contempladas em sua profundidade, como, por exemplo, a carência de uma discussão aprofundada sobre a escuta de analisandos surdos, que prescindiriam de um apoio gestual-visual em sua comunicação. Quanto a essas questões todas, reitero minha convicção de que existem colegas mais bem habilitados a discuti-las.

Não menos relevante do que a ressalva anterior é a importância de se reconhecer que, historicamente, a psicanálise (e, por conseguinte, o tratamento realizado no divã) se mostrou mais acessível a determinadas classes econômicas do que a outras. Felizmente, parece-me, temos visto cada vez mais movimentos a favor de uma democratização do acesso aos tratamentos, sobretudo no que tange aspectos de ordem financeira (ou até mesmo de outras ordens). A psicanálise não é e não deve ser uma ferramenta de poder ou de exclusão. Há muito a se fazer nesse sentido, e é importante salientar que repensarmos, em um nível profundo, as funções do divã é uma das maneiras de não perpetuar dogmas acerca de seu uso. Dito de outro modo, o divã é uma importante ferramenta auxiliar à escuta; estudarmos, a fundo, as suas

---

6   Englobando os atendimentos remotos (*online*), melhor contemplados na discussão presente na segunda parte do livro e, sobretudo, no capítulo extra "A necessidade do divã ou um substituto que não o olhar".

funções também é uma das formas de expandir o acesso a tratamentos que contemplem a sua utilização.

Neste momento, é preciso contextualizar que o uso do divã pressupõe, primeiramente, um psicanalista. E um psicanalista é quem passou ou está passando[7] pelo processo básico do "tripé analítico", que consiste em um aprofundado estudo teórico, a realização de supervisões e uma análise "suficientemente boa", se assim podemos dizer. Um psicanalista se constituirá sempre a partir da relação com o outro, em um processo que poderíamos chamar de "dentro para fora" e não de "fora para dentro". Como é de se notar, minha forma de apresentar a questão é genérica, pois tem o intuito de abarcar os diferentes modelos de formação em psicanálise. Estou falando de toda e qualquer formação consistente em psicanálise, independentemente de ser realizada a partir de modelos ligados a IPA ou a modelos lacanianos, ou se é realizada a partir de outras instituições independentes,[8] sérias e comprometidas com o fazer psicanalítico. Mais do que qualquer vinculação institucional, já que há também os psicanalistas que escolhem um percurso não vinculado a elas — dedicando-se ao essencial tripé analítico —, refiro-me ao fato de que um psicanalista se faz sempre de "dentro para fora" e a partir de intensa dedicação. A formação do psicanalista nunca é completa, mas, sim, é um processo ininterrupto que o acompanha até o final de sua sua jornada.

Ainda que o objetivo deste livro não seja o de discutir pormenores da formação psicanalítica, não posso deixar passar batido que, infelizmente, temos presenciado a emergência de diversas falsas formações, algumas de cunho até mesmo bizarro, como as intituladas de "psicanálise evangélica", ou outros tipos, nos quais não encontramos psicanálise alguma. É preocupante também a criação de "cursos-relâmpago", que prometem formar psicanalistas em poucos meses, distorcendo

---

7   Refiro-me a colegas que ainda se encontram em um processo inicial de formação psicanalítica, mas estão a exercer a função de analista para seus analisandos.

8   Como é o meu caso.

a ética e a seriedade da psicanálise, sem levar em conta o tripé analítico fundamental e iludindo os desavisados com propagandas superficiais. Precisamos estar atentos e lembrar que, assim como não podemos sacralizar a psicanálise, tampouco podemos permitir que uma prática séria e ética seja banalizada.

Finalizo esta seção convidando o leitor a percorrer as reflexões que permearão os próximos capítulos, retomando que este é um estudo introdutório e provavelmente carecerá de novas interlocuções, entre pares, para posteriores desdobramentos. Mais do que qualquer outra coisa, espero que este escrito suscite inquietações e desperte o desejo dos colegas de seguir problematizando e discutindo a respeito do divã.

PARTE I
Perspectivas de escuta

1. O divã-reminiscência de Sigmund Freud

Não é possível discutirmos o divã, na psicanálise, sem começarmos por refletir sobre o uso que Freud fez desse instrumento. Apesar de o divã ter se tornado essencial em sua prática psicanalítica e ter naturalmente sido incorporado por todos os psicanalistas desde então, são raros os escritos de Freud que o mencionam. As melhores ideias nem sempre surgem de maneira elaborada, e o uso do divã corrobora essa afirmação, já que não foi um recurso inicialmente pensado para a prática psicanalítica, mas, sim, um "remanescente do método hipnótico",[1] como prefere sintetizar Freud. De fato, seu divã lhe foi dado de presente por uma paciente (Madame Benvenisti), no início dos anos 1890, segundo o historiador e biógrafo Peter Gay, a partir de comentários realizados por Marie Bonaparte — ainda antes de a palavra *psicanálise* aparecer pela primeira vez apenas em 1896, no escrito *A hereditariedade e a etiologia das neuroses*. Segundo Gay,[2] o divã de Freud, por si só, constituía um "espetáculo":[3]

---

1 Freud, (1913) 1996e, p. 149.
2 Gay, 1989, p. 168.
3 Um entendimento do que seria da ordem desse mencionado "espetáculo" estaria ligado ao encenar e a uma "peça" do Inconsciente, que será mais bem desenvolvida na Parte II deste livro.

As estantes envidraçadas estavam repletas de livros e cobertas de objetos; as paredes eram forradas de instantâneos e daguerreótipos. O famoso divã constituía por si só um espetáculo, amontoado de almofadas, com um tapete aos pés para o uso dos pacientes, caso sentissem frio, e coberto por um tapete persa, um Shiraz.[4]

No entanto, para além dos fatos e da descrição do divã de Freud, procuremos também tentar ler/escutar a complexidade de sua afirmação, aparentemente simples, de que o divã é um "remanescente do método hipnótico". A ideia de o divã ser um remanescente, portanto, uma reminiscência de outro período, faz todo o sentido se pensarmos a maneira como Freud encarava a clínica, não? Ao longo deste capítulo, convido o leitor a discutirmos algumas questões, dentre as quais, a inicialmente colocada.

Primeiramente, sinalizemos que o fundador da psicanálise nos acompanhará em todo percurso que envolverá os demais capítulos e autores presentes nesta primeira parte, bem como nas ideias propostas na segunda parte. Isso faz com que este capítulo seja apenas uma provocação inicial à discussão. Aos poucos, à medida que o livro segue, iremos rediscutindo e revelando outras funções do divã, que podem ser "encontradas" dentro da teoria freudiana. Para tanto, peço paciência ao leitor, e que se contente com as primeiras questões levantas neste capítulo, aguardando se tornarem mais complexas até o fim de nossa jornada.

---

4 Uma discussão a respeito da funcionalidade dos objetos inanimados da sala do analista enquanto auxiliares ao processo analítico é desenvolvida por Christopher Bollas, conforme será visto no capítulo "Christopher Bollas e o divã evocativo". O uso de cobertores ou análogos, para se cobrir durante a sessão de análise, são comentados por Winnicott e Didier Anzieu, conforme veremos nos capítulos que pretendem trazer suas contribuições, mas também são encontradas em outros autores, que serão mencionados posteriormente. Em *Recomendações aos médicos que exercem a psicanálise*, há passagem em que Freud assinala que o analisando ocupa-se mentalmente com a "aparência da sala", "pensa nos objetos do consultório" e sobre o fato de estar deitado no divã [Freud, (1912) 1996d, p. 153].

O estatuto do divã está em uma lacuna não escrita da obra Freud, e apenas permite que imaginemos o que poderia estar presente nesse "espaço em branco", já que Freud jamais o discutiu a partir da metapsicologia. Comecemos por relembrar suas palavras em *Recomendações aos médicos que exercem a psicanálise*:[5]

> Devo, contudo, tornar claro que o que estou asseverando é que esta técnica é a única apropriada à minha individualidade; não me arrisco a negar que um médico constituído de modo inteiramente diferente possa ver-se levado a adotar atitude diferente em relação a seus pacientes e à tarefa que se lhe apresenta.

Freud desenvolve um modo técnico de trabalhar apropriado à sua pessoa, enquanto analista, mas não necessariamente apropriado para outros analistas. Assim, deixa em evidência que a singularidade do analista é fundamental para o uso dos recursos técnicos e, além disso, indica ser possível que outro psicanalista possa encontrar meios distintos de realizar uma análise, não necessariamente os mesmo que ele, Freud, encontrou. O desenvolvimento da análise de crianças e toda uma nova gama de recursos e possibilidades de escuta que se abrem, a partir disso, servem como ótimos exemplos desses distintos modos de trabalhar psicanaliticamente.

Sobre o início do tratamento[6] é o único texto em que Freud reflete sobre o uso divã. Já no começo, adverte-nos de que suas recomendações não devem ser seguidas de maneira incondicional. É de seu interesse que haja uma reflexão sobre elas, um pensamento crítico e clínico do leitor-analista para justificar suas práticas. É nesse texto que o fundador da psicanálise compartilha, com os leitores, que o divã não é um recurso inicialmente pensado para a prática analítica, mas, sim, um remanescente do método hipnótico. Apesar de parecer simples, é curiosa essa colocação aparentemente ingênua de

---

5   Freud, (1912) 1996d, p. 125.
6   Freud, (1913) 1996e, p. 139.

Freud, pois ela carrega a ideia de um objeto que contém um resquício de um outro momento, de um outro funcionamento. Como quem conversa com o leitor "livremente", Freud estaria a demonstrar o que o divã significa para ele enquanto analista: um objeto que contém um rastro de outro momento/época/funcionamento. O objeto-divã remeter a um rastro anterior não pode ser encarado como insignificante.

Creio que pensar o divã em Freud significa pensá-lo, primeiramente, a partir do prisma das reminiscências. Por isso, proponho refletirmos sobre o seu uso como intrinsecamente ligado ao que cada analista considera como objeto — e objetivo — de análise.[7] Acentuar o caráter remanescente que há no divã faz todo o sentido, se pensamos o legado clínico de Freud. Mesmo com algumas reconfigurações teóricas, feitas ao longo do tempo, é possível dizer que seu pensamento clínico fundamental volta-se para a ideia de algo do passado, que está vivendo no presente. Aliás, essa fórmula (do passado vivo no presente) é uma maneira de tentar explicar a inexplicável (por mais que tentemos) e apenas experienciável *transferência*.[8] Há um rastro que permanece e vive no presente, mesmo quando imperceptível.

Se, como estamos a pensar, o divã possui suas próprias reminiscências históricas, ao refletirmos sobre a prática clínica de Freud, concluiremos que ele escutava uma pessoa com seus rastros, deitada em um instrumento-objeto-mobília com seus rastros. Estaríamos diante de um divã-veículo de passear na história, de voltar no tempo, um veículo de afeto, um traço que liga o Inconsciente à transferência? Poderíamos inferir que o divã é a mobília-objeto de trabalho "ideal" para Freud, pelo seu significado transferencial de "rastro passado"; porém, ele nunca escreveu isso. É apenas uma tentativa de escutar algo latente a partir de uma escuta imaginativa que

---

7 Tal proposição deve se tornar mais clara quando, nas partes subsequentes deste livro, apresentarem-se os pensamentos de outros psicanalistas.

8 Ainda que, como devemos saber, o trabalho via campo transferencial inclui trabalhar também com o "novo", que advém do encontro singular entre analista e analisando.

procura tatear o que está para além do manifesto. Parece-me fundamental a um psicanalista colocar o imaginar como uma função importante da criação de hipóteses no trabalho em análise. Essa questão da imaginação será vista melhor depois de avançarmos um tanto em outras contribuições. André Green, aliás, faz ótima interpretação, sob outro ângulo, da função do divã, a partir do modelo do sonho da metapsicologia freudiana.[9]

Não nos esqueçamos do papel central da sexualidade na teoria freudiana, e, assim como aventamos o uso do divã, por Freud, por conta de seus rastros históricos, facilmente poderíamos aventar seu uso por conta da sexualidade. O divã aludiria à cama — local íntimo, onde comumente as relações sexuais acontecem, e sua horizontalidade remeteria à própria relação sexual. Essa é uma faceta fundamental também para o trabalho da relação transferencial. Por conseguinte, o divã seria facilitador à emergência da sexualidade infantil e da genitalidade, o que, factualmente, é uma questão central na histeria, patologia à qual Freud se dedicou profundamente. A cama é um local íntimo desde a infância — até mesmo desde o nascimento — e sua ligação com a sexualidade infantil e as pulsões parciais também estariam contempladas e facilitadas através do uso do divã.

Em outras palavras, poderíamos dizer que o divã é o veículo para o retorno do recalcado. O analisando deitado nela manifestaria, por meio de deslocamentos e condensações — valendo-se da transferência com o analista —, conteúdos latentes de suas vivências primevas, da sua sexualidade infantil. A partir desses conteúdos manifestos em sessão é que se daria o processo analítico, visto que são os conteúdos manifestos, disfarçados pela ação do recalcamento, que permitiram o

---

9 A proposta de André Green é apoiada na metapsicologia de Freud, mas deve ser encarada como uma contribuição original de Green, visto que Freud não estabeleceu as interessantíssimas correlações entre o uso do divã e a sua metapsicologia, como as realizadas por Green. Veremos as conjecturas de André Green no capítulo "O divã de André Green — o modelo do sonho, outras contribuições e equívocos", lembrando que não apenas Green se ocupa de pensar a função do divã tomando Freud como ponto de partida.

acesso do trabalho psicanalítico envolvendo os conteúdos inconscientes. Isto é, o uso do divã estaria em consonância com a clínica das patologias neuróticas.

Retornando ao *Sobre o início do tratamento*, notaremos que Freud compartilha não suportar ser encarado fixamente por muitas horas. Ao escutar um analisando, entregar-se-ia "à corrente de seus pensamentos inconscientes" e não desejaria que suas expressões faciais influenciassem na associação livro do analisando. Para ele, isso pode ser sentido como um incômodo pelo analisando, especialmente se um impulso escópico tem papel importante em sua neurose. Freud afirmava estar ciente de que muitos analistas trabalhavam sem o móvel, mas não sabia confirmar se o faziam por um anseio em agir diferentemente ou por parecer vantajoso para eles, de alguma maneira, fazê-lo. Mesmo que muitos analisandos tivessem resistência ao uso do divã, geralmente por não quererem deixar de enxergar o analista, Freud preferia recusar o tratamento face a face.[10] Insistia no uso do divã por conta da transferência, pois ele tem "o propósito e o resultado de impedir a inadvertida intromissão da transferência nos pensamentos espontâneos do paciente, de isolar a transferência e fazer que no devido tempo ela se destaque nitidamente como resistência."[11] Sob esse prisma, somos levados a pensar, também, no divã como uma espécie de protetor da "neutralidade" defendida por Freud, a tentar demarcar uma separação entre o que é de um e o que é de outro psiquismo, nos processos de análise.

Apesar dos esforços imaginativos para encontrar sentidos latentes do uso do divã em Freud, apoiados em sua teoria — mas não enunciados por ele —, não podemos negar que são, efetivamente, suas motivações e limitações pessoais (seu incômodo com o olhar), e não motivações metapsicológicas o que ele compartilha como justificativa para o uso. Tal apontamento nos ajuda a pensar sobre não negligenciarmos os

---

10   Freud, (1913) 2010, p. 186.
11   Freud, (1913) 2010, p. 179.

incômodos e as dificuldades do analista. O incômodo com o olhar do analisando, relatado por Freud, sinaliza que a qualidade da escuta do analista pode ficar prejudicada por esse olhar do outro, que incidiria como um elemento a mais a ser processado pelo analista, ou seja, um excesso.

O divã visaria proteger a qualidade da escuta — da atenção flutuante — e, também, proteger a associação livre do analisando.[12] Fazer uso do divã seria uma forma de operar o devido cuidado para que possíveis reações do analista não atrapalhem o livre associar do analisando, influenciando negativamente no tratamento. Sob essa perspectiva, portanto, o divã seria um artifício para que o analista não atrapalhe o processo do analisando.

Para além dessas questões, é preciso que continuemos a problematizar: por que e para que usar o divã? Sigamos pensando nessas provocações iniciais, a partir das contribuições seguintes.

---

12 Essa questão é mais bem desenvolvida no capítulo "Thomas Ogden e a privacidade no divã".

2. O divã, a criança que vive no adulto e as ousadias técnicas de Sándor Ferenczi

Se, na vasta obra de Freud, discutir o uso do divã não era frequente, era menos ainda em seus contemporâneos. Ferenczi, sempre ousado em experimentações da técnica psicanalítica, traz algumas passagens capazes de abrir caminhos para pensarmos sobre seu uso (ou não uso). Apesar de o divã acompanhar toda a sua prática clínica, e Ferenczi jamais questionar sua importância, veremos como, por vezes, ele "desviou" de seu uso. Compilei seus esparsos apontamentos para os problematizarmos, a fim de tentar encontrar a essência de seu pensamento acerca da função do divã e da análise como um todo.

Em *Princípio de relaxamento e neocatarse*,[1] Ferenczi se diz, ainda que não seja verdade, um "transgressor"[2] dos "conselhos técnicos" de Freud. Um dos motivos de tal "transgressão" seria ocasionalmente permitir que algum analisando se levantasse, deambulasse por sua sala e abdicasse do divã, quando sentisse necessidade de dizer algo olhando em seus olhos. Essa consideração, dentre outras que serão vistas, pode ser

---

1 Ferenczi, (1930) 1992a.
2 Ferenczi, (1930) 1992a, p. 58.

encarada como motivação para alguns analistas defenderem a indicação de tratamentos face a face em detrimento do divã, sobretudo nos casos clínicos que Ferenczi chamaria de "casos difíceis". No entanto, creio que a questão pode ser entendida de forma mais ampla, não tão simplista, e precisaremos seguir até final do capítulo para a compreensão.

"Deambular" pelo espaço da sala de atendimento parece estar totalmente de acordo com a análise de crianças, que estava a estruturar suas bases como modalidade de atendimento,[3] operando as necessárias mudanças técnicas em relação à forma "clássica" de encarar a análise. A aceitação de que o analisando ocupe a sala/*setting* em sua totalidade, explore-a, deambule por ela e a utilize de forma ampla é essencial na clínica de crianças. Isso foi algo que Ferenczi, o primeiro analista de Melanie Klein (uma das precursoras dessa modalidade), não negligenciava em sua escuta de adultos.

Se me permitem seguir um tom de troca (pois estamos entre colegas), creio ser interessante ressaltar que, quando li pela primeira vez a frase de Ferenczi sobre "deambular" no espaço de análise, tal trecho mexeu profundamente comigo. Desde o início de minha prática clínica, atendi adultos e crianças. Como é de conhecimento, elas fazem uso da sala de atendimentos de maneira mais ampla do que o adulto — do ponto de vista físico, ao menos. Portanto, por pensar, desde o princípio, na liberdade com a qual os analisandos crianças tomavam naturalmente o espaço de análise para se expressarem, acompanhava-me um devaneio que consistia em imaginar um trapezista analisando-se, acomodado de ponta cabeça em um trapézio[4] (em vez de deitado no divã).

---

3   Apesar de Hermine von Hugh-Hellmuth se tornar a primeira psicanalista de crianças, em 1908, e de ser possível pensarmos o trabalho de Freud com o Pequeno Hans, em 1905, como um precursor da prática, é partir da década de 1920 que a modalidade passa a ser mais bem desenvolvida através da contribuições de Melanie Klein e Anna Freud.

4   Leopoldo Nosek cita, com bom humor, um analisando seu que "defendeu" a ideia de realizar sua análise *online* enquanto estivesse em seu skate. [Evento de lançamento do livro *Psicanálise e vida covidiana* (Editora Blucher, 2021), transmitido via YouTube no dia 2 de junho de 2021.]

Na clínica de crianças, durante a sessão, são oferecidos muitos objetos-brinquedos auxiliares. Assim, surgia-me a pergunta sobre por que um adulto não poderia se utilizar da sessão de maneiras criativamente[5] similares — como ficando de cabeça para baixo, por exemplo. Esse devaneio brincante servia — e ainda serve — como estímulo para muitas interrogações: o que é uma análise? O que deixa de ser uma análise? Para que serve uma análise? De que modo se pode fazer uma análise? De que modo não se faz uma análise? São questões que nos instigam a pensar nossa prática e nossa ética de trabalho.

Poderíamos refletir durante horas acerca desse devaneio do trapézio, até mesmo do ponto de vista fetal, isto é, de todos estarmos a "flutuar" no útero e, até mesmo, de estarmos de ponta-cabeça — ao menos no momento do nascimento.[6] Todos os devaneios têm o potencial de nos levar a novas ideias, mas nem todos podem ou devem necessariamente virar realidade. Assim, o respectivo devaneio cumpre, para mim, mais uma função metafórica do que qualquer outra coisa, e, como nunca atendi um trapezista, o devaneio nunca passou de um estímulo para refletir sobre a prática analítica e os objetos auxiliares à análise dos quais dispomos em nossos consultórios.

Em *Prologamentos da técnica ativa*,[7] Ferenczi traz um recorte clínico no qual a cantoria e a execução do piano em sessão teriam auxiliado no desvelamento de aspectos da sexualidade e conflitivas infantis da analisanda, intimamente ligados ao seu corpo e à sua atividade corporal, o que envolveria o controle dos esfíncteres anais e uretrais, bem como a masturbação clitoriana. Não nos interessaria aqui discutir a técnica ativa de Ferenczi[8], tampouco nos atermos a detalhes do caso. Porém, é

---

5   Há funções importantíssimas na utilização do divã sob o ponto de vista criativo, e veremos isso ao longo do livro, sobretudo na Parte II.

6   Aqui, refiro-me a condições ideais, relacionando-as à metáfora do trapezista. Evidentemente, existem diversas complicações que envolvem um nascimento, e há muitos casos em que o bebê não está na posição saudavelmente esperada para o parto.

7   Ferenczi, (1921) 2011a, p. 117-135.

8   Para um maior aprofundamento e entendimento da obra de Sándor Ferenczi, eu indicaria a leitura de publicações de Daniel Kupermann, sobretudo os

interessante pensarmos no que está implícito: o instrumento musical utilizado como um prolongamento corporal. Ao descrever como o homem foi construindo a civilização e suas ferramentas, Freud[9] afirma que "através de cada instrumento, o homem recria seus próprios órgãos, motores ou sensoriais, ou amplia os limites de seu funcionamento". Ainda que Freud não esteja a se referir ao instrumento musical propriamente dito, certamente a afirmação o contempla.[10] Então, devemos nos perguntar: não poderíamos pensar o divã, um instrumento (no sentido amplo) do psicanalista, sob a perspectiva corpórea a que alude Freud?

Em *Dificuldades técnicas de uma análise de histeria*,[11] Ferenczi nos relata um caso em que uma analisanda se masturbaria disfarçadamente, ao friccionar suas pernas durante o atendimento (no divã). Visto que é um caso de histeria, não seria possível que estivesse ela a tomar o divã como análogo à cama (onde as relações sexuais acontecem) ou, até mesmo, como um objeto substituto do corpo do pai e/ou do analista? Deixo tais questões reverberarem no leitor, para pensá-las novamente a partir da concepção de divã que Winnicott nos oferece, como será visto no capítulo seguinte.

Há, ainda, outros fragmentos da obra de Ferenczi que nos ajudam a problematizar o uso do divã. Em uma dessas passagens, ele escreve sobre alongar as sessões e/ou ter mais de uma sessão por dia com alguns analisandos, devido, dentre outros motivos, ao "efeito do choque da interrupção brutal da sessão de análise",[12] explicando ser possível, ao ser encerrada uma sessão, que o analisando, "instalado confortavelmente

---

livros *Por que Ferenczi?* (2019) e *Presença sensível: cuidado e criação na clínica psicanalítica* (2021), dentre outras publicações em periódicos.

9   Freud, (1930) 2006a, p. 97.

10   No escrito *Sonoridades clínicas* (2017), procurei elucidar, a partir de diversas situações clínicas, algumas funções específicas que instrumentos musicais particulares podem cumprir, em análises com crianças, sobretudo em questões relacionadas ao corpo (Krüger, 2017).

11   Ferenczi, (1919) 2011.

12   Ferenczi, (1930) 1992a, p. 58.

junto ao seu analista",[13] sinta-se arrancado de um sonho e fique fortemente afetado pela experiência, a ponto, até mesmo, de apresentar sintomas em decorrência disto. Ferenczi possuía uma escuta apurada para os efeitos do processo analítico e para o quanto estar deitado no divã poderia remeter a sentir-se dentro de um sonho, enquanto o término da sessão e a consequente saída do divã arrancariam o analisando desse "sonho materializado".

A ideia de a sessão e seus dispositivos auxiliarem a adentrar o mundo onírico está presente também em *Análise de crianças com adultos*[14] — texto advindo de uma conferência extraordinária na Sociedade Psicanalítica de Viena, por ocasião do aniversário de 75 anos de Freud. Aí, Ferenczi escreve: "chegamos a deixar o paciente mergulhar em todos os estágios precoces do amor de objeto passivo, onde, em frases murmuradas, como uma criança prestes a adormecer, ele nos permite entrever seu universo onírico".[15] Porém, para além de adentrar em um mundo onírico, Ferenczi está a elucidar a função do divã como uma forma de acessar e regredir a "estágios precoces do amor de objeto passivo". A isso, podemos entender como uma regressão a um estágio de fusão inicial entre o bebê e sua mãe; um estado de indiferenciação corpórea e psíquica; um estágio primitivo do ser e/ou um estágio de vulnerabilidade, revelando a importante função do divã para o acesso e a reelaboração de vivências de ordem primitiva ou de momentos de vulnerabilidade traumática.[16]

Quando Ferenczi se propõe a atender a criança que vive no adulto, propõe uma *análise pelo jogo*.[17] Ele nos conta, por exemplo, um caso em que, durante uma sessão, um analisando o abraça e, sussurrando e narrando uma cena, chama-o de vovô — instigando Ferenczi a encenar o papel do vovô (evocado pelo analisando), dando continuidade à cena, também

---

13 Ferenczi, (1915) 2019, p. 57.
14 Ferenczi, (1931) 2011b, p. 69.
15 Ferenczi, (1931) 2011b, p. 78.
16 Uma faceta explorada por Winnicott, como veremos a seguir.
17 Ferenczi, (1931) 2011b, p. 69.

sussurrando.[18] De fato, a partir de seus relatos, algumas de suas análises poderiam envolver o toque, a encenação e — como ele mesmo aponta ao longo da conferência na Sociedade Psicanalítica de Viena — desenhos feitos pelos analisandos, sem que ele entenda estar a ferir a ética psicanalítica. Tais encenações das vivências infantis (atuações a nível de descarga, em alguns casos) e/ou os *desenhos primitivos* ofertados pelos analisandos a Ferenczi seriam — se sintetizarmos ao máximo seu pensamento — uma forma de reviver o traumático (acompanhado pelo analista), para perlaborá-lo, e de reconciliar partes cindidas do psiquismo. Acolher a demanda do analisando, por mais primitiva e de ordem narcísica que seja, faz parte do papel do analista, independentemente dos dispositivos auxiliares disponíveis na sessão.

Como é possível notar, em vez de seguir uma linha contínua de pensamento a respeito do divã, é preciso escutar/ler nas entrelinhas da obra de Ferenczi para encontrar pistas e fragmentos de considerações sobre o seu uso ou não uso. No entanto, são fragmentos que contêm embriões para a nossa reflexão, sobretudo se pensarmos que, ainda hoje, apenas parte dos analistas se atém a refletir e a escrever mais profundamente sobre o tema.

Ferenczi foi um grande experimentador e não media esforços na tentativa de desenvolver a teoria e a clínica psicanalíticas; porém, apesar de seus acertos, encontramos também fracassos. Ceder a uma dita "preferência" e ao desejo do analisando pode também se tornar a prática de uma não análise. Vemos isso chegar até as últimas consequências, quando, já no fim da vida, Ferenczi passa a trabalhar a partir de uma análise mútua entre analista-analisando — algo inicialmente desejado e proposto por uma analisanda — que veio a se tornar uma experiência desastrosa.

Sua lição nos deixa questões como: a preferência (desejo manifesto) do analisando é algo que deve ser seguido pelo

---

18 Essa situação específica será retomada na Parte 2, quando for articulado, dentre outras questões, o que concerne à *Darstellung* e à roupagem simbólica.

analista em análise? Trazendo essa questão para a contemporânea dicotomia divã *versus* face a face: abdicar do divã em prol do frente a frente ou outra modalidade é uma questão que depende da "preferência" do analisando e de seu desejo manifesto? Se o analisando afirmar "preferir" enxergar o analista, isso seria motivo para realizar um tratamento frente a frente? Ou essa "preferência" está a serviço de sua sintomatologia, mesmo que ela venha a ser grave, e precisamos pensar sob outro prisma? Devemos escutar suas palavras ou o que há por trás delas?

Ainda que Ferenczi[19] afirme eventualmente permitir que o analisando abdique do divã para falar algo olhando nos olhos, e haja outros relatos de situações clínicas fora do divã — como a citada execução de piano e as encenações aliadas ao brincar ("análise pelo jogo") —, não seria verdadeiro afirmar que ele procurou contemplar uma indicação do face a face em detrimento do divã. Não encontraremos nenhuma posição teórica de sua parte que corrobore uma defesa da importância do olhar concreto. É notável como seu trabalho psicanalítico se dá de forma *princeps* a partir do divã. Compreendo que sua "elasticidade da técnica"[20] se alia muito mais à ideia de facilitar a emergência da criança que vive no adulto do que a alguma reflexão sobre a importância do olhar concreto (pois o analista "olha" com a escuta, e o analisando é "olhado" quando escutado),[21] ainda que também não seja verdadeiro afirmar que Ferenczi se oporia a atendimentos frente a frente, já que sua obra é caracterizada por experimentações.

Compreendo que a essência de seu pensamento é a de ressaltar a importância do jogo/brincar como auxiliar à análise também de adultos, e isso não necessariamente passaria por uma proposta de defesa de uma modalidade frente a frente. Para Ferenczi, é importante que o analisando sinta-se

---

19 Ferenczi, (1930) 1992a, p. 58.
20 Ferenczi, (1928) 1992.
21 Nasio comenta algo parecido: "Ver não é olhar, mas eu diria ainda: é preciso que a visão seja excluída do espaço da sessão analítica para que o olhar tenha maior potência, para que o olhar seja um olhar forte e poderoso" (Nasio, 1995, p. 15).

à vontade para ser como é, sem se sentir submetido ao outro. Caso o divã venha a ocupar o lugar de um objeto de poder do analista, certamente Ferenczi abdicaria dele, visto que sua luta sempre foi contra totalitarismos e abusos de poder, o que evidencia que o uso do divã não deve jamais servir a esses propósitos. Sabemos, porém, que Ferenczi se dedicou a acolher e a escutar, no divã, os mais variados clínicos, sem, em nenhum momento, teorizar algum problema quanto ao seu uso.

Portanto, mesmo que tenham sido apontados exemplos fora de um contexto mais "clássico", é de importância ressaltar que a obra de Ferenczi não propõe dispositivos-modelo substitutivos ao uso do divã. Propõe o acolhimento e a expansão de novas possibilidades (caso o divã venha a ocupar um papel de poder, de submissão do analisando em relação ao analista, e que o coloque à mercê de um possível tratamento frio por parte deste). Propõe que o analista acolha a criança que vive no adulto, assim, o uso (ou não) do divã também deve contemplar esse aspecto.[22]

---

22 A proposta de trabalhar com a criança que vive no adulto é central na Parte II do livro.

3. O divã-corpo de Donald Woods Winnicott

Embora não tenha dedicado nenhum escrito específico sobre o tema, a contribuição de Winnicott, em relação ao divã, é profícua. Comecemos pelos textos *O ódio na contratransferência* (1947) e *Aspectos clínicos e metapsicológicos da regressão no contexto psicanalítico* (1954), nos quais tece considerações importantes. Comentarei após transcrever os significativos trechos:

> O divã e as almofadas estão lá para que o paciente os use. Aparecerão em pensamentos e sonhos, e nesse caso representarão o corpo do analista, seus seios, braços, mãos etc., numa infinita variedade de formas. Na medida em que o paciente está regredido (por um momento ou por uma hora, ou por um longo período de tempo) o divã *é* o analista, os travesseiros *são* seios, o analista *é* a mãe em certa época do passado. Em situações extremas não se pode mais dizer que o divã representa o analista.[1]

> Para o neurótico, o divã, o calor e o conforto podem *simbolizar* o amor da mãe. Para o psicótico seria mais

---

1   Winnicott, (1954) 2000a, p. 385.

correto dizer que essas coisas *são* a expressão física do amor do analista. O divã *é* o colo ou o útero do analista, e o calor *é* o calor do corpo do analista. E assim por diante.[2]

Nesses trechos, Winnicott deixa claro que o divã pode ser encarado sob dois vértices distintos, paradoxais, complementares ao entendimento do todo. Por exemplo, o divã pode estar realizando uma função de *representar* um objeto-mãe, assim como pode estar sendo percebido como *sendo* a mãe — ou seja, coloca-o em um paradoxo de "ser" e "representar". Sua proposição compreende uso do divã dentro de um espectro da maior profundidade e até mesmo aliando-se a uma primitividade que o psiquismo do analisando pode atingir, em uma análise suficientemente bem conduzida.

Para além de uma utilização mais "clássica", Winnicott concebe o divã enquanto um corpo. Esse corpo-divã pode vir a ocupar o papel transferencial que o analista ocuparia: o corpo do analista/mãe — corpo que é apoio à frágil primitividade.

O pensamento teórico de Winnicott é sempre atravessado pelo paradoxal, há coexistências. E é dessa maneira que o divã pode, ao mesmo tempo, ser tomado pelo analisando como mobília, mas também como corpo da mãe, ou até mesmo como o corpo do analista-mãe, se pensarmos na transferência. Nessas passagens, Winnicott se refere ao analista como objeto primário (função materna), mas abre margem para nos perguntarmos, em se tratando do papel do analista na transferência, se não seria possível pensar esse estatuto do corpo também sob a perspectiva da sexualidade genital e da conflitiva neurótica. Como vimos no capítulo anterior, Ferenczi trata de um caso no qual uma analisanda se masturbaria disfarçadamente ao friccionar suas pernas, uma contra a outra, durante o atendimento, ao estar deitada no divã. Repito a pergunta lá feita: a analisanda, descrita como histérica, não estaria

---

2   Winnicott, (1947) 2000.

a tomar o divã como substituto do corpo do pai e/ou do analista? Continuemos, deixando a perguntando reverberar.

Retomando diretamente as afirmações de Winnicott, percebam os grifos em itálico utilizados por ele: a depender do caso e da situação, o divã pode *representar um corpo*; enquanto, em outros casos, *seria percebido como um corpo*. Em outras palavras, nos trechos citados, Winnicott está a nos apresentar duas formas de se relacionar com o objeto-divã. Em uma delas, o analisando toma o divã como uma representação do corpo da mãe e/ou do analista. Na outra, o analisando toma o divã como sendo o corpo da mãe e/ou do analista, e cada uma das formas dependem do psiquismo do analisando e de sua regressão em análise. Estamos a falar de um divã-objeto-corpo que *representa* o *holding* ou que *faz/é* o *holding*, dependendo da necessidade e do uso que o analisando faz do instrumento--divã. Sob o prisma do objeto primário, o divã é (personifica) o corpo que sustenta o analisando enquanto este regride.

Ao estar no divã, o analisando está amparado por um "corpo". Assim, talvez pudéssemos dizer que é por meio desse "corpo" — divã e almofadas — e seu aconchego que o analisando se entregaria à análise e à regressão. Trata-se de um paradoxo pois, por um lado, o analisando está deitado "sozinho"; mas, por outro, está amparado corporalmente. Sob essa perspectiva paradoxal, o divã é e não é o corpo da mãe/analista e pode cumprir, também, sob a ótica teórica de Winnicott, uma função enquanto objeto transicional — além de ser, radicalmente, a pele que lhe reveste,[3] ou até mesmo o útero/cápsula que o contém.

Margarett Little[4] relata que, em sua análise com Winnicott, esteve no divã em momentos de extrema regressão, completamente tapada por um cobertor, ao mesmo tempo em que estava de mãos dadas com o analista.

---

3   Discutiremos novamente as questões relativas à "pele que reveste" no capítulo "O divã-pele de Didier Anzieu".
4   Little, (1990) 1992.

Literalmente, durante intermináveis horas, ele segurou as minhas duas mãos apertadas entre as dele, quase como um cordão umbilical, enquanto eu ficava deitada, frequentemente escondida debaixo do cobertor, calada, inerte, retraída, apavorada, com raiva ou em lágrimas, dormindo e às vezes sonhando.[5]

"Para mim, D. W. não representava a minha mãe. Em minha ilusão de transferência, ele era minha mãe. Como na verdade há continuidade entre mãe e feto, genética e física, para mim as mãos dele eram o cordão umbilical; seu divã, a placenta; e o cobertor, as membranas..."[6]. Esse e outros relatos de Little fazem ressoar os comentários de Winnicott a respeito do divã, reforçando que, em seu entendimento, o divã é um instrumento auxiliar à análise em qualquer tipo de padecimento psíquico. O divã está ali para ser usado da maneira que o analisando precisar, simbolicamente ou não, corporalmente ou não, neuroticamente ou não. Os relatos da análise de Margaret Little nos levam a entender o divã enquanto o corpo do outro que auxilia o *self* e/ou o psiquismo a se desenvolver.

Hoje, sabemos,[7] devido aos avanços da medicina, que os sentidos táteis e auditivos são proeminentes na vida do feto, e que este chega até mesmo a sonhar com "imagens sonoras". O ritmo dos batimentos cardíacos da mãe e do feto, bem como do fluxo sanguíneo, fazem-se presentes desde a vibração corpórea tátil da vida intrauterina e complexificam à medida que o sistema auditivo vai se desenvolvendo. Winnicott provavelmente já intuía a importância dessa primitividade tátil-auditiva, abrindo-nos a possibilidade de pensarmos o uso do divã (e a escuta a partir dele) como um instrumento-objeto de sustentação, um instrumento

---

5 Little, (1990) 1992, p. 46.
6 Little, (1990) 1992, p. 95-96.
7 Maíra dos Santos Jaber (2013) trabalha a minha resumida afirmação com muito mais detalhes em sua dissertação.

que pode ser complementar e/ou um prolongamento do corpo, tal qual na relação mãe-bebê.

É importante ressaltar que, em seu livro, Little relata sofrimentos intensos, e ela própria denomina-se uma psicótica *borderline*. Em suas análises anteriores, estar no divã foi vivido como uma vivência aterradora — o que não ocorreu em seu tratamento no divã de Winnicott. Tal questão é importantíssima para a discussão da dicotomia contemporânea sobre a indicação do divã *versus* tratamentos frente a frente em casos não neuróticos. Sob a perspectiva apresentada por Winnicott, o "problema" não seria fazer uso ou não do divã em casos graves, mas, sim, a forma como o analista escutaria e interviria nesses casos mesmo no divã. Senão, como poderíamos explicar que em determinada análise o uso do divã evocaria o aterrador, porém, em outra, cumpriria o papel que relata Little em sua análise com Winnicott?

Poderíamos pensar, com o auxílio da *Einfühlung* de Ferenczi, que precisamos estar conectados ao sofrimento do outro para escutá-lo. Como aponta Winnicott, o divã não se mostra como um empecilho se a intervenção, a partir dele, estiver consonante com o modo que o analisando necessita ser escutado. Certamente, estamos a falar de um *setting* que abarca o potencial lúdico, tal qual na análise de crianças, na qual os objetos-auxiliares da sala de atendimentos podem adquirir propriedades para além das originais.

A teoria e a escuta de Winnicott estão intrinsecamente conectadas. Em *Retraimento e regressão*,[8] podemos observar como ele descreve situações clínicas que enfatizam a questão corpóreo-objetal do divã. Nesse texto, há a descrição de um analisando que rola e encolhe-se no divã *como um feto dentro do útero da mãe*, segundo a concepção do autor. Sua interpretação (amparada por outros dados clínicos) era de que o analisando, além de estar regredindo à *dependência original de sua mãe*, estaria a identificar-se, nesse momento, com o seu próprio filho, que estava se desenvolvendo dentro de sua

---

8   Winnicott, (1954) 2000a.

esposa. Em período posterior dessa mesma análise, segue a pensar que, para o analisando, "o divã havia automaticamente se tornado o colo do analista".[9] Como o objetivo não é destrinchar tal análise, mas apenas elucidar o estatuto do divã no pensamento de Winnicott, pontuemos como também nesse caso o divã exerce um papel de *holding* e se apresenta como um objeto disponível a ser usado conforme o psiquismo do analisando necessita — ou, em outros termos, conforme o seu *self* necessita para desenvolver-se.

Winnicott nos explica que a regressão à dependência é "parte integrante da análise dos fenômenos da primeira infância, e se o divã molhar-se, o paciente se sujar ou babar, saberemos que tais coisas são inerentes, e não uma complicação".[10] Seu pensamento demonstra a amplitude da sua escuta e o tamanho de sua disponibilidade psíquica ao que advém do analisando.

Há psicanalistas contemporâneos que se apoiam nas teorizações de Winnicott para afirmar a necessidade de alguns tratamentos serem face a face, sendo que ele nunca trouxe o assunto para discussão nesses termos. É importante frisar que esse movimento diz respeito mais a como alguns podem interpretar a obra de Winnicott do que, de fato, recomendações dele; afinal, conforme os trechos expostos aqui, vemos Winnicott a utilizar o divã com pacientes adultos, encontrando uma função para o divã dentro de seu contexto teórico-clínico. Só o fato de atender crianças, atender no hospital e fazer consultas terapêuticas[11] já nos sinaliza, de antemão, que o divã não é sua única ferramenta. Logicamente, ele não afirma o divã como uma ferramenta unívoca em detrimento de outras, mas tampouco defende o seu não uso. Winnicott preocupa-se em sinalizar que não há

---

9   Winnicott, (1954) 2000a, p. 350.
10 Winnicott, (1954) 2000a, p. 386.
11 Sobre as quais ele afirma: "Não há casos iguais e há um intercâmbio muito mais livre entre o terapeuta e o paciente do que num tratamento psicanalítico puro" [Winnicott, (1971) 1984a, p. 9].

"problema" em o paciente regredir no divã, pelo contrário, o "problema" seria o despreparo do analista para tal situação.

> Comumente se considera que a regressão de um paciente na análise oferece algum perigo. O perigo não está na regressão mas no despreparo do analista de fazer face à regressão e a à dependência que faz parte dela. Quando um analista teve uma experiência que o torna confiante no seu manejo da regressão, então provavelmente pode-se dizer que, quanto mais rapidamente o analista aceita a regressão e toma contato total com ela, menos provavelmente o paciente necessitará penetrar em uma doença com qualidades regressivas.[12]

Em *Objetivos do tratamento psicanalítico*,[13] Winnicott afirma realizar uma *análise modificada*.[14] Mesmo sem especificar diretamente o que isso significaria, reitera que, apesar de tentar seguir ao máximo uma *análise padrão*,[15] não possui receios em "praticar outra coisa"[16] se fosse necessário.

> Eu me dou conta de trabalhar como um analista em vez de realizar análise padrão quando me defronto com certas condições que aprendi a reconhecer:
> a) Quando o temor da loucura domina o quadro.
> b) Quando um falso *self* se torna bem-sucedido, e a fachada de sucesso, mesmo brilhante, tem de ser demolida em alguma fase para a análise ter êxito.
> c) Quando, em um paciente, uma tendência antissocial, seja a forma de agressão, roubo ou ambas, é o legado de uma privação.
> d) Quando não há vida cultural, somente uma realidade

---

12 Ao contrário de outras citações retiradas do livro *Da pediatria à psicanálise*, editado pela Imago, esse trecho é retirado da edição da Francisco Alves, visto que há diferença nas traduções, e esse trecho parece escolher palavras mais significativas, de acordo com o que estou pensando aqui [Winnicott, (1954) 1993, p. 435].
13 Winnicott, (1962), 1984.
14 Termo utilizado pelo próprio [Winnicott, (1962) 1984, p. 435].
15 Winnicott, (1962) 1984, p. 152.
16 Winnicott, (1962) 1984, p. 155.

psíquica interna e um relacionamento com a realidade externa, estando as duas relativamente desconectadas. e) Quando uma figura paterna ou materna doente domina o quadro.[17]

Winnicott deixa inespecífico o que seria essa *análise modificada* para os *casos especiais*. Tal proposição talvez dê brechas para os leitores interpretarem que o oposto de sua afirmação acerca da *análise padrão* seja uma análise sem divã. Porém, o leitor atento do texto de Winnicott percebe facilmente que, ao se referir à *análise padrão*, ele se refere ao uso da técnica da interpretação enquanto recurso do analista. Ele questiona a eficácia da interpretação — no sentido freudiano, técnica para evidenciar o sentido latente (inconsciente) de um material de sessão com o objetivo de trazê-lo à consciência do analisando a partir de uma comunicação verbal/oral do analista.[18]

Em outras palavras, o que Winnicott se dispõe a discutir como *análise modificada* não é o estatuto do divã enquanto ferramenta, mas, sim, o manejo do analista nas situações clínicas. Dito de outro modo, Winnicott nos fala de transcender a interpretação enquanto técnica; pois é o manejo e não o uso ou não uso do divã o essencial da discussão proposta por ele, que complementaria: "Me modifico no sentido de ser um psicanalista que satisfaz, ou tenta satisfazer, as necessidades de um caso especial. Acredito que este trabalho não-analítico pode ser melhor feito por um analista que é versado na técnica psicanalítica clássica."[19] Uma afirmação importante, mas eu discordaria do termo "trabalho não analítico"; afinal, a técnica de Winnicott está a favor da mais profunda psicanálise.

O que Winnicott propõe são formas amplas de lidar com o *setting* e seus objetos auxiliares. Desse modo, encarou o uso

---

17 Winnicott, (1962) 1984, p. 154.
18 Junqueira e Coelho Júnior (2008, p. 147) afirmam: "Interpretação clássica é aquela que incide sobre um desejo inconsciente relacionado a um conflito psíquico. É importante esclarecer isso, pois, como já foi apontado, a interpretação tem ganhado um sentido ampliado."
19 Winnicott, (1962) 1984, p. 154.

do divã em sua faceta não verbal, ampliando seu uso para além da forma clássica, que priorizaria a palavra enquanto intervenção. Para ele, não se trata necessariamente de abrir mão do divã em tratamentos de casos mais difíceis — ainda que não tenha reticências quanto a isso —, trata-se de enxergar outros usos potenciais do divã para além do modelo clássico — de escutar e intervir de outras formas. Sua prática clínica nos demonstra que cada concepção teórica e de intervenção está intimamente ligada a uma singular escuta.

Portanto, para além do uso clássico, a contribuição de Winnicott ao tema permite pensar o potencial do divã também para casos não neuróticos, evitando uma equação simplificadora neurose/divã *versus* não neurose/poltrona. É a escuta que o analista teria com o seu analisando no divã o que determinaria a sua forma de uso, evidenciando que não se trata de problematizar a questão dos casos graves apenas se baseando em uma ideia simplista de uso ou não desse objeto-mobília.

É interessante que nem mesmo no texto *O papel de espelho da mãe e da família no desenvolvimento infantil*,[20] repleto de casos clínicos, que trata de refletir sobre como o bebê pode ver a si mesmo (*self*) através do olhar da mãe, Winnicott alude ao tratamento frente a frente — já que não está a falar de uma concretude do olhar. Ele cita até mesmo bebês cegos para deixar claro que não está a falar do olhar concreto, senão fundamentalmente de um olhar subjetivo, ou mais diretamente dos sentimentos de amor, completude e segurança que uma mãe pode passar ao filho em um momento em que este se sente indiferenciado dela.[21]

Obviamente, refletir sobre essa ideia de Winnicott não se trata de recomendar o divã para todo e qualquer caso, até porque ele sempre se coloca como um objeto moldável enquanto analista, disposto a qualquer mudança no *setting* que esteja a favor da terapêutica da sessão. No entanto, é inegável que

---

20 Winnicott, (1967) 1975b, p. 153-162.
21 No texto em questão, o objetivo principal de Winnicott é falar de quanto uma depressão da mãe e as consequentes dificuldades de investimento dela para com seu bebê afetariam o seu desenvolvimento.

pensar o divã sob o prisma que Winnicott o compreende faz com que o nosso tema ganhe em complexidade. Se estávamos a discutir que Ferenczi se ocupava em acolher a criança que vive no adulto, talvez pudéssemos dizer que Winnicott se ocupava em acolher o bebê que vive no adulto (ainda que as propostas de ambos sejam mais complexas que isso).

Por último, há também a publicação póstuma *Holding e interpretação: fragmentos de uma análise*,[22] na qual Winnicott nos traz minúcias de um caso clínico em que o analisando tinha dificuldades em sentir-se bem consigo mesmo e experienciar o seu verdadeiro *self*. Segundo Winnicott, o analisando não possuía capacidade imaginativa e de brincar e tampouco realizava gestos espontâneos ou se excitava com a vida em geral. De modo similar ao que vimos em Ferenczi, Winnicott afirmava que seu trabalho era conversar com o infante que vivia dentro do corpo adulto. Especificamente em relação ao divã, Winnicott intervém dizendo ao analisando: "O divã sou eu mais do que se eu realmente te abraçasse",[23] o que se liga intimamente ao que foi teorizado anteriormente.

Também, nesse caso clínico, Winnicott relata diversos momentos em que o analisando colocava um pé no chão, para fora do divã. Enquanto analista, ele evitava interpretar o ato como uma resistência (pois, em certa medida, era), preferindo exaltar o gesto espontâneo do analisando. Esse ato (o de colocar o pé no chão) seria também uma tentativa de "antecipar" internamente o final da sessão, uma vez que o analisando estava receoso de ser "mandado embora do divã" pelo analista (ao ser surpreendido pelo final do tempo de sessão) — e estaria se preparando para um contato mais direto com a realidade externa (a realidade fora do ambiente da sessão). Isso se assemelha muito ao que Ferenczi relatou em *Inquietude no fim de sessão de análise*,[24] o que reforçaria uma

---

22 Winnicott, (1972) 1986.
23 Winnicott, (1972) 1986, p. 163.
24 Ferenczi, (1915) 2019, p. 57.

afinidade implícita entre os dois autores — ainda que, como vimos até aqui, o somatório das contribuições de Winnicott a respeito do divã transcenda Ferenczi.

4. O divã-pele de Didier Anzieu

Didier Anzieu é conhecido por suas reflexões acerca do eu/não-eu e dos limites entre o externo e o interno. Ele teoriza a respeito dos limites do eu-corpo e, partir de sua metáfora conceitual de eu-pele, ocupa-se a pensar em como esses limites cumprem funções na constituição e na contenção de um psiquismo. Ainda que breves, suas contribuições vêm a somar com o que vínhamos discutindo a partir de Winnicott, ao mesmo tempo que criam uma espécie de "ponte" para questões que serão levantadas a partir do capítulo posterior.

Na concepção de Anzieu, a pele pode ser encarada como um envelope psíquico, um envelope protetor do mundo interno. O autor estabeleceu sua metáfora conceitual — como ele prefere chamar — a partir da escuta de sofrimentos advindos de feridas narcísicas, intimamente ligadas à "fraqueza ou às falhas do envelope psíquico, sensação difusa de mal-estar, sentimento de não habitar sua vida, de ver de fora funcionar seu corpo e seu pensamento, de ser o espectador de alguma coisa que é e que não é sua própria existência."[1] Vejamos como seu pensamento incide no uso do divã.

---

1   Anzieu, 1989, p. 22.

No livro *Eu-pele* — mais precisamente no capítulo em que procura refletir acerca do eu-pele enquanto um envelope térmico — Anzieu nos relata como, deitada ao divã, uma analisanda regrediu a estados primitivos, tremendo e evocando a sensação de intensos frios e mudanças bruscas de temperatura, a evocar as sensações experienciadas quando fora abusada em seu âmbito familiar durante os banhos em sua infância. O analista relata que

> Aconteceu, em muitas sessões, de ela chegar a um estado intermediário entre a alucinação e a despersonalização: a realidade não era mais a realidade, sua percepção das coisas se desfazia, vacilavam as três dimensões do espaço; ela própria continuava a existir, porém separada de seu corpo, fora dele.[2]

A partir de sua análise, o corpo da analisanda evocava o sofrimento de outrora, revivendo-o. Seria a partir do trabalho de análise, ao estar acompanhada do analista nesses momentos de revivência traumática, que ela poderia colocar em palavras o que fora vivido silenciosamente e denegado pelo ambiente ao seu redor, sua família. Em sua infância, seus sentimentos e os traumas sofridos eram invalidados. Sua pele sofria bruscas mudanças de temperatura, quando, por vezes, enfrentava banhos ferventes; já, em outras vezes, eram banhos gélidos — em ambos os casos, ocorriam verdadeiras torturas disfarçadas de cuidado. O ataque abusivo físico, somado à invalidação do traumático vivido, inicialmente incidiu sobre a pele, porém penetrou seu interior psíquico. Era ao estar acompanhada do analista que a analisanda poderia validar seu verdadeiro sofrimento sem que esse fosse nomeado como um "drama" (no sentido pejorativo da palavra), como sua família costumava nomear. A revivescência em análise estaria a favor da uma "re-constituição" de si.

---

2 Anzieu, 1989, p. 22.

Ao refletir sobre "segundas peles", Anzieu afirma que, em muitas ocasiões, os analisandos, por conta da regressão em análise, e das consequentes revelações "das partes destruídas e/ou mal-ligadas entre si, do Self",[3] acabam por reforçarem suas "camadas" durante os intervalos entre as sessões. Ele comenta sobre os analisandos intensificarem exercícios musculares a fim de reforçar camadas entre o seu eu e o mundo, ou manterem-se mais agasalhadas nos períodos que antecedem ou são subsequentes a sessões — e que esses analisandos poderiam também preferir envolver-se em cobertas quando estivessem deitados no divã — comentários pontuais que poderíamos compreender a partir do que vinha sendo discutido no capítulo anterior.

Anzieu reitera que o uso do divã pode evocar queixas que se remetem a falhas do que seria da ordem da função materna. O analisando, ao se deitar no divã, poderia começar a queixar-se de dores, males corporais e experienciar sentimentos hipocondríacos a fim de "restituir a função de pele continente não exercida pela mãe ou pelo círculo humano"[4] e, em último caso, "auto-infringir um envelope de sofrimento" nos moldes de "sofro, logo existo", para a assegurar sua existência por meio da vivência da dor. Trata-se de situações que, certamente, necessitariam de um manejo adequado por parte do psicanalista, ainda que Anzieu não aprofunde questões técnicas relativas ao modo como interviria em tais momentos.

Por fim, é importante pontuarmos que Didier Anzieu se dedicava também à psicanálise de grupos; portanto, seu trabalho não se restringia ao divã. Em entrevista de 1986,[5] quando perguntado sobre a possibilidade de abdicar do divã em seu trabalho nas análises individuais, Anzieu respondeu que, em determinados casos, dava liberdade de escolha ao analisando, podendo esse estar frente a frente ou até mesmo sentado no chão, caso preferisse. Priorizava "deixá-lo adotar

---

3   Anzieu, 1989.
4   Anzieu, 1989, p. 257.
5   Anzieu, 1990.

qualquer posição espacial que o ajude a comunicar o que ele precisa dizer".[6]

Com isso, sinalizava, também, permitir sessões conduzidas por chamada telefônica, já que alguns analisandos que sofreriam de ansiedades persecutórias (ou outros tipos de excessos que tomariam o seu psiquismo) se beneficiariam delas. Essa modalidade *online* não nos surpreenderia em 2023, mas, em 1986, surpreendeu o entrevistador Gilbert Tarrab.

Ademais, na mesma entrevista, Anzieu acaba por argumentar que analisandos mais prejudicados egoicamente necessitariam do olhar na sessão psicanalítica, o que concordaria com o pensamento de André Green, como será visto a seguir. Desse modo, ainda que parte do pensamento de Anzieu acerca do divã se conecte ao que foi exposto a partir de Winnicott, outra parte se conecta à necessidade do olhar defendida por Green. A respeito de sua proposta de "liberdade de escolha" do analisando (quanto ao uso do divã), deixo reverberar aqui uma questão, sem preocupação de responder precipitadamente: a preferência (consciente) do analisando deve ou não ser fazer parte do pensamento teórico-clínico do analista na hora de optar pelo uso (ou não) do divã?

---

6   [71] Anzieu, 1990, p. 59.

5. O divã de André Green — o modelo do sonho, outras contribuições e equívocos

André Green defende que o fundamento para o uso do divã estaria na metapsicologia freudiana, sobretudo em *A Interpretação dos sonhos*,[1] pois compreende o enquadre psicanalítico e, consequentemente, o uso do divã, de acordo com o modelo do sonho.

O pensamento de André Green, tanto a respeito da função do divã quanto de sua indicação em análise, está intrinsecamente apoiado na noção de enquadre. Green seria, talvez, o autor que mais se ateve a desenvolver a temática, a qual tem seu ponto alto no importante conceito de *enquadre interno do analista*.

Portanto, torna-se importante que, antes de nos dedicarmos a pensar o divã propriamente dito, eu me atenha a apresentar, de forma resumida, sua conceitualização de enquadre, *estojo matriz ativa*, bem como a sua proposta de *enquadre interno do analista* — visto que corroboram suas posições —, passando, em seguida, a elucidar seu pensamento a respeito da função do divã a partir do modelo do sonho, para, na sequência, assinalar certo equívoco do autor no que concerne a seu apoio

---

1   Freud, (1900) 2019.

nas teorizações de Winnicott, sobretudo no que tange à indicação de tratamentos face a face por conta da necessidade do olhar. Assim sendo, é necessário adentrar uma discussão teórico-clínica complexa, que contará com casos clínicos descritos pelo próprio Green.

O início deste capítulo se dedicará a resumir, minimamente, o que seria da ordem do enquadre, para, logo em seguida, passar a pensar sobre a função do divã no pensamento de Green e a discutir suas posições.

A conceitualização inaugural a respeito do enquadre acontece em 1967, por José Bleger, que define a *situação psicanalítica* como a totalidade dos fenômenos incluídos na relação terapêutica entre analista e paciente, indicando que essa *situação psicanalítica* constitui um *processo*. Já o enquadre seria "um '*não processo*', no sentido de que são as invariáveis que formam a moldura dentro da qual se dá o *processo*".[2] Partindo da conceitualização de José Bleger, Green teoriza o enquadre sob duas perspectivas: 1. a *matriz ativa*, "composta pela associação livre do paciente, da atenção e da escuta flutuante, marcada pela neutralidade benevolente do analista, formando um par *dialógico* onde se enraíza a análise"; 2. o *estojo*, "constituído pelo número e duração das sessões, a periodicidade dos encontros, as modalidades de pagamento etc.". "A matriz ativa é a joia que o estojo contém."[3]

Cada um desses elementos componentes do enquadre mereceria ser discutido nos seus mínimos detalhes, caso o foco deste livro fosse discuti-los. Cabe aqui, no entanto, apenas indicar que, de certa maneira, o "não processo" de Bleger se aproxima, ainda que não seja análogo, ao que Green veio a conceituar como o *estojo* do enquadre. Porém, em ambos

---
2   Bleger, 1988, p. 311.
3   Green, 2008, p. 54.

os autores, a utilização do divã estaria incluída no que seria da ordem desse *estojo*, ou de um "não processo", que serve para "emoldurar" e que contém e auxilia a realização do tratamento psicanalítico.

Ainda que não nos dediquemos a discutir profundamente no que consistiriam todos os elementos desse caráter "externo" do enquadre, que envolve o contrato, o número de sessões e/ou qualquer situação encarada como de ordem concreto-externa, essas questões serão apresentadas ao longo do livro de alguma maneira, da mesma forma como seria impossível discutirmos o divã sem mencionarmos a associação livre, a transferência ou outros conceitos auxiliares à escuta. Essas são questões que concernem à prática clínica desde Freud, ainda que não nomeadas a partir da conceitualização de enquadre.

Para além de pensar a *matriz ativa* e o *estojo do enquadre*, o pensamento de Green as transcende quando teoriza a respeito do *enquadre interno do analista*, afirmando ser este:

> uma figura do pensamento clínico para dar conta da necessária criação, pelo analista, de um espaço interno, intermédio, no qual sustenta a qualidade analítica da comunicação quando o paciente não tem condições de reconhecer a sua dimensão metafórica., no qual, devido às limitações e ataques do paciente contra o seu próprio funcionamento e contra o tratamento, o analista deve poder investir a relação enquanto analítica (e não apenas interpessoal), postulando e sustentando a virtualidade do processo analítico, de quem, durante um longo tempo, deverá ser o avalista.
>
> O que eu falo é que, quando o enquadre analítico não funciona, é possível dizer que este já não é um conceito compartilhado entre o paciente e o analista. O enquadre advém de uma noção interna ao analista. É ele quem terá que avaliar aquilo que escuta com relação a uma falha de funcionamento representativo, que apenas ele tem condições de perceber e compreender. Nestes casos, não podemos procurar a unidade do campo analítico no lado

dos pacientes, pois percebemos que a diversidade dos mesmos implica formas de abordagem muito diferentes e, inclusive, em ocasiões, a renúncia a diferentes aspectos formais do enquadre. Isto é, quanto menos o enquadre clássico funciona, mais sou levado a pensar que a unidade do campo psicanalítico não pode senão localizar-se no próprio analista, no seu pensamento clínico.[4]

Ao enfatizar o enquadre interno do analista, Green nos abre portas para pensarmos modalidades diferentes de escutar e intervir enquanto psicanalistas. Para além de ser auxiliar ao psicanalista que exerce seu ofício fora do consultório, essa noção reafirma uma necessidade ética e profunda do fazer analítico. Se o analista não é suficientemente bem analisado e não possui condições de manejar eticamente tal enquadre, estaria a desviar-se do fazer psicanalítico. Tomemos tais colocações como implícitas a tudo que será teorizado até o final deste livro.

Quanto ao "enquadre clássico" e ao restante da discussão que o concerne, deixemos em espera para seguirmos a pensar a partir do que Green explorará a respeito do uso do divã. Assinalo aqui apenas que, do ponto de vista do analista, o divã ser tomado em sua função metaforizante (o que é uma contribuição muito importante de Green) não exclui a possibilidade de o analisando tomá-lo ilusoriamente enquanto o corpo da mãe e suas funções, como preconizou Winnicott. Ou seja, o objeto-divã pode ser tomado concomitantemente sob vértices distintos a depender do mundo interno de cada membro do par analítico, visto que a partir do pensamento paradoxal de Winnicott e para o desenvolvimento de um psiquismo, não importa definir se o objeto é criado pelo *infans* ou apresentado a ele pelo mundo externo,[5] sendo o divã um objeto

---

4 Urribarri, 2013, p. 121.

5 Winnicott nos fala de uma ilusão de onipotência, uma onipotência criativa, na qual, em um momento primário, do ponto de vista do bebê, não faria diferença se o objeto é apresentado a ele ou criado por ele — não importando se o seio foi oferecido a ele pela mãe ou se foi ele quem criou o seio. A mãe

paradoxal em que convivem e se sobrepõem camadas de funcionamento.

Neste momento, é importante pontuar, também, que é nessa perspectiva que o pensamento de Winnicott nos propicia pensarmos para além de uma dicotomia entre o que é de ordem interna e externa, uma vez que ela nos permite encarar o divã como um objeto que "vive" no paradoxo entre o espaço interno e o externo — algo que seguiremos a discutir nos capítulos que se seguem, sobretudo na segunda metade do livro. Ainda que examinar os elementos do enquadre a partir das noções de interno e externo — e o divã é entendido um componente de ordem "externa" — seja fundamental dentro das conceitualizações de Green, não é correlato ao que trabalharemos a partir da etimologia de divã/*diwan* na Parte II. Posteriormente, veremos que as vertentes etimológicas de divã/*diwan* contêm, ao mesmo tempo, a noção de espaço interno e externo, e esse entendimento nos ajudará a pensar, por exemplo, em questões clínicas que envolvem trabalhar com o que seria da ordem do narcisismo primário, levando em conta a indicação do uso do divã.

O uso do divã, para Green, fundamenta-se na metapsicologia freudiana. Sua indicação estaria ligada ao que Freud teorizou em *A interpretação dos sonhos*[6]e, sob esse prisma, o enquadramento e a indicação do divã estariam, então, atrelados ao modelo do sonho.

> Ainda que não teorize dessa forma, Freud criou o enquadramento analítico nos moldes do sonho. A posição reclinada, a suspensão da motilidade, a delimitação da percepção (por causa da posição do analista, fora da

---

suficientemente boa possibilita ao bebê a experiência de onipotência, a experiência de "criar" a realidade externa que ela lhe oferece [Winnicott, (1953) 1975a; (1969) 1975c; (1971) 1975d].

6   Freud, (1900) 2019.

vista do paciente, e do ambiente estável): todos esses fatores produzem uma situação análoga ao sonho, cuja função é permitir (com o arrefecimento da censura) que a associação livre se desfralde o mais próximo dos processos primários.[7]

Ora, o fato essencial é a homologia implícita do modelo do sonho e do modelo do enquadre analítico. No interior da sessão não existe fechamento do pólo perceptivo, mas o analista oferece ao analisando uma percepção constante (esta que se vê de seu divã) e se coloca fora da vista do analisando. Não há tampouco fechamento do pólo motor, mas a motricidade é restrita pela posição deitada. É entre esses dois pólos que se desenrola o discurso associativo, a consciência estando conservada, mas a censura moral e intelectual supostamente suspensa, da mesma forma como é diminuída no interior do sonho. A concordância entre os dois modelos funda a articulação entre teoria e prática.[8]

De fato, ao descrever o aparelho psíquico no capítulo VII de *Interpretação dos sonhos*, Freud aponta o que Green tomaria como um protótipo para o uso do divã em análise. Ao dormir, todos nos voltamos apenas ao mundo interno, reduzindo a receptividade do polo perceptivo (fechamos os olhos e "alucinamos") — situação análoga ocorreria com o polo motor (ao dormir, estamos inertes, o que auxiliaria no desenrolar dos acontecimentos psíquicos através do trabalho do sonho). Esse funcionamento se "expandiria" para a dinâmica da sessão, tornando-se um facilitador à associação livre, e também para todos os mecanismos internos, como o deslocamento e a condensação, chegando até o campo transferencial. O enquadre clássico, que inclui o uso do divã, favoreceria uma "virtualidade" necessária à sessão de análise, criando um espaço diferenciado em relação à vida cotidiana e às "relações normais".

---

7   Green; Urribarri, 2019, p. 80.
8   Green, 2004, p. 23.

Green assinala diferenças no enquadramento do que ele convenciona chamar de "psicanálise clássica" e de psicoterapia psicanalítica. A psicanálise "clássica" é definida por ele a partir do uso do divã, ferramenta ligada ao modelo do sonho e da neurose. A psicoterapia psicanalítica, o face a face (com contato visual), seria o modelo para os casos graves, *borderline*.[9]

A frequência das sessões, para Green, não determina o que é análise (uso do divã) ou psicoterapia (face a face), podendo haver uma psicoterapia de alta ou de baixa frequência. Em sua concepção, a indicação da psicoterapia teria relação com a "intolerância mais ou menos previsível do paciente ao enquadre analítico".[10] Essas intolerâncias ao enquadre clássico seriam advindas dos pacientes com "estruturas não neuróticas" e que desafiariam o trabalho clínico do analista. Para lidar com modalidades de enquadramento que diferem da "análise clássica", "sustentar a qualidade metaforizante da comunicação psicanalítica"[11] e lidar com os entraves da escuta e da intervenção clínica, Green apoia-se na noção de *enquadre interno* do psicanalista, a qual foi apresentado anteriormente.

Em sua concepção, é o *enquadre interno* que permite ao analista sustentar o trabalho analítico mesmo em situações adversas ou em situações para além do enquadre clássico. E, portanto, seria o *enquadre interno* do analista que sustentaria mudanças de enquadramento, como abdicar do divã e trabalhar a partir do face a face.

Diante disso, creio ser importante problematizar a indicação do face a face, levando em conta a própria teorização de Green a respeito da *estrutura enquadrante*, como será realizado a seguir.

---

9 Tal ideia que diferencia a psicanálise, seu modelo clássico, com o uso do divã, da psicoterapia (frente a frente e casos graves) é um pensamento que atravessa a obra de Green e se faz presente em mais de uma das entrevistas que compõem o livro *Do pensamento clínico ao paradigma contemporâneo* (2019), bem como pode ser encontrada dentre as páginas 38-43 do livro *Orientações para uma psicanálise contemporânea* (2008), livros que pretendem, de certa forma, "sintetizar" o pensamento teórico-clínico do autor (Green, 2008a; Urribarri; Green, 2019).

10 Green, 2008a, p. 49.

11 Urribarri; Green, 2010, p. 40.

* * * *

Apesar das importantes construções teóricas de Green, creio que seja importante apontar uma contradição, em sua argumentação, que pode passar despercebida pelo leitor. Tal equívoco se refere a como o autor se apoia no pensamento de Winnicott para articular a indicação do face a face de maneira incongruente com as afirmações dele próprio, Green, mas também de Winnicott. Apesar da afirmação de Winnicott quanto a realizar uma "análise modificada" quando necessário,[12] não é esse ponto que Green buscou explorar em suas argumentações.

Em entrevista a Fernando Urribarri, Green defende a ideia da "mãe suficientemente boa" como fundadora da *estrutura enquadrante* e afirma:

> O que querem dizer o *hold* (segurar) e *handle* (manejar) para o bebê que é segurado? O que isso significa? Bem, justamente: uma estrutura enquadrante. Quando se é separado da mãe, o importante não é a lembrança do seu rosto, do seu sorriso. O que conta são os traços do enquadramento que o contato do seu corpo representava. O rosto da mãe e seu sorriso podem desaparecer ou serem substituídos. O enquadramento permanece.[13]

Green cita Winnicott para ressaltar que o enquadramento propiciado por estar nos braços, no colo, no corpo da mãe, é mais importante do que a forma singular de seus traços e o contato visual com ela. Porém, na mesma entrevista, diz que, em casos graves, é preciso modificar o enquadramento e passar a aceitar o tratamento face a face por conta da importância do olhar.[14] Ora, se Green afirma ser mais importante o

---

12 Ainda que Green pretendesse valer-se desse ponto, vimos, no capítulo "O divã-corpo de Donald Woods Winnicott", como a intenção de Winnicott não era a de defender um tratamento face a face, senão que explorar modos de intervir (ainda no divã) que transcenderiam a interpretação clássica.

13 Green; Urribarri, 2019, p. 64-65.

14 Green; Urribarri, 2019, p. 70.

enquadramento do corpo nos braços da mãe do que o olhar, porque sua justificativa clínica para o face a face apoia-se sobretudo no olhar? É curioso, também, pois o texto de Winnicott que trata do olhar, *O papel de espelho da mãe e da família no desenvolvimento infantil*[15] (ainda que não repense o divã em momento algum), não é utilizado por Green para articular teoricamente o face a face.

Há uma contradição, pois, nessa entrevista a Urribarri, para articular a ideia do atendimento face a face em detrimento do divã, Green cita o texto *O ódio na contratransferência* (1947) de Winnicott e, para defender o mesmo ponto, em seu livro *Orientações para uma psicanálise contemporânea*,[16] também cita Winnicott — desta vez, o texto *Aspectos clínicos e metapsicológicos da regressão no contexto psicanalítico* (1954).[17] Uma incongruência ainda maior, visto que Winnicott não só não faz nenhuma indicação a favor da troca do divã para o frente a frente, como, em ambos os seus textos citados por Green, ressalta o paradoxo do divã ser/representar o "corpo da mãe" e a possibilidade de a análise transcorrer a partir desse entendimento, conforme vimos anteriormente. Portanto, para defender o frente a frente em casos não neuróticos, ele se valeu dos textos em que Winnicott demonstra um interessante uso do divã em casos não neuróticos.

É através de duas contradições, leituras que são o contrário do escrito de Winnicott, que Green articula o face a face e a importância do olhar no *setting*. Se o próprio Green diz que o corpo/enquadre da mãe é mais importante do que o olhar, por que razão ele priorizaria o olhar do face a face? Ainda mais estranho é ele fazer isso com base nos textos de Winnicott em que este nos fala do divã como corpo da mãe e procura elucidar a complexidade que o uso do divã pode ter.

Apesar disso, o equívoco de Green não diminui a importância de seu pensamento, tampouco a importância de

---

15 Winnicott, (1967) 1975b, p. 153-162.
16 Green, 2008a, p. 49.
17 Justamente os textos em que Winnicott escreve sobre a regressão à dependência no divã.

71

problematizar a respeito do olhar como um possível auxiliar em um tratamento. No entanto, se Green se mantivesse fiel à sua própria afirmação de que o enquadre/corpo da mãe é mais importante do que o olhar, apoiando-se na teorização de Winnicott para defender uma prática, Green poderia afirmar que o analisando "limítrofe" deveria deitar-se no divã — pois esse enquadramento remeteria ao corpo da mãe (*estrutura enquadrante*) — e o divã seria/representaria[18] o *holding* e o *handling*, mais fundamentais do que o olhar (segundo a afirmação do próprio Green).

Nesse sentido, para ressaltar a importância da concretude do olhar, parece-me que Green teria que buscar outra base conceitual para defender o face a face, e não as que ele foi precisamente buscar na obra de Winnicott.

Para o prosseguimento da discussão, é importante trazer mais algumas considerações de Green que tangem à utilização ou à não utilização do divã.

Ainda nas entrevistas a Fernando Urribarri, André Green nos conta ter decidido indicar o uso do divã para pacientes que até então vinham sendo atendidos por outros analistas em tratamentos face a face. Green[19] comenta que, em sua clínica, veria esses pacientes caírem "numa espécie de deserto anobjetal", em uma "síndrome de desertificação mental", o que ele considera uma inversão dos postulados da situação analítica, visto que Freud a teria pensado para favorecer a associação livre e permitir que o funcionamento onírico se aproxime o máximo possível dos processos oníricos. Vejamos detalhadamente como Green pensa a situação:

> o que se produz aqui, com os casos que descrevi, é que, em vez de obter um desfraldamento associativo, encon-

---
18 Conforme o paradoxo ser/representar, presente na teorização de Winnicott.
19 Green; Urribarri, 2019, p. 83.

tramos uma retração do indivíduo, à imagem do caracol que se fecha em sua concha. Evidentemente, pode-se refletir e dizer que, nesses casos, talvez o analista seja vivido como um potencial agressor. Mas não é isso que os pacientes, eles próprios, sentem. Sua sensação é a de que não há ninguém. O deserto objetal é absoluto... Tudo é vazio. Nada mais tem sentido, nada se vincula. Nessas circunstâncias pode-se supor que estamos lidando com o terror.[20]

A primeira pergunta que poderíamos fazer é sobre por que ele estaria a indicar o divã, visto que ele próprio estaria a defender o face a face nesses casos. No entanto, para além dessa questão, podemos notar o quanto esse trecho da entrevista — e também a sua sequência — deixa claro que Green crê que a "não visão" direta do analista significaria para o analisando que o analista-objeto se retirou (está ausente). Um entendimento que, de fato, seria totalmente verdadeiro, caso o analista realmente se retirasse psiquicamente da situação, encarando o divã apenas como um instrumento ligado ao "desfraldamento associativo", em que o analista deve permanecer em seu silêncio, aguardando que esse desfraldamento ocorra.

A posição de Green leva em conta o que ele mesmo encara como o fazer analítico, e ele é bem específico quanto a isso. Sua posição reafirmativa, ao longo de anos, contra uma série de pesquisas, sobretudo as ligadas a observações de bebês,[21] e advogando em prol de uma psicanálise "puramente clínica" — apontando para os "perigos" que seriam essas observações para a psicanálise —, acaba por ignorar parte do trabalho com o primitivo no *setting*.[22] Será que estamos a falar de um analista que não toleraria que o primitivo do "bebê" desam-

---

20 Green; Urribarri, 2019, p. 84.

21 Green, 1979, p. 27-47.

22 Quanto a isso, não podemos negar a importância da observação, visto que boa parte da construção teórica de Freud parte dela. Como, por exemplo, quando Freud observa e interpreta o "jogo do carretel" de seu neto [Freud, (1920) 2010].

parado que vive no analisando viesse à tona no divã e, por isso, ele evitaria esse tipo de abordagem? Se a resposta fosse afirmativa, seria justo e recomendável que Green evitasse o divã; afinal, o analista deve, eticamente, sentir-se minimamente confortável em termos psíquicos para dar sustentação a uma indicação, seja ela qual for.

Na sequência da entrevista, Green argumenta que é como se os "objetos primários nunca tivessem se deixado transformar. Para que o 'objeto transformacional' ajude a transformar, deve começar por se deixar, ele próprio, transformar". Essa é uma frase deveras importante e que, em minha concepção, está intimamente ligada ao papel do analista. Porém, antes de comentar o trecho de Green, é necessário apresentar o conceito que ele pega por empréstimo.

O conceito de objeto transformacional é de Christopher Bollas. Em capítulo posterior, trarei mais profundamente o pensamento desse autor, ainda que seja necessário nos ocuparmos um pouco aqui a respeito do transformacional. A experiência transformacional é uma experiência estética de ser transformado pela relação de objeto. Compreendamos o protótipo inicial do bebê a ser transformado pelo objeto-mãe:

> Antes de a mãe ser personalizada para o bebê como um objeto total, ela funcionava como uma região ou como uma fonte de transformação. E como a própria subjetividade nascente do bebê é quase completamente uma experiência das integrações do ego (cognitivo, libidinal, afetivo), o primeiro objeto é identificado com as alterações do estado do ego. Com o crescimento do bebê e o aumento da confiança própria, a relação com a mãe muda, de "mãe como o outro que altera o self", para uma pessoa que tem sua própria vida e suas próprias necessidades.[23]

Se tomarmos o pensamento de Bollas em sua amplitude, perceberemos que, se, por um lado, ele fala do objeto trans-

---

23 Bollas, 2015, p. 63.

formacional primário, como no exemplo citado; ele, por outro lado, também busca refletir sobre as relações objetais com potencial transformacional, as quais ocorrem em outros âmbitos da vida, sobretudo no espaço de análise. Logo, para Bollas, o analista é um objeto de uso para o analisando com um potencial transformacional. Se Green afirma que, para que ocorra uma transformação no outro, deve deixar-se primeiramente ser transformado, ele está a falar da função que o analista deve (ou deveria) exercer em uma análise. Ou melhor, o analista precisa estar aberto a transformar-se na relação com o outro (analisando), para que esse analisando venha também a transformar-se.

Para tanto, se retomarmos Ferenczi e a importância de que o adulto se adapte às necessidades da criança (e não o contrário) a favor de um desenvolvimento saudável do psiquismo, temos novas perguntas a fazer: quem não consegue se adaptar a quem? O analista que indica o divã para casos com "desertificação mental" estaria não se adaptando às necessidades do analisando e deveria indicar o frente a frente? Ou o analista que indica o frente a frente estaria não se adaptando às necessidades do analisando de regredir em sessão? Nesses casos, o analista não deveria adaptar-se ao processo de regressão e a "anobjetalidade" referida por Green, disponibilizando-se como um objeto de uso primitivo e transformacional por parte do analisando?

Essas perguntas são fundamentais, pois pode ser enganador pensar que fazer uso do frente a frente significa adaptar-se à necessidade do analisando. Sua necessidade de regredir a esses estágios anobjetais em uma análise deve ser ignorada? Repito: não pretendo invalidar ou pensar como menos importantes ou ineficazes as indicações do frente a frente, pois, de fato, ele dependerá sempre das condições do analista e do analisando em questão; mas creio ser fundamental que essa discussão deva levar em conta a mais alta complexidade, sem cairmos em riscos de sistematização a partir de tipologias patológicas.

Ademais, estar frente a frente com alguém jamais foi uma garantia de uma "presença" efetiva e profunda; por isso, não poderíamos aplicar as noções de ausência e de presença apenas sobre o prisma visual, sendo que ela pode ser sentida de outras formas; por exemplo, a partir da constância da voz do analista ou até mesmo através de sua respiração e de seus ruídos corporais, visto que o trabalho com o primitivo não é, necessariamente ou primordialmente, a partir da associação das palavras ditas pelo analisando, senão que também pelo que diz seu corpo.

Toda essa discussão deixa claro que se, para Winnicott, o uso do divã não é sinônimo de técnica clássica, para Green é. Talvez um estudo e um desenvolvimento aprofundado sobre o *trabalho do negativo* de Green e sua teorização quanto à função da presença e da ausência do objeto para a consti-tuição psíquica pudessem levar-nos a alguma reflexão mais próxima daquela que constatamos em Winnicott acerca do divã. Proposições técnicas, se pensadas a partir do paradoxo ausência-presença do objeto, que são características intrínsecas ao divã — por conta do corte do olhar ao mesmo tempo em que há a presença da voz do analista aliado a todas as colocações de Winnicott acerca do divã enquanto corpo — poderiam ser pensadas por Green também para casos graves. No texto *A intuição do negativo em O brincar e a realidade*, do livro *André Green: e a Fundação Squiggle*,[24] um compilado de palestras realizadas por Green destinado a uma interlocução entre o seu pensamento e o de Winnicott, ele afirma: "É importante experimentá-lo, o objeto estando fora do controle onipotente" (p. 63) e completa que:

> a elaboração imaginativa está muito ligada à ausência. Já disse, em outra oportunidade, que a psique era o relacionamento entre dois corpos, um deles ausente. A originalidade da contribuição de Winnicott para este

---

24 Livro editado por Jan Abram originalmente em 2000 é derivado de palestras de Green realizadas na Inglaterra e uma compilação da *Squiggle Foundation* [Green, (2000) 2003].

problema é que abriu um caminho para o dilema tradicional de colocar a ênfase na ausência ou, inversamente, na presença. O que ele fez foi considerar — mais uma vez — o ponto entre a reunião (presença) e a separação (ausência). Esta visão enriqueceu a teoria do simbolismo, proporcionando uma visão dinâmica dele, enfatizando o momento em que as partes foram separadas ou unidas novamente — por isso, o corolário: o objeto é encontrado (em oposição a perdido) e criado (em oposição a percebido). Isto implica em uma visão inteiramente nova das relações entre a representação (isto é, a memória) e a percepção (isto é, a consciência)." (p. 65)

A questão da ausência e da elaboração imaginativa citada por Green é importantíssima e será central na Parte II deste livro, de modo que nada que possa ser desenvolvido aqui alcance minimamente a complexidade que discutiremos depois. Quanto ao restante, parece-me autoexplicativo. Reforço o quanto Green fala sobre a importância da ausência do objeto para esse ser criado, ou melhor, do paradoxo presença-ausência, justamente o que a utilização do divã, da maneira utilizada por Winnicott, contemplaria com a presença marcante do analista, ainda que através do uso do divã (e sem o excesso do olhar no frente a frente). A ausência (e aqui nos cabe pensar a ausência do olhar) como precondição para a representação é um preceito freudiano incorporado e sempre repetido por Green e que também poderia ser usado para articular o uso do divã, nesses casos clínicos em que o analista Green pretende instaurar as cadeias representacionais onde não há. Não estaria aqui, em uma reflexão do próprio Green, a justificativa para o uso do divã também em análises que envolvem psiquismos mais prejudicados?

Apesar de estar confrontando a posição de Green e sua indicação do face a face para casos limítrofes, é possível encontrar, em sua obra, recortes clínicos em que esses tratamentos estão a se dar no divã. No livro *Narcisismo de vida narcisismo de morte*,[25] ao retratar transtornos de ordem narcísica, Green afirma que alguns analisandos "deitam-se de forma estereotipada, não se permitindo mudar de posição nem fazer qualquer tipo de movimento." No divã, o "corpo falaria" visceralmente, através de sons intestinais, reações vasomotoras, sudorese, sensações de frio ou calor, sendo essas expressões advindas de uma má relação estabelecida entre a mãe (e suas tendências libidinais) e o bebê (o analisando). Nesse caso, Green descreve a fragilidade do analisando e até mesmo os sentimentos de contratransferências de repulsa do analista para com o analisando — porém, não sabemos de suas intervenções, visto que seu relato acaba nesse ponto, sem que Green as elabore. No entanto, os fenômenos clínicos que ele apresenta são correlatos aos descritos por Winnicott, que, a nível técnico, a princípio, demonstraria aceitação (desde que genuína) pelas manifestações desse "bebê regressivo" (o próprio Green usa o termo bebê), já que estamos a tratar de um pessoa com falhas narcísicas.

Seria sob esse ângulo que o divã se colocaria como auxiliar ao devido *handling* e *holding*, ao mesmo tempo que protegeria o analisando da invasão do olhar e até mesmo dos sentimentos contratransferenciais de rechaço que citou Green. Em *A nova clínica psicanalítica e a teoria de Freud: aspectos fundamentais da loucura privada*,[26] Green relembra, evocando Winnicott novamente: "em casos fronteiriços o analista não representa a mãe: é a mãe".

Em seu livro *Sobre a loucura privada*,[27] há mais descrições de situações clínicas que se passam no divã. Apesar de discutir o quanto há situações que "fogem" e "atuam" fora do enquadre clássico, como a ocorrência de descargas de ordem somáticas e transbordamentos emocionais ligados a falhas de funções narcísicas, é interessante que — neste e em outros livros — muitas de suas descrições clínicas se

---

25 Green, (1988) 2001, p. 143.

26 Green, 1994, p. 86.

27 Green, (1986) 2005.

passam no divã. Resumidamente, de maneira geral, vemos Green se ocupar em descrever as situações limítrofes a partir de sua tendência a uma regressão fusional e à dependência de objeto, chegando a anunciar que a função do analista (como objeto) seria auxiliar essa integração.[28] Essa exposição teórica, ao ser transposta para a clínica, não levaria a pensar a função do divã e as próprias noções de corpo e *container* (expressão de Bion adotada por ele)? Não seria, no ponto em que o analisando com graves sofrimentos está regredido no divã, o momento em que a intervenção libidinizante do analista conseguiria mais potencialmente auxiliá-lo em seus processos integrativos? Não há respostas fáceis.

Ao se referir às propostas de Green, de Winnicott e de muitos outros psicanalistas, Jaime M. Lutenberg[29] afirma que, quando o analista é enxergado, no face a face, isso o ajuda a controlar a "regressão psicopatológica" que pode ocorrer durante a sessão. O termo "regressão psicopatológica" aparece apenas uma vez em seu texto, de forma vaga, mas me inquieta sua utilização. Talvez seja interessante pensarmos sobre, não sem antes deixar claro que, apesar de sua referência à patologia, quando Lutenberg descreve o fenômeno, nada difere essencialmente da regressão à dependência, proposta por Winnicott, visto que toda a teorização de Lutenberg se apoia em um momento inicial e fusional entre bebê e mãe na constituição do psiquismo. A partir disso, podem ser levantas questões que problematizam a terminologia, a fim de nos ajudar a pensar a clínica: uma "regressão psicopatológica" deve, então, ser evitada em uma sessão psicanalítica? Umas das funções do processo analítico não seria, justamente, que a psicopatologia se aloje no *setting*, para assim ser tratada? Não seria uma função da análise que a psicopatologia se expresse cada vez mais no *setting*, para que, paulatinamente, atenue sua atuação na "vida real" (fora do consultório)?

---

28 Green, (1986) 2005, p. 38.
29 Green, 2007, p. 102.

A contradição teórico-clínica que encontramos em Green apenas nos deixa claro o quão complexo e diverso podem ser os posicionamentos em torno dos possíveis usos e não usos do divã. É notável que Green considera a concretude do olhar importante para os citados casos, ainda que sua justificativa teórica possa aludir a outros caminhos. James M. Lutenberg,[30] ao levar em conta as proposições referentes à parte psicótica e à parte não psicótica da personalidade, teorizadas por Bion, e ao evocar a palavra *play* (brincar/encenar), deixa a cargo de seus analisandos escolherem a forma que "precisam" para que a sessão seja conduzida. Assim, um analisando pode predominantemente se deitar no divã, mas se levantar, deambular pela sala e se sentar na frente do analista, conforme sua necessidade corpórea e interna. Para ele, seria a oscilação, entre suas partes psicóticas e não psicóticas, que determinaria como o analisando ocuparia o espaço psicanalítico. Já William I. Grossman,[31] ao comparar um caso *borderline* apresentado por Green a outro apresentado por Kernberg, comenta que a forma de conduzir o tratamento difere também devido a gradações. O citado caso de Green[32] foi atendido no divã, enquanto o de Kernberg foi realizado fora dele, dentro de uma instituição e com uma carga bem maior de destrutividade. Sem dúvidas, esses são argumentos importantes.

A constante reafirmação de Green,[33] diferenciando psicanálise de psicoterapia a partir de um enquadre externo — mesmo que ele deixe claro não desmerecer o segundo termo —, soam-me problemáticas terminologicamente, pois sua concepção restringe o termo *psicanálise* ao enquadre dito "clássico". Estamos, neste momento, falando em psicanálise 80 anos após a morte de Freud. E, levando isto em conta, será que ainda podemos dizer que a psicanálise seria o modelo

---

30 Green, 2007, p. 102-103.
31 Grossman, 2007.
32 Publicado como *The Central Phobic Position: A New Formulation of the Free Association Method* [Green, 2000; Williams, 2002].
33 Green, 2011.

"clássico", enquanto o "restante" seria psicoterapia? Se focarmos apenas no nosso tema (que é a utilização do divã), devemos nos perguntar: não podemos pensar sobre seu uso para além do pensado inicialmente por Freud?

A grande e inequívoca contribuição teórica de Green me parece ser sobre o *enquadre interno do analista*, pois é este conceito que nos permite escutar e intervir psicanaliticamente em "qualquer situação". Se um analista está a escutar e a intervir a partir de seu enquadre interno psicanalítico, não poderíamos dizer que esse analista está sendo um analista e está trabalhando em um processo de análise, seja qual for a particularidade desse trabalho? Certamente que sim — assim como, Green também sinaliza que o enquadre externo e o divã não garantem que haja um processo de psicanálise. O analisando (inclusive um neurótico) pode estar resistindo à análise e ao trabalho com ela a partir de seu Inconsciente; porém, se o psicanalista está trabalhando nessa direção, não me parece que mudar o termo psicanálise para outro nos ajude.

Não me parece que um analista "abandone" a psicanálise dentro de si (o seu enquadre interno) e deixe de levá-la em conta em qualquer possível modificação que seu trabalho venha a ter. "Análise modificada", como propõe Winnicott, é mais inespecífico e talvez mais apropriado. De certa maneira, todas as análises são "modificadas", nenhuma é igual à outra. Sobre o termo psicoterapia, mais polêmica poderia ser erigida, já que a noção de terapêutica está presente na obra freudiana. Freud, acima de tudo, trabalha pela "cura", ainda que isso possa ser considerado um ideal inalcançável. O referido Winnicott e muitos outros também não dissociam a terapêutica como inerente ao trabalho psicanalítico.

Mas deixemos este capítulo polêmico de lado, momentaneamente, para seguirmos a pensar a contribuição de outros autores, sem deixar de enaltecer o quanto o modelo do sonho, transposto para o entendimento da função do divã, realizado por Green, é uma contribuição fundamental para a prática clínica.

6. Thomas Ogden e a privacidade no divã

Thomas Ogden[1] nos recorda que o uso do divã por Freud não foi fundamentado teoricamente para ser um facilitador à associação livre do analisando, ainda que saibamos que o seja. Ogden realça que seu uso estava ligado, sim, ao fato de Freud não suportar estar sendo observado durante seu processo de escuta.[2] Essa lembrança é relevante, pois o autor pretende ressaltar a necessidade de privacidade do analista enquanto está a realizar o seu ofício. Em seu entendimento, o analista precisa de privacidade para escutar, entregar-se à corrente de seus pensamentos inconscientes, e o contato visual entre o analista e o analisando prejudicaria sua escuta.

Nesse sentido, ao retomar Freud, Ogden salienta a importância do uso do divã não apenas para o analisando, mas também para o analista, pois acredita que o contato visual prejudicaria a privacidade da dupla e de sua relação como um todo. Apesar disso, sua concepção acerca do uso do divã

---

1 Ogden, 2013, p. 101-124.
2 "Não posso suportar ser encarado fixamente por outras pessoas durante oito horas (ou mais) por dia, visto que, enquanto estou escutando o paciente, também me entrego à corrente de meus pensamentos inconscientes", afirma Freud, em *Sobre o início do tratamento* (1913). Ver capítulo "O divã-reminiscência de Sigmund Freud".

e a abstinência do olhar não se pretendem ditatoriais; afinal, bastaria o analisando virar a cabeça para visualizar o analista, como bem demonstram os seus casos clínicos.[3]

> Em um esforço para criar um espaço para sonhar, sento-me atrás do divã enquanto o paciente deita no divã. Explico a cada um de meus pacientes, no início de uma análise, que seu uso do divã me permite a privacidade de que preciso para pensar de uma maneira diferente da maneira como penso em uma conversa face a face. Acrescento que o paciente deverá perceber que isso é verdade para ele também.[4]

> Acrescento que o analisando pode também achar que essa forma de trabalho lhe permite vivenciar seus próprios pensamentos de modo diferente de seu jeito habitual de pensar, de sentir e experimentar sensações físicas. O fato de apresentar o uso do divã enfatizando minha própria necessidade, bem como a do analisando, de uma área de privacidade, um espaço psicológico (tanto no sentido literal como no metafórico) no qual pensar e gerar experiências, representa uma declaração importante ao paciente a respeito de minha concepção do método analítico e da sobreposição de nossos papéis nele.
> No que foi dito até aqui, está implícito que considero as circunstâncias necessárias para ambos, analista e paciente, poderem atingir o estado de *reverie* como condição necessária para a condução da análise.[5]

Cada membro da dupla analítica teria o direito à sua privacidade, a seu espaço, sem ser invadido pelo olhar do outro. Seria a partir desse espaço que ambos teriam melhores condições para entregarem-se ao seu ofício: a associação livre e a atenção flutuante, respectivamente. Ogden defende que a privacidade em relação ao olhar do outro conduz o analista

---

3   Em *Subjects of analysis*, Ogden também menciona o ato de o analisando virar a cabeça para visualizar o analista (Ogden, 1994, p. 88, 158).

4   Ogden, 2016, p. 2.

5   Ogden, 2013, p. 108-109.

e o analisando a seus próprios estados de *reverie*, condição príncipes para a realização do processo de análise.

Reverie poderia ser traduzida como um "estado de sonho", fazendo com o que o termo possa ser entendido como uma forma de sonho diurno, sonho desperto ou devaneio, dentre outras possibilidades ligadas ao entendimento do que seria um "estado de sonho".[6] Podemos entendê-lo como uma espécie de devaneio que emerge na mente do analista para ajudá-lo a construir hipóteses acerca do que o analisando não está conseguindo comunicar formalmente.

> Para mim, *reverie*, sonhar desperto, é paradigmático da experiência clínica de intuir a realidade psíquica de um momento da análise. Para entrar em um estado de *reverie*, que no setting analítico é sempre parte um fenômeno intersubjetivo, o analista deve se engajar em um ato de auto-renúncia. Por auto-renúncia, entendo o ato de permitir-se ser mais do que apenas si-mesmo para criar um espaço psicológico no qual analista e paciente possam entrar em um estado compartilhado de intuição e compartilhar conjuntamente uma realidade psíquica perturbadora que o paciente é incapaz de enfrentar sozinho. O analista não busca alcançar a *reverie* mais do que busca alcançar intuição. *Reverie* e intuição vêm, se é que vêm, sem esforço, "espontaneamente".[7]

Segundo Ogden, a estrutura analítica é projetada para possibilitar "estados sobrepostos de *reverie*",[8] um espaço terceiro de sobreposição/intersecção entre a *reverie* do analisando e a do analista, denominado *terceiro analítico intersubjetivo.* Sua proposta de sobreposições de estados deriva do pensamento de Winnicott:[9] há o que é particular, o que é do outro, e um

---

6   *Reverie* é uma das formas de tradução do alemão *Tagtraum*, utilizado por Freud.
7   Ogden, 2016, p. 79-80.
8   Ogden, 2013, p. 110.
9   Ogden apoia sua ideia em trecho de Winnicott. Este defende ser no espaço de sobreposição/intersecção entre as áreas do brincar do analisando e do analista que se dá o tratamento. A palavra usada por Winnicott é *overlap*. Na tradução do texto de Ogden consta "sobreposição" (p. 111). Na tradução do

espaço compartilhado entre ambos; mas também leva em conta a relação *container*/contido de Bion. Há o que só pode ser vivido dentro de cada um (analisando e analista), e há algo que pode ser vivido nessa instância terceira, permeada por partes compartilhadas psiquicamente por cada membro do par analítico.

> A estrutura psicanalítica (por exemplo, o uso do divã) e a técnica psicanalítica (por exemplo, o método de associação livre usado tanto pelo analisando quanto pelo analista) são projetados para aumentar a capacidade de cada participante de alcançar um estado de espírito no qual ele possa ter acesso à contínua conversa inconsciente consigo mesmo que toma a forma de sonho durante o sono e de *reverie* na vida desperta. O estado de *reverie* do analista envolve uma retirada da lógica, das exigências e distrações da realidade externa, o que seria como a experiência da "escuridão" do sono (o isolamento da mente do clarão da consciência) — uma escuridão na qual o sonho, um evento psíquico contínuo, torna-se perceptível. Como disse Freud (1916), "tenho que me cegar artificialmente para me concentrar... em um ponto escuro". O estado de *reverie* do analista é seu sonho desperto ou sua vigília adormecida, um estado no qual ele entrevê nas sombras das produções do inconsciente. À medida que a pessoa amadurece como analista, seus olhos se tornam mais prontamente "adaptados à escuridão".[10]

Ogden define que "Usar o divã (com o analista sentado atrás dele, fora do campo visual do analisando) favorece as condições em que analista e analisando podem, cada um, ter privacidade suficiente para entrar nos seus próprios estados

---

texto de Winnicott, publicada pela Imago (1975), consta como "sobreposição" (p. 59). Na tradução mais recente, pela editora Ubu, consta "intersecção" (2019, p. 69). A frase original de Winnicott é "psychotherapy takes place in the overlap of two areas of playing, that of the patient and that of the therapist" (Winnicott, 1971, p. 38). Ver Winnicott, 1975; 2019, 1971.

10 Cf. Ogden, 2002, p. 5-6. A citação de Freud é retirada de suas correspondências com Lou Andreas-Salomé [Freud (1916), 1966].

de *reverie*...",[11] o que levaria o analista, por vezes, a acessar sensações e sentimentos que não são exatamente de si-mesmo, mas, sim, advindos da experiência compartilhada com seu analisando por intermédio do terceiro analítico.[12]

Ao afirmar ser difícil compreender a lógica de trabalhar face a face com um analisando,[13] Ogden acredita que, mesmo existindo algum motivo para se realizar um tratamento com baixa frequência, o divã deva ser utilizado. Abdicar do divã enquanto instrumento, por conta de uma impossibilidade de alta frequência em um tratamento, seria uma ação injustificada e até mesmo prejudicial. Para ele, a qualidade do encontro depende, dentre outros fatores, de o analista estar na melhor condição de escuta possível — questão intimamente ligada à ideia de que o analista precisa de um espaço privado (para si) para escutar o outro. Em sua concepção, o divã seria um facilitador em qualquer circunstância, ainda que assevere haver momentos em que esse possa se tornar assustador demais para o analisando, e pressioná-lo ao uso seria antiterapêutico.

É necessário contextualizar que a imensa importância dada por Ogden à questão da privacidade do analista e do analisando não se relaciona apenas ao uso do divã. Isso seria apenas uma das facetas de seu pensamento acerca da privacidade na sessão. Assim, Ogden justifica o uso do divã a partir de seu entendimento acerca da privacidade e, da mesma maneira justifica a regra fundamental de uma análise. Ele defende que se reformule a proposta inicial de que o analisando "deve" falar tudo o que venha à sua mente para uma em que ele "tem direito" a falar tudo o que venha à sua mente. Portanto, Ogden opera um deslocamento de sentido em que o importante não é o "dever" de abrir sua mente ao analista, senão que o analisando tem o "direito" de contar tudo que lhe ocorre, sem julgamento por parte do analista.[14]

---

11   Ogden, 2013, p. 111.
12   Ogden, 2016, p. 24.
13   Ogden, 2013, p. 112.
14   Ogden, 2013, p. 116.

Nessa perspectiva, o analisando pode reservar apenas para si algo que, por algum motivo, deseje manter privado. Ele tem o direito de, junto ao analista, desnudar-se no mais alto grau possível, conforme suas condições psíquicas, mas não necessariamente "deve" fazê-lo, já que um de seus sofrimentos pode ser advindo de uma invasão ao seu espaço privado.

O que descrevi até aqui seria fundamental no tratamento das mais variadas psicopatologias, mas é importante nos dedicarmos novamente à discussão sobre a utilização do divã para além de sofrimentos neuróticos, conforme vem sendo articulado em capítulos anteriores. Ainda que os casos clínicos de Ogden reforcem o uso do divã como aliado no trabalho relacionado a questões de ordem sexual e edípica,[15] nas neuroses, vejamos alguns casos em que as colocações de Ogden se tornam fundamentais para o trabalho com pacientes mais prejudicados psiquicamente, com sofrimentos de ordem narcísica.

Em um recorte clínico,[16] ao evocar a teoria e a clínica de Winnicott, Ogden relata a primeira sessão de uma analisanda. Nesse caso, mesmo sendo o primeiro encontro com o analista, tão logo a analisanda adentra a sala de atendimento, já se dirige ao divã. Deitada, relata sofrer ataques de pânico, não estar conseguindo trabalhar e não exercer bem o papel de mãe. E, como quem não dá muita importância ao assunto, acaba mencionando a morte de sua mãe meses antes.

Nos atendimentos a essa analisanda, Ogden sentia-se intrusivo ao fazer qualquer barulho que não apenas respirar, afirmando ter "aprendido a dizer praticamente nada" em suas sessões. "Até mesmo me mexer na poltrona era experienciado pela paciente como se tivesse a esbofeteado".[17] Seu entendimento era de que a analisanda também estava a fazer muito esforço para tolerar estar junto ao analista. Um con-

---

15 Em *Conversações na fronteira do sonhar* (2022, p. 34-36), Ogden fala de aspectos de cunho sexual, bem como edipianos, a serem relacionados com o divã.

16 Ogden, 2005, p. 95-96.

17 Ogden, 2005, p. 121; 2005, p. 95.

tínuo compartilhar do silêncio e da respiração conjunta, no espaço da sessão, fez com que Ogden se lembrasse de quando necessitou sintonizar o ritmo de sua respiração com a de seu filho — quando o pequeno tinha 3 anos —, a fim de acalmá-lo e fazê-lo dormir. Em uma noite com ele, Ogden acabou por sonhar com muita intensidade que sua esposa e ele (o filho) haviam desaparecido. A *reverie* de Ogden dá a entender que é esse sentimento de desaparecimento da pessoa/objeto querida (amada) avassalador que estaria em jogo na sessão.

O sonho de Ogden seria uma apresentação (dentro de si) do que seu filho estaria sentindo? E, consequentemente, o que a analisanda estaria sentindo?[18] Estamos a falar de uma necessidade da analisanda de se sentir aconchegada, unida (pela respiração) com o objeto primário? Estamos a falar da necessidade de sentir-se viva? Para além de uma discussão acerca do divã, essa passagem demonstra o trabalho clínico de Ogden a partir de sua *reverie*, e como sua escuta se interliga às suas proposições. Ele sinaliza que essa situação clínica trata de uma vivência psicológica, mas também física e, ao desenvolver seu pensamento a partir de Winnicott, afirma:

> *Holding* é um conceito ontológico que Winnicott utiliza para explorar as qualidades específicas da experiência de estar vivo em diferentes estágios do desenvolvimento, assim como os meios intrapsíquicos-interpessoais mutáveis pelos quais a sensação de continuidade do ser se sustenta no decorrer do tempo."[19]

> À medida que o bebê cresce, a função do *holding* muda da de salvaguarda do tecido do continuar a ser do bebê para a da sustentação ao longo do tempo dos modos de estar vivo mais relacionados ao objeto. Uma dessas formas posteriores do *holding* envolve a provisão de um lugar (um estado psicológico) no qual o bebê (ou paciente) possa se organizar.[20]

---

18 Para além de pensar a contratransferência e a *reverie* de Ogden, poderíamos pensar em mecanismos de identificação projetiva.

19 Ogden, (2005) 2010, p. 122.

20 Ogden, (2005) 2010, p. 125.

As colocações de Ogden confluem para a possibilidade de pensarmos um estatuto corpóreo (*ligado ao holding*) para o divã,[21] ao mesmo tempo que também confluem para pensarmos o seu uso a partir de um modelo de sonho, ainda que diferente do modelo descrito por Green.

No livro *A borda primitiva da experiência*,[22] Ogden traz o caso do Sr. R, também atendido no divã, onde ele sentia que não conseguia pensar ou falar nas sessões. O analisando sentia-se totalmente vazio e, apesar de ansiar por se analisar, experienciava a análise como aterrorizante. Apesar disso, segundo Ogden, aos poucos,

> O Sr. R. inconscientemente conseguiu criar uma base sensorial para si mesmo, preenchendo o que mais tarde chamou de "buracos" tanto em si mesmo (sua incapacidade de pensar ou falar), quanto na relação analítica (que ele experimentava como inexistente), concentrando-se atentamente em uma forma retangular que ele distinguiu no padrão de linhas e textura no teto acima do sofá. Esses "buracos" foram posteriormente entendidos em parte como derivativos dos "buracos" de sua experiência inicial na relação mãe-bebê, devido à profunda depressão pós-parto de sua mãe, pela qual ela foi rapidamente hospitalizada. Sua mãe lhe contou, durante o período da análise de R., que o havia segurado quando bebê apenas quando "absolutamente necessário". Ele era deixado a chorar em seu berço por horas a fio enquanto sua mãe se escondia em seu quarto.[23]

Esse trecho reafirma a possibilidade de entendermos a função do divã como *holding*, ao mesmo tempo que ocorre uma projeção dos "buracos" internos do analisando para o mundo externo (o teto e suas texturas). Ogden nos apresenta a possibilidade de pensarmos sobre a "criação de uma base sensorial para si" quando isso é psiquicamente necessário. O sentimento de terror que o analisando sentia ao estar deitado

---

21 Mesmo que essa não seja uma proposta teórica do autor.

22 Ogden, 1989.

23 Ogden, 1989a, p. 37.

no divã era, primeiramente, o de estar abandonado em seu berço; porém, sua experiência de análise nos mostra que a revivência de abandono, a partir da vivência transferencial e do uso do divã, possui potencial transformador. Os "buracos" do teto se tornam uma possibilidade de encontrar-se com os seus, "tapá-los" enquanto superfícies corpóreas.

No livro em que se encontram esse e outros casos, Ogden estava ocupado a desenvolver teoricamente a *posição autista-contígua*, um acréscimo às posições depressiva e esquizoparanoide de Klein. Essa posição teria características mais primitivas, pré-simbólicas e sensoriais. As defesas geradas nesse modo autista-contíguo "são dirigidas ao restabelecimento da continuidade da superfície sensorial delimitada e da ritmicidade ordenada sobre a qual repousa a integridade inicial do eu",[24] uma procura em restituir a coesão corpórea de si. Segundo ele, enrolar o cabelo, bater os pés, acariciar os lábios ou o lóbulo da orelha, buscar formas simétricas e geométricas no teto ou na parede como referência, ou utilizar os dedos para traçar formas na parede ao lado do divã são atividades autocalmantes de formas autistas que viveriam em todos nós, com maior ou menor intensidade. A hora analítica também estaria a serviço de construir ou reconstituir as bordas de si mesmo.

Outros casos interessantes, presentes no mesmo livro, corroboram suas hipóteses, como o da analisanda[25] que tinha problemas de pele — sobretudo no rosto — e sofria de insônia. Em determinado momento, ela acabou por dormir uma sessão inteira após intervenção de Ogden difícil de exemplificar rapidamente aqui, mas seguramente acolhedora e muito bem articulada em relação ao que foi vivenciado em sessão. Segundo sua descrição do caso, ela alcançou a devida segurança interna para deixar-se levar pelo sono, para descansar. A compreensão de Ogden é a de que ela se utilizou do analista e do divã enquanto uma segunda pele.

---

24 Ogden, 1989a, p. 379.
25 Ogden, 1989a, p. 71-72.

Em capítulo dedicado a pensar sobre o sentir-se vivo no seu próprio corpo, do livro *Conversas na fronteira do sonhar*,[26] Ogden nos traz o exemplo de um homem molestado na infância que, por vezes, desorganizava-se e revirava-se de um lado para o outro no divã. A continuidade do trabalho de análise fez com que, em que determinado momento do tratamento, esse homem passasse a sentir que "seu corpo estava lá",[27] afirmando que não se lembrava de ter sentido que possuía um corpo anteriormente. Ocorreu um processo interno para que pudesse adonar-se de seu corpo. Após uma emblemática sessão, na qual teria sentido plenamente ser dono do próprio corpo, chega à sessão seguinte dizendo que gostaria de deitar no divã e dormir, relatando ter sonhado, na noite anterior, ser analista de um bebê, mas que, no final do sonho, após entender algumas figurações que nele apareceram, dormiu ao lado do bebê — em seu berço —, sendo observado (cuidado) fraternalmente por uma figuração que representava Ogden. Não teríamos como esmiuçar detalhes do sonho, até porque trago somente um resumo, mas certamente ele fala de um processo de análise e do divã/berço como um espaço garantido, de repouso e tranquilidade, para desenvolver-se. O ponto é que, por meio desse caso clínico, Ogden procura apontar para o trabalho de reconectar o que pode vir a estar cindido (mente e corpo), como um produto de um trauma, e o divã ocupa um papel central nessa conexão/reconexão consigo mesmo como um todo.

> Seja qual for a maneira pela qual se defina a análise, parece essencial incluir nessa definição a tentativa de gerar e vivenciar o terceiro analítico inconsciente e fomentar um estado de *reverie* através do qual analista e analisando possam perceber o "fluxo" da construção insconsciente compartilhada (e, ainda assim, individualmente vivenciada). Define-se melhor a empreitada analítica não pelo formato, (aí incluída a frequência das

---

26 Ogden, 2022.
27 Ogden, 2022a, p. 166.

sessões), mas pela sua substância, que envolve a análise da transferência-contratransferência (incluindo ansiedade/defesa), à medida que se dá forma a esses fenômenos no vivenciar e na interpretação do terceiro analítico.[28]

Na concepção clínica de Ogden "o propósito mais fundamental da relação analítica é o de ajudar o analisando a fazer mudanças psicológicas que lhe possibilitem viver sua vida de modo mais plenamente humano."[29] O que vimos a partir de suas propostas acerca da privacidade em análise e a superfície do divã enquanto auxiliar ao tratamento, articuladas ao restante de suas teórica e técnica, é fundamental para pensarmos a clínica psicanalítica e as formas como podemos pensar o uso do divã.

---

28   Ogden, 2013, p. 112.
29   Ogden, p. 2013, p. 105.

7. Christopher Bollas e o divã evocativo

Comecemos por articular o pensamento de Christopher Bollas acerca do divã, partindo do pressuposto de que, num momento primevo, o *self* e o objeto são experienciados como sendo a "mesma coisa". A reflexão de Bollas sobre nosso tema certamente é influenciada pela teorização de Pontalis a respeito do sonho. Pontalis escreve:

> Minha hipótese seria de que todo sonho, enquanto objeto na análise, faz referência ao corpo materno...Sonhar é, antes de mais nada, tentar manter a impossível união com a mãe, preservar uma totalidade indivisa, *mover-se num espaço anterior ao tempo*...É por isso que certos pacientes pedem implicitamente que não nos aproximemos demais de seus sonhos, que não toquemos e não trituremos o corpo do sonho, que não desarticulemos a "representação de coisa" em "representação de palavra".[1]

A influência de Pontalis em Bollas, além de explícita em entrevistas, é notável quando Bollas escreve "quando o freudiano visa fragmentar o sonho e examiná-lo em partes,

---

1   Pontalis, 2005.

existe uma objeção. 'Deixe eu e a mamãe sozinhos!'."[2] Ambos os autores acreditam que sonhar é uma espécie de retorno ao corpo da mãe. No entanto, veremos que Bollas se atém um pouco mais a refletir sobre o divã. Ele afirma:

> A posição que Freud solicitava que seu paciente ficasse — deitado no divã — foi um estranho estágio intermediário entre o pensador que dorme e o pensador desperto. É um estágio entre a vida no mundo da mãe (ou o que chamei de ordem materna) e a vida no mundo do pai (ou o que chamei de ordem paterna).[3]

Bollas está a se referir ao divã como um meio, um entre dois estados. Se focarmos apenas na primeira parte de seu apontamento, seríamos levados a pensar que Bollas estaria aludindo ao modo alucinatório do sonho, raiz do pensamento, mas também ao pensamento dito "intencional", com a intervenção de processos da consciência e atravessado pelo princípio de realidade — se formos falar em termos freudianos.

Porém, o pensamento teórico de Bollas, de maneira geral, atém-se mais diretamente ao espaço intermediário que se faz (ou não se faz) entre o si-mesmo e o outro; e entre o si-mesmo com o outro, bem como os diferentes estados e formas de funcionamento do *self*. Sua teorização investiga, sobretudo, a relação *self*-objetal (interno e externo), as relações entre os espaços internos e externos e os objetos que compõem e se inter-relacionam nesses dois espaços/mundos.

Objetos internos/externos não são diferenciados pelo bebê em seus primeiros encontros objetais (por exemplo, com a mãe, com o seio). O bebê vivencia um estágio objetal em que a ação do objeto-mãe é também experienciada como uma ação sua. Prototipicamente, Bollas afirma que esse encontro e essa relação entre os objetos-mãe-bebê é o que criaria uma experiência transformacional. Do ponto de vista de quem enxerga externamente essa cena, diríamos que o bebê está a

---

2 Bollas, (2007) 2013a, p. 8.
3 Bollas, 2007, p. 9.

tomar a relação com o objeto-mãe como uma relação com um objeto transformacional. Ao se relacionar com esse objeto, o bebê transforma a si mesmo incessantemente. Retornarei a essa ideia, de outras formas, mais adiante.

Se estar no divã é estar entre dois funcionamentos psíquicos, conforme colocado no início, e se acompanhamos tal frase com nossas associações livres, podemos lê-la também como a "coexistência" em ser si-mesmo "individuado" (ordem paterna) e estar em um funcionamento fusionado com o outro (estar como eu-mãe — ordem materna). O trabalho no divã seria "entre" e oscilando entre estados. O sonhar como um entregar-se ao corpo da mãe (conforme Pontalis), fundir-se, seria algo propiciado pelo divã, como já vimos em Winnicott, ao mesmo tempo que o divã também marcaria a separação, propiciando a emergência e o desenvolvimento de si mesmo a partir daquele objeto-corpo. Portanto, creio que a teorização de Bollas nos levaria a compreender o divã como uma espécie de objeto-outro de apoio, sustentação, para um emergir complexo a partir dele. Se a base da teoria de Bollas envolve a experiência transformacional[4] como originária, e essa advém da relação com a mãe, o divã seria esse protótipo/réplica de um objeto-corpo que propicia o desenvolver do *self* do analisando.

Considero que Bollas nos propicia pensar sobre uma base-divã que replica um funcionamento paradoxal de caráter "entre", de estar misturado com o outro-divã (corpo da mãe) na relação (protótipo materno e, muitas vezes, parte da transferência também) e, ao mesmo tempo, estar só consigo mesmo, com seu próprio corpo a repousar, com o campo visual "limpo", com a possibilidade de evocar uma construção interna e/ou externa do passado ou do futuro. Seria a partir da evocação das vivências transformacionais já processadas, de ser transformado pelas experiências, sobretudo as primevas,

---

4   Evoquemos a explicação a respeito da experiência transformacional no capítulo "O divã de André Green – o modelo do sonho, outras contribuições e equívocos", p. 74.

advindas da relação mãe-bebê, que se abririam o desejo e o espaço para novas transformações psíquicas. Para Bollas, a situação analítica nos convida à regressão:

> ambos os participantes regridem juntos. A condição do ambiente — um deitado no divã, o outro sentado confortavelmente, livre para olhar a meia distância — os longos períodos de silêncio e as falas sem esperar uma resposta: tudo remonta aos primeiros anos do ser. A diferença, é claro, é que, como ambos os participantes são agora intelectualmente adultos, há um retorno a uma forma anterior de pensamento equipada com capacidades inconscientes mais sofisticadas, bem como formas de consciência mais desenvolvidas.
> Tanto o paciente quanto o analista sabem que, por mais não-verbal que a experiência pareça, ambos tentarão colocar em palavras retrospectivamente o que estavam pensando.[5]

Portanto, ambos da dupla se beneficiam do uso do divã, pois ele estaria a auxiliar a regressão a estágios anteriores de funcionamento psíquico, incluindo os não verbais, fundamentais também ao bom funcionamento da associação livre e da atenção flutuante. Sigo citando o autor diretamente, para que não percamos a essência de sua enunciação.

> Deitar-se no divã, com a sensação física de ser sustentado por este objeto físico; estar fisicamente próximo ao analista e sua pessoa; o alívio e o prazer (mesmo em meio à dor) da atenção aparentemente indivisa do analista ao self; a experiência maravilhosamente segura proporcionada pelas dimensões temporais...[tempo e continuidade das sessões]; a experiência "como estando um berço" que se tem dos objetos dentro do espaço analítico quando os observamos, aqueles objetos eternamente familiares que advêm de seu mundo interno; a permissão intrínseca para deixar-se cair em estados

---

5   Bollas, 2009b, p. 15.

oníricos inconscientes de si, permitindo simplesmente sentir-se si mesmo, encontrar-se em diferentes experiências e relata-las ao analista, quando de vez em quando se tem alguma descoberta. Mesmo quando as questões são edipianas, podem ser como estar sendo segurado pela mãe enquanto fala com o pai sobre ser seu filho.[6]

Em outras palavras, poderíamos dizer que o divã abre-se a uma experiência radical. Nele, caberia a coexistência de todas as manifestações do *self*. Há a dependência, a necessidade de sustentação, há a regressão a funcionamentos primários, e há, ao mesmo tempo, a mãe, o pai, o Édipo, o conflito. Talvez possamos afirmar que sua concepção de encarar o trabalho no divã é de viver o conflito (ordem paterna), sustentado pela ordem materna (*holding*). O divã vira cama-berço (da sexualidade genital e da sexualidade polimorfa) e torna-se auxiliar para trabalhar até mesmo os impulsos edípicos mais agressivos. Ele propicia que o *self* se manifeste em todas as suas formas e estágios.

O trabalho no divã é um "entre" a ordem materna e a paterna. Para Bollas, a associação livre flutuaria "entre o mundo onírico da vida dentro da ambiência materna e o mundo lúcido das leis paternas e da socialização".[7] E, obviamente, como ele deixa claro em sua obra, as palavras "mãe" e "pai" estão a representar funções, portanto, não devem ser tomadas em sua concretude.

Bollas se ocupa, de fato, a discutir a oscilação entre estados ou a sobreposição de estados que englobam tantos os estágios mais primitivos do psiquismo quanto as manifestações mais neuróticas. Assim, mesmo quando pensa a histeria e a sexualidade, não abre mão de pensar a constituição do *self* conjuntamente. No livro *Hysteria*,[8] aponta que o analisando "investe o divã, o silêncio, o ambiente corpuscular (dois corpos respirando juntos) e erotiza a transferência, a qual se

---

6   Bollas, (1987) 2018a, p. 174-175.
7   Bollas, 2007, p. 9-10.
8   Bollas, 2000.

torna objeto de amor".[9] Ele afirma também que a histeria se caracteriza centralmente pela oposição entre o amor e a sexualidade "quando se observa que o histérico vê a sexualidade como uma forma de separação do amor do tipo materno".[10]

Sob esse prisma, o uso do divã pode ser entendido, então, como um instrumento que "flutua" sua função entre *evocar* o objeto primário e seu caráter de cuidado, e a *evocar* a sexualidade (infantil e genital), de acordo com o conceito de *objeto evocativo*, que será apresentado logo mais. O divã é um instrumento que "flutua" e sobrepõe várias camadas dos tempos internos do analisando e de seus estados de *self*. O corpo está sempre em cena e "ao chegar para uma psicanálise, revestir seu *self* no divã, a histérica re-(a)presenta o corpo que precisa ser visto e reinterpretado".[11]

A perspectiva de Bollas acentua a necessidade de adentrar nas partes de si que não estão conseguindo se interconectar. "O psicanalista é, portanto, um pai e uma mãe combinados, uma figura que cura o histérico, utilizando a função simbólica paterna a fim de evocar e transformar a memória que o bebê tem de sua mãe", e isso passa por falar a respeito de tudo que envolve o corpo e a sexualidade. A mãe pura, não sexualizada, não existe; a sexualidade dela está lá, desde o princípio, mesmo que não seja entendida como tal. O divã serviria tanto à expressão do *self* quanto à expressão da sexualidade concomitantemente, pois o *self* e a sexualidade não são dissociados.

Se estamos a falar de um divã investido de sexualidade, pouco importa se falamos do divã enquanto corpo da mãe ou do pai, dependendo da orientação sexual do analisando e o estado de seu *self*, que o analisando está apresentando em determinado momento — até porque Bollas refere-se a funções. No entanto, é importante não deixar de sinalizar que o objeto-divã serve como receptáculo de fantasias masturba-

---

9 Bollas, 2000, p. 38.
10 Bollas, 2000, p.40.
11 Bollas, 2000a, p. 62.

tórias,[12] edípicas e proibidas, como já visto anteriormente a partir da contribuição de Ferenczi.[13]

Ao escrever sobre a regressão a funcionamentos primevos,[14] Bollas descreverá ainda mais seu pensamento acerca dos potenciais usos do divã, não sem antes apontar como alguns analistas tentam diminuir a importância do fenômeno psíquico e clínico da regressão:

> Alguns analistas clássicos objetam a ideia de enfrentar e administrar uma regressão porque acreditam, sinceramente, que tal noção é mal concebida e potencialmente perigosa. Outros analistas protestam porque acreditam que esse ponto de vista pede algo deles que eles não podem cumprir. É o caso de muitos analistas que ouviram as apresentações de casos onde há relatos de sucesso no manejo da regressão ao objeto de dependência, pois esta constatação pode forçar o doloroso reconhecimento de que uma prática de análise trabalhando com um modelo de mente diferente pode ter um resultado bem-sucedido. É difícil de resistir à tentação de invalidar um clínico de outra convicção teórica com uma apontamento frequente como: "isto é não é uma verdadeira análise".[15]

Em sua colocação, abrem-se questões profundas: o que é a psicanálise? Existe uma psicanálise "verdadeira"? Se existe, então existiriam psicanálises "não verdadeiras"?

Sua teorização sempre buscou evitar totalitarismos,[16] realçar a importância das singularidades e diferenças teóricas como enriquecedoras do arcabouço teórico-clínico psicanalítico. Sobre a regressão (que ocorre no divã), Bollas alerta para

---

12 Como exemplo, o analisando de Bollas que pretendia estar de bruços para experienciar a sensação de roçar seu pênis no divã. Nesse caso, o divã estaria a representar e a evocar todo o caráter incestuoso e conflituoso da sexualidade infantil (Bollas, 2000, p. 193).
13 Ver capítulo "O divã, a criança que vive no adulto e as ousadias técnicas de Sándor Ferenczi".
14 Bollas, (1987) 2018a, p. 173-186.
15 Bollas, (1987) 2018a, p. 174.
16 Krüger, 2021, p. 31-40.

que o analista se atente não apenas às regressões de longa duração, mas também a períodos que podem ser breves — até mesmo diversos pequenos períodos dentro de uma mesma sessão. "O cerne da regressão à dependência na psicanálise é um abandono comum por parte do analisando de relatar ou pensar si mesmo; durante o silêncio, ele experimenta outra coisa."[17] Ele descreve que o analisando passa a utilizar-se de uma capacidade receptiva em que, "dentro de si mesmo", passa a relacionar-se objetalmente. Há um processo mental de evocação, de modo que o mais profundo de si começa a emergir. É importante que acompanhemos detalhadamente as suas colocações sobre os processos psíquicos durante o processo de regressão:

> 1 Após um período importante de trabalho analítico, ou após o prazer da expectativa de uma sessão analítica, ou após um período falando, o paciente fica alheio à presença do analista enquanto intérprete. 2 O paciente está em uma espécie de "estado crepuscular" no qual sente prazer em estar deitado no divã, ouvindo os sons do mundo analítico (como dos carros passando, o tique-taque de um relógio ou o som de vozes). Encontra prazer na presença do analista, nos sons estomacais, na respiração, e assim por diante, que são sentidos como reconfortantes e continentes. 3 Depois de se concentrar na sensação física de prazer em ser segurado pelo divã e nas sensações acústicas de ouvir os sons do mundo, o paciente cai em um estado em que os processos de pensamento parecem benignamente "brancos". Os pensamentos surgem em resposta a estímulos senso-riais, como sons ou objetos visíveis na sala analítica. Os pacientes relatam que muitas vezes olham para um dos objetos da sala, mas o veem de forma desfocada, não com a finalidade de interpretar o objeto, mas simplesmente se perder "dentro" dele. 4 Há uma transição sutil no modo de ouvir, ver, e sentir as propriedades do mundo exterior para ouvir, ver, sentir o mundo interior. Pode haver uma

---

17   Bollas, (1987) 2018a, p. 175.

interação contínua entre os dois mundos. Winnicott chama isso de área intermediária da experiência. Essa transição não é pensada, porém, fundamentalmente prazerosa. 5 O paciente relata estar em meio à descoberta de algo importante e novo. Acredito que isso seja uma mudança da recepção para a evocação. É de dentro desse estado interno que um sonho pode ser repentinamente evocado ou uma lembrança pode emergir. Mesmo assim, o desejo em tal estado não é narrar. O sonho ou lembrança evocada faz parte da chegada de uma condição do eu que está sendo evocada. Muitas vezes, o paciente relatará que durante tal estado ele se viu habitando uma imagem, como uma gaveta de uma cômoda em uma sala de jogos, um jardim, um livro ilustrado, um carro. "Ver" esses objetos não inspira significado, mas parece intrinsecamente prazeroso e significativo. Não parece haver qualquer necessidade urgente de compreender esta posição. 6 Esse estado pode não ser alcançado, pois a pessoa só pode chegar ao estágio acima antes de sair dele para relatar o sonho ou trabalhar algo importante com o analista. No entanto, ocasionalmente, a evocação de imagens (em contraste com pensamentos, palavras ou abstrações) inspira algum estado afetivo profundo. O paciente pode sentir-se profundamente comovido como resultado desse imaginar. Isso, por si só, parece aprofundar ainda mais a capacidade de evocação receptiva do ego. 7 É após o estágio de imaginar e sentir (provavelmente o que Masud Khan quer dizer com a experiência do ser) que uma pessoa em regressão à dependência pode repentinamente "ver" o sentido de tudo. Acho isso excepcionalmente difícil de descrever. Acredito que o que acontece é quase um ato metonímico. A imagem faz parte da experiência self-objetal e o afeto aprofunda a memória. Nesse momento, um paciente pode descobrir subitamente algo sobre a mãe, o pai, e sobre si mesmo. Algo que nunca havia pensado antes, mas que fazia parte do impensado conhecido. Alguns pacientes podem irromper em lágrimas. Outros se comportam como se tivessem experimentado uma revelação. É muito importante que o analista permaneça em silêncio e lide com a situação sem atuar sua curiosidade. Ao longo de grande parte do processo descrito acima, há uma necessidade de experimentar essa descoberta em privacidade, pois a pessoa pode sentir que deve preservar a privacidades de sua experiência antes de relatar ao analista. Pode haver o temor de que contar a descoberta equivale a perdê-la. 8 Por fim, há uma necessidade intensa de contar ao analista. Nunca achei que a experiência viesse acompanhada de um temor de que o analista não consiga entendê-la. É como se o paciente acreditasse (talvez necessariamente) que o analista tenha participado da experiência desde o início e dependesse da capacidade do analista de proporcionar isso. Há uma grande alegria com a descoberta, mesmo a intensa dor, e o paciente pode precisar conversar longamente com o analista. [18]

Vemos que, para Bollas, o divã pode ser também uma espécie de concha protetora e acústica, como um colo aconchegante ou como o útero da mãe, a repercutir um misto de sensações internas e externas de forma continente e com um potencial de revisita, de contato consigo e, ao mesmo tempo, com um potencial transformacional. "Um paciente pode mudar de uma sensação do divã para a percepção dos estados internos de seu corpo. Pode mudar da escuta dos sons da sala para ouvir um acorde musical que passa por seu pensamento, ou pode lembrar o som da voz de alguém". A paciência do analista e seu respeito ao silêncio e ao tempo do analisando nesse processo parecem coincidir com o pensamento de Ogden quanto à necessidade de privacidade. É interessante também sua descrição de "processos de pensamento benignamente vazios": as imagens mentais que lhe ocorrem durante o processo não lhe inspiram significado em um primeiro momento. É só apenas "após o estágio de imaginar e sentir que uma pessoa em regressão à dependência pode repentinamente 'ver' do que se trata", ou seja, todas as experiências sensoriais e imagéticas evocadas, nesses

---

18   Bollas, (1987) 2018a, p. 175-177.

momentos, são parte de suas vivências *self*-objetais e fazem parte do "impensado conhecido" que vive em si. Assim como Bollas assevera, é difícil explicar em palavras tudo o que está em jogo na regressão; e, na insuficiência de uma "explicação", talvez seja melhor não saturar com comentários, deixando que o leitor releia novamente a sua citação (tomando-a como um objeto-téorico de uso) e possa se relacionar intimamente com a sua proposta.

O potencial transformacional das relações objetais são ansiados pelo *self*. Para Bollas, estamos sempre a nos relacionar e a usar todos os tipos de objetos, sobretudo com propósitos transformacionais. Desejamos que os encontros com os objetos nos tragam algo de novo e/ou evoquem processos transformacionais em nós. Se Freud diz que o psiquismo anseia satisfazer a pulsão, Bollas estaria a dizer que o *self* procura a experiência estética transformacional (em prol de desenvolver os potenciais de si mesmo) a partir das relações objetais. O autor nos propõe pensarmos sobre "objetos evocativos":

> O tempo todo, enquanto vagamos em nossos mundos, nos deparamos com objetos, sejam eles naturais ou feitos pelo homem, sejam materiais ou mentais. Para o inconsciente não há diferença entre um objeto evocativo material e um não material; ambos são igualmente capazes de submeter o *self* a uma complexa experiência interior. [19]

Bollas está a tratar de objetos já internos, ou do mundo externo — ou a relação entre ambos —, que evocam não só memórias e vivências, mas também estados de funcionamentos transformacionais que incluem processos de transformações *self*-objetais anteriores. Em sua concepção de psiquismo, há registros procedurais e não apenas representacionais que podem ser evocados através de objetos presentes em "nossos

---

19   Bollas, 2009, p. 50.

mundos", incluindo objetos inanimados do mundo externo. A sala de atendimento e o divã servem, sobretudo, como objetos evocativos[20] que evocam tanto a função onírica e devaneante quanto a função corpo-apoio-mãe que serve para transformar e complexificar o psiquismo através da experiência. Evocam a sexualidade, o funcionamento onírico, as questões edípicas, o traumático e/ou o que necessitaria advir a partir de cada analisando. "Ao serem usados pelo *self*, [os objetos] podem — ou não — lançar o indivíduo em uma complexa experiência psicossomática".[21]

Portanto, ainda que Bollas siga a pista de Winnicott de compreender/escutar o divã enquanto objeto-corpóreo, acrescenta reflexões importantes, sobretudo a ideia de que o objeto-divã serviria como um meio de evocar registros de funcionamentos procedurais internos que precisam vir à tona, seja como função de perlaboração do traumático, seja a própria emergência da criatividade. Compreendo que Bollas pretende elucidar de que modo uma regressão levaria ao estágio máximo da criação de si mesmo — o grande momento criativo, o cerne do processo criativo, do qual derivam todos os outros. A necessidade de entrar nesse estágio, por parte do analisando, seria para "buscar" o ato criativo e transformativo. Na segunda parte deste livro, essa hipótese pode ser mais bem desenvolvida. Aqui nos interessa seguirmos a reflexão de Bollas e entendermos que os objetos evocativos transcendem o que estamos a pensar acerca do uso do divã, e sua função vale para todos os objetos que compõem a sala de atendimento. Em seu livro *Forças do destino: psicanálise e*

---

20 Segundo Peter Gay, a numerosidade de livros e obras de arte antigas de Freud encantava os seus analisandos. Convido o leitor a retomar o capítulo "O divã-reminiscência de Sigmund Freud", para pensar os objetos inanimados ofertados pelo analista em sua sala de atendimento como intrinsecamente ligados a como cada psicanalista encara o fazer psicanalítico. No caso de Freud, seu apreço pela arqueologia liga-se à ideia de tratar "reminiscências" de outros tempos. Sob esse prisma, seus objetos de arte antiga seriam, então, uma materialização que evocaria "remininscências de outros tempos" na própria sala de análise. (Gay, 1989, p. 168).

21 Bollas, 2009, p. 50.

idioma humano,[22] Bollas acentua a importância dos elementos estéticos que compõem a sala de atendimento ou até mesmo o que estaria fora da janela:

> Enquanto estou sentado em minha cadeira, fora do campo de visão do paciente, olho de forma diferente para os diversos objetos do meu campo visual. Será que a experiência visual que o analista tem do seu mundo objetal está inconscientemente coordenada com o discurso do paciente e com o uso transferencial do analista? Frequentemente olho para um muro bonito e extenso, não totalmente branco, que fica oposto a mim. No decorrer do dia, o muro registra a luz de maneiras sutis, o que o realça pelo fato de sua superfície ser irregular, permitindo que a intensidade média da luz varie. Contemplo o muro, frequentemente atraído pelas figurações da luz, ou então analisando-o como uma eternidade concreta, ao passar dos diferentes pacientes, em diferentes períodos, e, estou certo, por diversas razões. Embora tenha quadros, cerâmicas, tapetes orientais e outros objetos no meu campo visual, estou seguro que algumas de minhas interpretações foram, para criar uma expressão, "inspiradas no muro".
> Observei uma mulher esquizofrênica durante sua análise. Falava raramente, e depois de muito tempo trabalhando com ela, quando a trama do pensamento coerente começava a enfraquecer e eu já me sentia um tanto perdido, tinha consciência de que, enquanto a escutava, olhava sempre para os diferentes padrões de luz do muro, ou para as formações de nuvens que via pela janela, mas nunca "viajei" pela sala olhando para os objetos "internos"...

Essa citação é relevante por aludir a outros objetos inanimados[23] da sala de atendimento — que não o divã — e

---

22 Bollas, (1989) 1992, p. 72.

23 Como veremos no capítulo "Outros autores e as diversas formas de pensar o trabalho psicanalítico a partir do divã", Richard Waugaman se ocupa em demonstrar as transferências direcionadas a objetos inanimados da sala de análise, sobretudo ao divã, relatando diversas situações clínicas.

inclui até a visão externa do consultório, as nuvens, o muro e sua "tela branca", como objetos auxiliares no processo analítico. Bollas remete-se a alguns elementos que estariam no campo de visão do analisando e a outros que estariam no do analista — ou compartilhados por ambos —, tornando mais complexas algumas questões a respeito dos elementos que configurariam um *setting*. Afinal, Bollas ressalta que todos os elementos disponíveis no campo de visão influenciam a escuta e a fala de analisando e analista — apontamento que poderia também ser levado em conta na discussão acerca das análises frente a frente.

Implicitamente, acredito que Bollas responde que evitar atender olho no olho não significa deixar o analisando com o olhar no vazio. Há outros objetos, elementos passíveis de serem auxiliares em experiências transformadoras em análise. Temos sempre inúmeros objetos passíveis de evocação de experiências transformacionais.[24] A respeito das "formações de nuvens" evocadas por Bollas na citação selecionada, anuncio que essas servirão como uma metáfora essencial a ser trabalhada, mais profundamente, a partir do pensamento desenvolvido na Parte II do livro.

Na última citação, também é importante notar que há menção a uma mulher esquizofrênica em análise. Em seu livro dedicado à esquizofrenia,[25] Bollas resumiu os 20 primeiros anos de sua clínica afirmando que atendia alguns psiconeuróticos, mas a maioria de seus atendimentos envolvia "distúrbios severos", como maníaco-depressivos, histerias psicóticas, paranoides, psicóticos em geral. Atendia no divã, e seus recortes clínicos ilustram a questão.[26] Sua obra traz

---

24 Bollas é autor do ensaio *A arquitetura e o inconsciente*, presente no livro *The Evocative Object World* (2009), a respeito das cidades e suas arquiteturas, fazendo trabalhar teoricamente sua proposta experiencial através dos objetos evocativos para além do *setting*.

25 Bollas, 2015a.

26 Para além dos casos clínicos do referido livro, Bollas menciona o divã em casos graves no livro *Three Characters: Narcissist, Borderline, Manic Depressive* (2021), bem como menciona situações que envolvem o colapso em *Catch Them Before They Fall: The Psychoanalysis of Breakdown* (2013).

passagens clínicas que elucidam períodos de regressão mais silenciosos, mas também materiais que, apesar de apresentarem um conteúdo "mais louco", em que o manejo técnico se assemelha (ou talvez não tenha diferença) a intervenções que Bollas também poderia ter feito com analisando neuróticos, visto que ele se propõe a trabalhar com o regressivo de qualquer analisando e, portanto, não se esforça em estabelecer conceitualmente alguma diferenciação técnica nesse sentido.[27] Sobre a análise de psicóticos e a possibilidade de esses deitarem no divã, ele lança uma questão e tanto para ficarmos pensando:

Em livro dedicado à esquizofrenia, Bollas afirma ser verdadeiro que muitos esquizofrênicos fortemente medicados, hospitalizados por um longo período e deixados sem ninguém para conversar podem retroceder em suas formas de pensar, falar e se comportar, encaixando-se em um convencional estereótipo de pessoa que não pode mentalizar ou fazer uso de uma ordem simbólica. Porém, afirma ser necessário separar as causas dessa deterioração. Bollas questiona se as causas dessas deteriorações graves são intrínsecas e características da esquizofrenia, ou se são, infelizmente, mais frequentemente verdadeiras para o esquizofrênico que é abandonado — deixado em um estado degradante, que resulta em retiros psíquicos que comprometem a função mental.[28] Sob essa perspectiva, sua posição vai na direção de que as "associações soltas" desses pacientes não podem ser negligenciadas ou pensadas como não dignas de análise.

---

27 Como veremos no capítulo "Outros autores e as diversas formas de pensar o trabalho psicanalítico a partir do divã", Danielle Quinodoz segue perspectiva semelhante. Suas intervenções são pensadas para "conversar", ao mesmo tempo, com o lado mais neurótico e com o lado mais psicótico de seus analisandos.

28 Bollas, 2015a, p. 66.

8. Um divã distante em Jacques Lacan?

Mesmo que não encontremos muitas colocações de Lacan que discutam o estatuto do divã, é importante tentar, de alguma maneira, evocar qual o papel dele em sua prática clínica, visto a importância do autor para a comunidade psicanalítica. É necessário começar este capítulo advertindo que se trata, em parte, de reflexões de Lacan, mas que também traz elucubrações a partir de algumas contribuições de outros autores. O capítulo se baseia em comentários de teóricos e de analisantes, mais até do que nas esparsas palavras de Lacan sobre o divã, ainda que haja um ou outro trecho para comentar. Após titubear sobre a inclusão ou não deste capítulo no livro, decido mantê-lo mais pelo que ele pode continuar a fomentar nossa discussão do que para tentar alcançar alguma suposta fidelidade ao pensamento do autor. Meu foco é refletir sobre modos de usar o divã, e tudo o que se segue é valoroso nesse sentido.

O divã não foi objeto de maior discussão por Lacan, mas, em 1976, em curto trecho, ele é apontado como um tipo de leito — e comparado ao leito de hospitais —,[1] aludindo a um lugar onde repousa o sintomático. Antes, em 1955, menciona

---

1   Lacan, (1975-1976) 2007, p. 98

o "eixo longitudinal do divã",[2] no qual, em uma das pontas, encontra-se a figura do analista, sinalizando a psicanálise como sendo uma "ciência das miragens", devido às alienações que ela faz emergir, ainda que tenha por finalidade "esclarecer". Sua metáfora é interessante, já que a análise seria um enfrentamento dessas miragens. "O sujeito não está face a face com o analista. Tudo é feito para que tudo se apague".[3] O divã, o não olhar, auxiliaria essa desmontagem de miragens, fazendo com que, por intermédio da fala, o analisando traga à tona suas visões turvas a fim de clareá-las.

Em um relato de caso supervisionado, Lacan apresenta o resumo de dois sonhos de um analisante. Em um deles, há um sonho com um bebê, que Lacan identifica como sendo o próprio sujeito, e, no seguinte, a linha associativa traz em paralelo — segundo Lacan — o mar, o divã, o estofamento do veículo do analista e a mãe, bem como inscrições de datas que remetem ao nascimento do sujeito. Lacan sinaliza entender que esse analisante está bastante "preocupado com uma criança que vai nascer" e que, no caso, seu sonho e sua angústia indicariam a emergência do próprio sujeito.[4] Trata-se, então, de um divã-veículo auxiliar para a emergência do sujeito (enquanto efeito da cadeia significante)?

Lacan provavelmente refutaria pensar o divã enquanto veículo-corpo-materno-revestido, ressaltando uma dimensão corpórea, pois uma concepção corpórea do divã significaria, para ele, ressaltar a dimensão imaginária e não a simbólica. No entanto, a linha associativa exposta em seu exemplo clínico dá margem para que outro psicanalista, sustentado por outras bases teórico-clínicas, entenda o material e o trabalhe clinicamente a partir de outro vértice. Depois de ser apresentado um possível uso corpóreo do divã em Winnicott e notarmos pensamento semelhante e complementar em Anzieu, Ogden e Bollas, um relato de Pontalis a respeito de

---

2   Lacan, (1955) 1998, p. 408.
3   Lacan, (1955-1956) 1997, p. 275.
4   Lacan, (1954-1955) 1995, p. 59.

sua análise com Lacan traz um novo elemento: a distância entre corpos. Em entrevista,[5] Pontalis discorre:

> Ele tinha uma posição bastante particular, não ficava atrás do divã como era o habitual, ele se enfiava numa poltrona no canto da pequena sala e essa poltrona, por sua vez, ficava escondida por outra poltrona. Ele ficava verdadeiramente no seu canto. Havia dois ou três metros que separavam o seu canto do divã, que ficava no outro canto. Essa mudança quanto ao dispositivo habitual pode não parecer importante, mas a posteriori me parece que era uma maneira nova de criar uma certa distância entre ele e seu analisando, de não estar muito perto, não estar colado ao divã. Alguns analistas ingleses colocavam suas poltronas praticamente apoiadas no divã, a alguns centímetros, respirando o mesmo ar, percebendo o fôlego de cada um. Com Lacan havia distância.

Nessa perspectiva, Winnicott certamente seria um dos ingleses que estariam com o divã próximo, "percebendo o fôlego de cada um". O relato de Pontalis pretende evidenciar uma radical diferença da função do divã a partir de uma noção de distância, seja ela pensada por Lacan ou não. Winnicott privilegiaria o ritmo do fôlego e, colocando-se próximo ao divã, estaria afetivamente e corporeamente disponível; enquanto Lacan, distante. Preservando seu espaço? Preservando o espaço do analisando/analisante? Haveria alguma intenção consciente nessa suposta distância? Quanto "mais ausência", mais a palavra do analisante emergiria? Mais o sujeito se enunciaria?

Nessa entrevista, Pontalis fala de sua experiência de análise como frustrante e tece inúmeras críticas a Lacan, sendo a grande maioria relativa a um excessivo uso de poder. Comentários parecidos, acrescidos de novos detalhes, como a impossibilidade de Lacan lidar com a transferência negativa,

---

5   Entrevista com Pontalis (2008), disponível em: https://www.revistapercurso.com.br/index.php?apg=artigo_view&ida=40&ori =entrev#topo.

dentre críticas até mesmo mais pesadas e que beirariam a denegação da ética, são feitos por Didier Anzieu.[6] Jorge Forbes[7] relata que, por vezes, enquanto atendia, Lacan lia jornal e também "deixava a porta aberta enquanto atendia um cliente; ou ainda fazia entrar um analisando na sala enquanto outro se encontrava no divã", o que contribuiria para sua má fama.

Para ficarmos apenas nas críticas de Pontalis, é notável como ele acusa Lacan de apenas se preocupar se seus analisantes eram assíduos a seus seminários, já que seriam, na verdade, chamados por Lacan não de analisantes, mas, sim, de alunos. Durante toda a sua entrevista, Pontalis fala de sua análise em tom de decepção, levando-nos a supor que sua percepção de uma "distância" possa estar vinculada a isso também. É impossível mensurar se essa ideia de distância do divã foi algo tecnicamente pensado por Lacan ou não, se pretendia efeitos ou não quanto a isso. O que fica claro é o descontentamento de Pontalis com essa análise; e seu comentário acerca do divã é, no mínimo, material para reflexão — sem deixarmos de levar em conta que qualquer análise envolve a transferência. Afinal, não podemos jamais tomar um relato sobre o que teria se passado em uma análise como um fato indiscutível e/ou que não esteja atravessado pela relação transferencial.

O casal Baranger[8] faz uma reflexão acerca da distância do divã do analista parecida com o apontamento de Pontalis, ao afirmar que uma análise não transcorre da mesma maneira se o divã está próximo do analista ou em uma distância maior. Além disso, defendem que as escolhas do espaço físico revelam atitudes internas dos analistas em relação aos analisandos. Sob esse prisma, poderia ser questionado se haveria certa intencionalidade, mesmo que apenas inconsciente,

---

6   A denegação da ética, mencionada, seria de que Lacan não só ocultou de Anzieu que sua mãe havia sido sua analisanda (caso Aimée), como convidou Anzieu a se analisar com ele, deixando de lado tal informação, sobre a qual teria levado anos para Anzieu tomar conhecimento (Segal, 2009, p. 18).

7   Forbes, 1999, p. 10.

8   Baranger, (1961-1962) 1969.

para uma suposta distância física de Lacan. Se essa hipótese fosse levada a cabo, haveria um pensamento teórico-clínico que sustente um necessário "distanciamento"? Deixar o divã perto ou longe da poltrona do analista? Por que motivo e para quê? Isso depende do vértice que o analista se põe a escutar.

> Lacan falou certa vez do divã — em francês, *divan* — como o *dire-vain*, isto é, o caminho do dizer vão que o sujeito toma na associação livre instaurada pela análise e que dá acesso ao saber inconsciente. O divã é a liberação da fala do poder inibidor do olhar, dando à voz, na experiência analítica, uma prevalência ímpar. Lacan conclui que não se fala da mesma forma na posição sentada e na posição deitada, e é deitado que se fala das coisas relativas ao amor. Lacan chamou igualmente atenção para a importância do objeto voz, salientando que a pulsão ligada a esse objeto, a pulsão invocante, "é a mais próxima da experiência do inconsciente".[9]

Mais uma vez, propondo uma interpretação livre (um associar livremente) que não pretende ser fiel ao pensamento de Lacan, a partir desse trecho de Marco Antonio Coutinho Jorge, é possível encararmos o divã como um *meio* que facilitaria a palavra e também um *meio* que facilitaria o acesso ao campo da sexualidade e dos afetos, pois seria "deitado que se fala das coisas relativas ao amor".[10] Se formos além e seguirmos o que foi sendo articulado a partir dos capítulos anteriores, seria possível interpretar o divã como uma espécie de corporificação da associação livre no objeto/mobília-divã, uma materialização dos movimentos que ocorrem inter-

---

9   Apesar da interessante colocação de Marco Antonio Coutinho Jorge, não há menção bibliográfica sobre essa passagem de Lacan (Jorge, 2017, p. 86).

10   Nesse sentido, não está sendo levado em conta que, por exemplo, "a relação sexual não existe", mas tomando suas palavras segundo outro vértice. Tomo um recorte como um estímulo a continuar pensando. É preciso admitir que não me sinto apto e tampouco identificado com tais concepções. O mais espontâneo e profundo que posso trazer à discussão é interpretar essas frases a partir da forma como tais palavras repercutem em mim.

namente através do *meio* (divã). O "dizer-vão" (não tão vão assim) da associação livre estaria intimamente ligado ao fato de deitar-se ao divã, ainda que os termos *divan* e *dire-vain* ali citados possam ser encarados, também, como uma analogia um tanto forçada.[11] No entanto, reparem que essa construção teórica é mais minha do que de Lacan ou de Coutinho Jorge, pois, provavelmente, seria mais fiel a Lacan pensar o uso do divã a partir da impossibilidade de enxergar o analista, estando ele a ocupar a função de objeto faltante (por estar fora do campo de visão do analisante).

Na citação anterior, é notável a atenção chamada para o objeto voz e, claro, para a inibição do olhar, algo que ressalta, igualmente, Antonio Quinet.[12] Mesmo supondo que Lacan não encare o pensamento aqui posto como congruente à sua teoria, sugiro que sigamos buscando nossa própria interpretação e a possibilidade de nos perguntarmos se o divã também não poderia auxiliar uma certa conexão com a dimensão corpórea, ao pensar que a forma da fala não é a mesma em posições corporais diferentes (sentado ou deitado).[13] Tal ideia abre a possibilidade de se pensar sobre a horizontalidade como algo comum entre o sonho (realização de desejo), o ato sexual e até mesmo as vivências originárias — já que a vida humana e seus primeiros amores se desenvolvem também a partir de uma posição horizontal (em um primeiro momento, o bebê mama, dorme, vive na horizontal etc.).

Se, para alguns autores, é interessante pensar o divã como um objeto-corpo, não parece que poderíamos dizer o mesmo sobre Lacan. Todavia, se fôssemos discutir em termos corpóreo-espaciais, e retomar a distância que menciona Pontalis,

---

11 Na Parte II, há o capítulo "Algumas considerações sobre a história e a etimologia da palavra divã".

12 Quinet, 2009.

13 Particularidades a respeito da postura e suas imbricações são desenvolvidas singularmente por James Grotstrein no capítulo "O divã dramatúrgico e neuropsíquico de James Grotstein" e por Felix Deutsch (ver capítulo "Outros autores e as diversas formas de pensar o trabalho psicanalítico a partir do divã").

estaríamos a falar de um corpóreo-espacial mais solitário, distante do outro objeto, separado por uma outra poltrona, talvez a aludir mais a falta do objeto do que o encontro e o uso do objeto. Nesse prisma, o andamento da sessão e seu conteúdo (ou a escuta do analista) estaria a ligar-se, por exemplo, mais à temática da falta. Entretanto, essa não é uma posição oficial de Lacan, que poderia muito bem objetá-la, mas, sim, uma interpretação possível de alguns rastros aqui expostos.

Essa dimensão corpóreo-espacial do espaço analítico seria diferente da dimensão corpóreo-espacial da clínica de Winnicott, na qual a relação com o objeto-analista e o uso deste estão mais diretamente incluídos na cena. Em Lacan, haveria uma distância objetal concretamente física, a qual, pela perspectiva de Pontalis, também seria uma distância concretamente emocional. Distância, essa, que poderia levar a uma análise racionalizante-intelectualizante e que estaria distante da dimensão humano-afetiva, conforme a sua crítica. A questão é que a regressão em que Lacan[14] está interessado não é propriamente a que evocaria a "re-apresentação" da "criança do analisando" na sessão. Ele nos esclarece que, ainda que isso aconteça, o ponto para ele seria trabalhar com o retorno de significantes que, obviamente, remetem-se às vivências primeiras.

Continuemos refletindo a partir de algumas pistas da teoria lacaniana colhidas por Antonio Quinet e que se mostram importantíssimas contribuições para seguirmos ampliando as formas que o divã pode ser encarado na prática psicanalítica:

> Para Lacan só há uma demanda verdadeira para se dar início a uma análise — a de se desvencilhar de um sintoma. A alguém que vem pedir uma análise para se conhecer melhor, a resposta de Lacan é clara — "eu o despacho". Lacan não considera esse "querer se conhecer melhor" como algo que tenha o status de uma demanda que mereça resposta...O que está em questão nessas

---

14   Lacan, (1958) 1998, p. 623-624.

entrevistas preliminares não é se o sujeito é analisável, se tem um eu forte ou fraco para suportar as agruras do processo analítico. A analisabilidade é função do sintoma e não do sujeito. A analisabilidade do sintoma não é um atributo ou qualificativo deste, como algo que lhe seria próprio: ela deve ser buscada para que a análise se inicie, transformando o sintoma do qual o sujeito se queixa em sintoma analítico.[15]

Portanto, após entrevistas preliminares frente a frente, o divã só é indicado após ser verificada uma demanda de análise, a qual depende da manifestação sintomática e, sobretudo, de um incômodo do analisante para com esse sintoma. Nesse entendimento, o divã passa a ser um instrumento de uso auxiliar na análise, uma vez que facilitaria na emergência e no trabalho a partir do sintomático, e na consequente desmontagem do sintoma. Ao deitar-se no divã, apaga-se a imagem do outro, da *persona* do analista. O divã é um "corte no *olho-no-olho*, nesse corpo das *entre-vistas* preliminares."[16] Coutinho Jorge pontua:

A passagem da posição sentado face a face com o analista para a posição deitado no divã analítico é, como formulou Lacan para Betty Milan em sua análise, uma conquista do analisando: "Você não foi para o divã, você conquistou o divã! De agora em diante ele é seu."[...] O neurótico precisa conquistar o vazio — para além do imaginário — que a análise lhe proporcionará, ao falar sem se dirigir a um outro como pessoa, mas ao Outro que o constituiu como sujeito.[17]

É necessário demarcar uma posição ativa para se analisar, uma implicação. E a ideia de "conquistar o divã" apenas mostra que Lacan não o pensa como um possível corpo (ou substituto do corpo) da mãe, como outros autores. Se conquistar o divã tivesse equivalência a conquistar a mãe, o processo

---

15 Quinet, 2009, p. 16.
16 Quinet, 2009, p. 42.
17 Jorge, 2017, p. 170.

psicanalítico estaria indo para um mal caminho... Sob uma ótica lacaniana, Claudia Riolfi[18] defende:

> O divã é a cama em que se deita para se parar de sonhar. Uma análise demora justamente a medida que a pessoa leva para se dar conta da impossibilidade de encontrar suas respostas no outro. Enquanto não perde a esperança de encontrar o objeto de sua satisfação pronto no mundo, o analisante insiste em interrogar seu passado para encontrar qual objeto ele é.

É importante retomar, uma última vez, a distância fria de Lacan nas análises, acusada por Pontalis, para contrapor com a de Suzanne Hommel, ex-analisanda de Lacan. No documentário *Rendez-vous chez Lacan*,[19] há um pequeno trecho no qual ela relata que seu tratamento se dava de maneira oposta à maneira descrita por Pontalis.

> Suzanne Hommel: "Sou da Alemanha e nasci em 1938. Portanto, vivi os anos da guerra com todos os horrores, as angústias, o pós-guerra, a fome, as mentiras. Sempre quis deixar a Alemanha por causa disso. E, desde o início das primeiras sessões, eu perguntei a Lacan: 'Posso me curar desse sofrimento?'... e dizendo isso, entendi que não. Eu havia pensado que podia arrancar essa dor de mim com a análise. Não, havia uma maneira de me olhar que me fez perceber: 'Não. Será preciso fazer isso a vida toda.' Um dia, numa sessão, contei a Lacan um sonho que tive. Eu disse: 'Acordo todo dia às 5h', e acrescentei: 'Era às 5h que a Gestapo vinha procurar os judeus em suas casas.' Nesse momento, Lacan se levantou como uma flecha de sua poltrona, veio na minha direção e me fez um carinho muito doce no rosto. Eu entendi: 'geste à peau', o gesto..."
>
> Entrevistador: "Ele transformou a 'Gestapo' em 'geste à peau'."
>
> Suzanne Hommel: "Em um gesto carinhoso. Um gesto

---

18   Riolfi, 2014.

19   *Encontro com Lacan* (2011), dirigido por Gérard Miller.

extremamente carinhoso. E essa surpresa não diminuiu a dor, mas fez outra coisa. A prova, agora, 40 anos depois, é que eu ainda conto esse gesto, eu ainda o tenho no rosto. É um gesto também... é um apelo à humanidade, qualquer coisa assim."[20]

A fala de Suzanne Hommel nos mostra Lacan a realizar um gesto estético, uma intervenção no corpo da analisante, que nos levaria a pensar no capítulo "O divã, a criança que vive no adulto e as ousadias técnicas de Sándor Ferenczi". Trata-se de um encenar que une corpo, palavra, e repetição de cena a uma transformação interna. O Lacan que vive dentro de Pontalis não é o mesmo que vive em Hommel. A julgar que Lacan foi até ela "como uma flecha", poderia mesmo estar distante do divã da analisanda, visto que flechas, ao contrário de espadas, são armas de longa distância. O fato é que é mais interessante convivermos com visões antagônicas do que encontrar uma posição unívoca, absoluta e dogmática.[21]

---

20 A transcrição aqui utilizada é a feita por Luciano Mattuella, no livro *O corpo do analista* (Mattuella, 2020).

21 Certamente, algum colega psicanalista mais identificado do que eu com a teorização lacaniana desenvolveria esse capítulo de modo totalmente diferente. Seria deveras interessante que algo fosse produzido nesse sentido.

9. O divã em latência de René Roussillon

É possível encontrarmos diversas reflexões clínicas acerca do enquadre e do divã na obra de René Roussillon,[1] nas mais diversas modalidades psicanalíticas, incluindo as que não contemplam o consultório tradicional. Não caberia aqui adentrarmos em todos os meandros do pensamento clínico do autor, senão que tomar alguns pontos que nos ajudem a seguir. Atenho-me aqui apenas ao que concerne o divã e seu uso/não uso.

> A situação psicanalítica, o espaço "analisante", aparentemente atualiza uma situação que "simboliza a simbolização", como um dispositivo que contém uma teoria da simbolização "em ato",... um dispositivo que força o funcionamento psíquico durante a sessão a encontrar o caminho de uma suspensão perceptiva e motora adequada para ativar a produção de representações que, pelo efeito de regras e enquadramentos, são coagidas a se transferirem para o aparelho da linguagem. O dispositivo divã-poltrona coloca a ausência, a ilusão perceptiva da ausência, no centro do processo que induz e provoca etc.

---

1 Alguns textos não estão sendo diretamente citados, no entanto, considero importante apontar quais são: Roussillon, 2010, p. 21-38; 2016, p. 230-245; 2018, p. 121-131; 2013, p. 257-276.

A motricidade e a pulsão são, assim, convidadas-coagidas a se transformar e a transferir o seu movimento numa operação de pensamento imagético, num modo de operação que coloca as representações das coisas "visuais" no centro do processo. A. Green relacionou esse movimento ao processo básico de sonhar. A representação-coisa assim obtida é então coagida pela regra a ser transferida por sua vez para o aparelho de linguagem, a tomar a linguagem como objeto.[2]

Ao pensar o psiquismo a partir de uma tendência de estar sempre atualizando o vivido simbolicamente, Roussillon nos fala que o dispositivo divã-poltrona aponta para uma "ilusão de ausência" que induz a movimentação representacional e coloca o pensamento imagético como central no processo analítico. O tratamento psicanalítico se faz a partir de uma transposição dessa experiência para a palavra, tornando a linguagem um objeto do trabalho. Todavia, para além de condições ideais de funcionamento psíquico, Roussillon também pretende se ocupar das situações em que o aparelho psíquico "não 'contém' suficientemente bem as tensões e excitações pulsionais que percorrem dentro do dispositivo"[3] e, a partir disso, abre-se a pensar em outras modalidades para além do uso direto do divã.

Na esteira do que André Green propõe com o enquadre interno do analista como fundamental e invariável,[4] Roussillon propõe pensarmos sobre o *divã em latência*. O enquadre interno acompanha o analista mesmo em situações nas quais o enquadre externo variaria do "clássico", quando se abdica do uso do divã por algum motivo. Entretanto, Roussillon estaria a acrescentar um detalhe extra e a auxiliar os enquadres em que o analisando não estaria repousado no divã. No texto

---

2   Roussillon, 2008, p. 26.
3   Roussillon, 2008, p. 27.
4   Ver capítulo "O divã de André Green – o modelo do sonho, outras contribuições e equívocos".

Conversação psicanalítica: um divã em latência,[5] publicado em 2005, Roussillon apresenta o conceito-título como fundamental em seu pensamento teórico-clínico. O escrito em questão condensa boa parte do pensamento do autor sobre este tema e, por conta disso, será tomado como norte deste capítulo. Toda citação subsequente, em que não houver a indicação direta de referência, é porque advém desse texto em específico.

Roussillon apresenta o divã como dispositivo "fundamental", no sentido de fundante, situação-origem, e no sentido do originário que age no psiquismo, sobretudo do analista. Ele defende que a disposição interna do analista é mais importante para definir uma análise do que os dispositivos externos utilizados, e afirma que "A 'livre adaptação' da análise e do analista, do 'estilo analítico', me parece ser a condição *sine qua non* da criatividade necessária à prática analítica."

A disposição interna do analista seria o invariante da prática clínica. Para Roussillon, ela deve estar apoiada, "encarnada", materializada. A disposição interna do analista deve estar "representada no enquadro psicanalítico", e esse deve simbolizar "em coisa, em ato", o que serviria de símbolo para o analista e o analisando. "Não basta que o dispositivo simbolize a simbolização para o analista, é preciso também que o dispositivo simbolize a elaboração psíquica para o analisando e isso em função de suas próprias capacidades." Por conta disso e dos tratamentos feitos face a face, "lado a lado" (característica do jogo, do trabalho com o desenho etc.), e da chamada psicanálise extramuros, ele passa a postular o *divã em latência*. Tal conceito significa que, mesmo não sendo diretamente utilizado em determinado tratamento, o divã segue latente (e portanto presente de forma inconsciente) na sessão de análise — já que mesmo sem ser utilizado materialmente, está em estado de latência (ao menos no analista).

---

5 Baseio-me na tradução de Eline Batistella, disponível em (sem numeração de páginas): https://issuu.com/psicossomaticainstitutosedessapient/docs/a_conversacao_psicanalitica_por_r._roussillon.

Vários fatores contribuem a este "pôr em latência" do dispositivo fundamental e/ou a importância dentro do dispositivo da presença muda do divã, que o encarna e o simboliza.

O primeiro deles é contratransferencial. O analista fez sua própria análise dentro do dispositivo divã-poltrona, estando este ligado por ele ao trabalho psicanalítico. Ele fez em seguida sua formação, e em particular a que comporta os tratamentos supervisionados a partir deste dispositivo. Dito de outra forma, o divã e o que ele simboliza, a posição deitada e o convite a passividade e vulnerabilidade do afrouxamento das defesas que ele representa, o analista furtado ao olhar, ausente da percepção visual, todos os elementos significativos do dispositivo psicanalítico estão "presentes" e de uma certa maneira simbolicamente inseparáveis do que é a análise para ele. E não é porque o analisando não está deitado durante a sessão que o "divã" não está formalmente ocupado, que estas características essenciais desaparecem de seu funcionamento psíquico. Estão em latência, permanecendo presentes como um pano de fundo, como objeto de segundo-plano de seu modo de escuta. O divã está, aliás, na maior parte do tempo perceptivamente presente, sob os olhos do analista e mesmo se ele está mudo, permanece organizador. Os analistas não recebem seus pacientes atrás de uma escrivaninha, mas em presença, ao lado, de um divã.

Roussillon continua por explicar que essa não é a única forma de o divã estar implícito em qualquer tratamento, mesmo que não diretamente utilizado. "Geralmente, a indicação de um trabalho face a face ou lado-a-lado se efetua em função dos perigos onde são pressentidas dificuldades ao tentar engajar uma análise dentro do dispositivo fundamental" e seria, portanto, em uma espécie de contrarreferência ao divã que tais modalidades seriam evocadas.

A perspectiva que Roussillon apresenta é riquíssima, pois ele nos fala de uma "ocupação" do espaço do divã, até mesmo quando não há ninguém deitado nele. O divã está investido e é organizador para o analista. Sua perspectiva é de que sempre há uma "função-divã" investida pelo analista, mesmo em atendimentos em que ele não seja materialmente ocupado. "Para um analista, formado como tal, o dispositivo fundamental [o divã] é sempre presente mesmo quando não é utilizado." Seus acréscimos abrem para pensarmos a **não existência de uma análise sem divã**, mesmo que não tenhamos um analisando deitado nele. O divã acompanha internamente o analista, está ao seu lado e, consequentemente, estará sempre disponível ao olhar do analisando. Ao buscar um exemplo de tal condição, sobretudo nos analisandos, e não no analista, Roussillon evoca sua experiência a partir de alguns casos clínicos — dentre eles, os de analistas em reanálises —, que solicitariam para serem escutados frente a frente. Tais analisandos, mesmo estando frente a frente, direcionariam seu olhar mais ao divã do que ao analista, pois ele serviria — segundo Roussillon — como um "apoio" ao analisando, mesmo que não esteja repousado nele.

Além desses analisandos que tomariam o divã como apoio, Roussillon assinala que haveria os que preferiram levar sua análise frente a frente motivados por alguma necessidade de se comunicar de modo visual, pré-verbal e gestual, ou até mesmo com o receio de que o divã e a regressão que esse propõe poderiam levá-los a se sentirem vulneráveis e submetidos a uma posição de passividade — ainda que Roussillon se mostre desconfiado a respeito de teorizações que defendem o face a face como uma proteção perceptiva diante de uma desorganização psíquica. Para ele, uma modalidade de análise que não usa o divã materialmente seria valiosa para o analisando enunciar-se transferencialmente a partir de seu próprio corpo — a comunicar o que é da ordem do pré-verbal, numa espécie de cadeia associativa paralela à da linguagem falada. Pois "lá onde se insiste geralmente sobre a problemática da percepção visual, prefiro pessoalmente pôr o acento sobre a importância das 'mensagens' que passam pelo canal visual e sobre o endereçamento transferencial que implicam", sem deixar de assinalar que linguagens corpóreas e pré-verbais também podem ser expressas ao se estar deitado no divã; reiterando que tal sistema de comunicação pode se fazer falho em determinadas análises, não atingindo seu potencial.

As próprias posturas também são "muito reveladoras". Eles "contam" uma posição subjetiva, uma postura de ser, contam a história da posição adotada pelo eu diante do objeto, a história de seus temores ou arrogâncias, de seus desafios ou submissões, mas também as respostas do objeto a essas mensagens, eles relatam as "conversas" entre sujeito e objeto. Muitas vezes, por exemplo, a posição adotada pelos analisandos no divã indica algo de sua postura interna. Encolhido no divã, rígido e pronto para pular, um pé já fora, ou inversamente "desligado" e sobre o qual tudo vai deslizar, ali mas já ausente, a postura transmite um estado de ser.
Há as posições em que os sujeitos "falam alto" a uma criancinha esmagada, ou aquelas que, inversamente e o que quer que digam "falam baixo" e são servis, como as de uma criança disposta a tudo para recolher um pouco de investimento e amor... Aqui, novamente, não estou tentando provar que tais expressões faciais ou posturas necessariamente carregam o traço das experiências da primeira infância, que carregam esses traços, mas enfatizar que as primeiras experiências também trazem sua contribuição específica para sua formação ou manutenção. Se um certo acompanhamento mimo--gesto-postural da palavra vem para revigorá-la, certos gestos, certas expressões faciais, certas posturas não podem mais ser considerados apenas como acréscimos úteis à comunicação habitual. Tornam-se significativos porque as primeiras experiências vêm se misturar com a manutenção adulta, e encontram uma forma de se infiltrar no presente do sujeito sem serem transferidas ao aparelho de linguagem verbal. [6]

Seus analisandos muitas vezes proporiam uma *conversação psicanalítica*, um jogo de conteúdos e de formas em que um

---

6 Roussilon, 2008, p. 79.

vai transformando o conteúdo e a forma do enunciado do outro. Essa *conversação psicanalítica* poderia ocorrer com o analisando deitado no divã ou sentado na poltrona. Para ele, haveria formas diversas de pensar o uso ou o não uso do divã, e a forma de uso de qualquer dispositivo pode tanto estar mais ligada ao seu psiquismo estrutural quanto ao que teria ligação com algum momento atual.

Sem necessariamente remeter-se à análise de crianças, Roussillon marca que essa conversação se dá aos moldes do jogo do rabisco[7] de Winnicott; pois, por meio desse jogo e de uma colocação verbal ou postural do analista, o analisando seria auxiliado a iniciar ou a continuar um percurso associativo — como algo engajador da continuidade.

> O squiggle game (ou melhor, squiggle play, mais lógico na terminologia do próprio autor) inventado por Winnicott pode, nesse sentido, ser considerado o modelo geral do encontro humano, a forma de sua "materialização", do seu esquema: uma proposição, parcialmente informe ou à espera de forma, convoca a uma "resposta" que transforma e "interpreta" a primeira proposição, uma resposta para a resposta que, por sua vez, transforma ou dá forma à resposta etc... é o protótipo da intervenção na prática clínica.[8]

Para Roussillon, é no encadeamento associativo entre analista e analisando que se daria esse trabalho analítico. Para ele, "o processo associativo caracteriza o próprio funcionamento psíquico, e não somente o funcionamento psíquico durante a sessão".[9] Mais do que uma relação de objeto, Roussillon se ocupa em pensar a relação "com o objeto",[10] incluindo aí o potencial de uso deste, sendo o analista e os elementos que compõem o *setting* parte desse rol de objetos disponíveis a algum tipo de uso.

---

7   Winnicott, (1964-1968) 1994, p. 230-243.
8   Roussillon, 2019, p. 45.
9   Roussillon, 2019, p. 69.
10   Roussillon, 2011.

A teorização de Roussillon acerca do uso (e não uso) do divã privilegia, de certa forma, a expressão corpórea e o gestual. Ele se ocupa em "escutar" a linguagem corporal e sensória do analisando. Esse prisma seguiria o rastro pensado por Winnicott, Anzieu, Ogden e Bollas, mas, ao mesmo tempo, abre espaço para pensarmos o divã como um símbolo de apoio interno. Se seguirmos esse raciocínio, poderíamos pensar o divã como uma espécie de apoio-objetal, seja a partir da evocação do divã-interno do analista (que o evoca ao atender, por ser ou ter sido analisando), seja do analisando que está frente a frente, mas está com os olhos no divã como apoio, ao associar livremente, seja ainda, essencialmente, do analisando deitado no divã se utilizando do seu apoio (físico e metafórico) às suas associações livres. A dimensão do divã permearia as diversas construções do espaço de atendimento, ao menos de maneira implícita. Poderíamos pensar que esse divã interno que acompanha o analista valeria, inclusive, para o analista de crianças e para a análise de crianças, ou até mesmo para o analista que trabalha fora do consultório. Nessa concepção, o divã está sempre presente, mesmo que seja dentro do analista.[11]

Roussillon explora profundamente a ideia de *conversação psicanalítica*; dentre elas, suas funções coletoras, agrupadoras e organizadoras do discurso e do psiquismo. A *conversação* poderia ser mais constante para algum analisando, mas também seria fundamental em todas as análises, mesmo que de forma mais pontual. Nessa proposição clínica, Roussillon se sustenta, sobretudo, em *Análise terminável e interminável* (1937), obra na qual Freud afirma: "Durante o tratamento, nosso trabalho terapêutico está constantemente oscilando para trás e para frente, como um pêndulo, entre um fragmento de análise do id e um fragmento de análise do ego. Num dos casos, desejamos tornar consciente algo do id; no

---

11 Há algo da dimensão do divã explorada por Roussillon que poderíamos relacionar com a etimologia da palavra divã, que veremos no capítulo dedicado a ela.

outro, queremos corrigir algo no ego."[12] Nessa perspectiva, o trabalho analítico deveria operar em uma constante troca de camadas e de modos de intervir; fazendo com que o tratamento e a forma de pensar o *setting* não transcorra linearmente. Perguntado sobre a diferenciação entre psicoterapia psicanalítica e psicanálise, Roussillon afirma:

> Talvez existam pessoas que as considerem muito diferentes. Eu, na prática, trabalho de modo muito parecido. A ideia é que eu crie ou proponha um dispositivo que me pareça o melhor para aquela pessoa, sempre num trabalho psicanalítico. Se o divã traz intolerâncias, faço sem divã. Trabalho três vezes por semana, quatro vezes por semana. Se o divã é melhor, posso ter pessoas deitadas sobre o divã trabalhando uma ou duas vezes por semana. Para mim o que importa é pensar qual será o melhor dispositivo para que este paciente faça seu trabalho interior. Se é estar na minha frente, está bem; se é estar deitado, assim o fazemos. De qualquer maneira, estou convencido que trabalhar com quatro sessões por semana não é a mesma coisa que somente com uma sessão semanal. Isto se deve ao fato de que o paciente não se comprometerá da mesma maneira se o virmos todos os dias ou uma vez por semana. Existem muitas diferenças no processo, mas não me parece interessante falar dessas diferenças. Outro ponto importante é que penso que isto seria como enviar uma mensagem sem sentido à sociedade; dizer que a psicanálise não é uma psicoterapia para tratamento. A psicanálise intelectual para os estudantes de filosofia está diminuindo cada vez mais. Isto acabou. Não tem mais sentido! A pessoa vem à análise porque nós as tratamos. É isso que temos a oferecer. Considero algo *snob* pensar que a psicanálise não é uma psicoterapia. Um esnobismo que repousa sobre uma má compreensão de Freud.[13]

---

12 Citação retirada diretamente de Roussillon.

13 Trecho de entrevista com René Roussillon, realizada em 28 de outubro de 2009, por Maria do Carmo Meirelles Davids do Amaral e Michael Harald Achatz. Disponível em: reneroussillon.files.wordpress.com/2014/08/entrevista-com-rene-roussillon.pdf.

Se, como afirma Roussillon, a psicanálise é uma forma de psicoterapia, uma diferenciação entre uma psicanálise propriamente dita e uma psicoterapia psicanalítica (como conceitualiza Green) e os debates em torno do uso do divã que permeiam essas discussões não iriam ao encontro do seu pensamento. O divã lhe acompanha como psicanalista, sendo concretamente utilizado ou não, e ele está a ser psicanalista e psicoterapeuta em todos os casos, pois essas posições não são antagônicas. Roussillon reafirmará, paulatinamente, que o enquadre (e o divã enquanto parte essencial dele) deve "encarnar a elaboração e a simbolização, mostrá-la, convidá-la...Tudo no dispositivo deve ser construído e ordenado para esse uso: dizer em 'coisa' a simbolização e suas condições nesse encontro clínico, dizê-la 'em fato', 'em ato'".[14] Nesse ponto, para ele, cada mudança no dispositivo implica encarnações diferentes, já que tipos diferentes de simbolizações entrariam em jogo.

Este capítulo poderia ter sido encerrado no parágrafo anterior, mas é importante deixar aqui registradas as posições de Roussillon — que não serão desenvolvidas em minúcias para não fugir demais do tema do divã, mas que conversarão, de certa maneira, com a construção teórico-clínica presente na Parte II deste livro. Primeiro: o dispositivo é um potencial *condensador*[15] dos processos transferenciais; ele é um "caldeirão" para os processos de transferência. Segundo: Roussillon nos fala de uma necessidade de *teatralizar*[16] "os diferentes signos que parecem se associar" em sessão. Meu pensamento posterior se mostrará similar e aliado a essas propostas de Roussillon, e será mais bem trabalhada a ideia das funções condensadoras, bem como serão tocadas temáticas que envolvem a teatralização. Cabe aqui pontuar que tais terminologias utilizadas por Roussillon, por serem freudianas em sua essência, servem como um estímulo a mais

14 Roussillon, 2019, p. 133.
15 Roussillon, 2019, p. 129.
16 Roussillon, 2019, p. 157.

para elaborar meu pensamento, e, quem sabe, até mesmo já possam deixar o leitor a imaginar construções teóricas a partir dessas breves afirmações. A singularidade do pensamento teórico-clínico de cada analista bem como o singular encontro com cada analisando criam um singular processo de análise. "A mente é complexa, e cada tipo de *setting* permite analisar alguns aspectos dela, mas outros não."[17]

---

17   Roussillon, 2011, p. 220.

10. O processo criativo do analista e o divã para Melanie Klein

Como não refletir minimamente sobre o papel do divã para Melanie Klein? Os materiais que temos para tanto são mais historiográficos do que oficialmente publicados, mas denotam que a criatividade e a visão de Klein são muito importantes para serem ignoradas. É buscando um melhor entendimento a respeito do processo criativo dos colegas psicanalistas que podemos chegar a novas ideias e proposições para manter a psicanálise viva.

Melanie Klein não se ocupou de escrever diretamente sobre o estatuto do divã, ainda que obviamente seu trabalho com crianças implique repensá-lo. Seus escritos acerca do tratamento de adultos não trazem alguma peculiaridade que possamos discutir quanto à sua função, ao menos não em sentido diferenciado do que já foi apresentado até aqui.

O fato é que o desenvolvimento de seu trabalho de análise com crianças está intrinsecamente ligado ao divã e à sua função. Quando começou seu trabalho na Psychoanalytische Poliklinik em Berlim, em 1921, Melanie Klein oferecia o divã e o método de associação livre às crianças,[1] geralmente desde o primeiro dia, mostrando-se muito interessada pelo mundo

---

1 Frank, (1999) 2009, p. 6.

onírico infantil. Exceto em alguns trechos do texto *A técnica da análise no período de latência*,[2] não há outras publicações oficiais de Klein que descrevam sua indicação do divã às crianças e tampouco seu incômodo com a resistência delas à sua indicação. No entanto, o livro *Melanie Klein em Berlim: suas primeiras psicanálises de crianças*,[3] escrito por Claudia Frank e fruto de uma pesquisa dos arquivos de Klein, ilumina os primórdios de sua prática analítica e as suas "experimentações" técnicas.

Pesquisando a partir de artigos não publicados, notas e diários clínicos, somados a outros manuscritos e aos registros da Psychoanalytische Poliklinik de Berlim — onde Klein atendia antes de começar a trabalhar em sua casa, em meados de 1922 —, Claudia Frank encontra a centralidade que a prática do divã possui nos primeiros passos de Klein como analista de crianças. Ainda que hoje possamos entender tal prática como equivocada, é preciso compreendê-la contextualmente. Assim como as experiências com hipnose levaram Freud à criação do método psicanalítico, o divã cumpre um papel histórico no desenvolvimento da técnica kleiniana com crianças.

Como assinala Money-Kyrle,[4] Klein "sempre partiu do princípio de que a análise da criança deve ser conduzida exatamente da mesma maneira que a do adulto — com a única exceção de que a análise da associação verbal deve ser complementada pela análise do brincar". O que a publicação de Claudia Frank vem a iluminar é o quanto Klein levou a sério o princípio relatado por Money-Kyrle no início de sua prática clínica. Procurando se diferenciar do flerte entre psicanálise e pedagogia vigente na década anterior, seu ímpeto inicial logo a distinguiu daquele usualmente seguido quando se lidava profissionalmente com crianças, o que, de uma forma ou de outra, envolvia o aspecto pedagógico.

---

2   Klein, (1932) 1997, p. 78.

3   Título original do livro publicado em alemão no ano de 1999: *Melanie Kleins erste Kinderanalysen: die Entdeckung des Kindes als Objekt sui generis von Heilen und Forschen* [Frank, (1999) 2009].

4   Money-Kyrle, 1996, p. 18.

Melanie Klein procurava, através do uso do divã, a "essência" do fazer psicanalítico. Suas indicações iniciais, para que as crianças utilizassem o divã, refletiam também seu interesse em escutar os seus sonhos e os seus simbolismos. Apenas aos poucos Klein passou a perceber que as crianças não "conseguiam" estar no divã tal qual um adulto e, portanto, passou a direcionar sua escuta não apenas às falas desses analisandos, mas também ao simbolismo de suas brincadeiras, encarando-as como análogas aos mecanismos presentes nos sonhos.

Apesar de alguns analistas, dentre eles Hermine Hug-Hellmuth e o próprio Freud, já sinalizarem o brincar como dotado de deslocamentos e de condensações do mundo psíquico, é Melanie Klein quem consegue articular esse fazer da criança dentro da clínica e desenvolvê-lo enquanto técnica de escuta e intervenção. É aos poucos que o divã perderá para os brinquedos (e para a brincadeira, obviamente) o seu posto de principal instrumento analítico. Todavia, poderíamos conjecturar que é justamente um certo olhar para a materialidade dos objetos enquanto instrumentos de acesso ao Inconsciente o que pode ter auxiliado Klein a encarar o brinquedo como uma via de acesso e de intervenção a nível inconsciente da mais alta potência. Acredito que considerar todo o potencial do objeto-divã enquanto instrumento de acesso clínico ao inconsciente foi o que facilitou a Klein operar o deslocamento de sua função para outros objetos, como os brinquedos, enquanto objetos em que a fantasia pode ser projetada.

Esse apreço pela função do divã fez com que ela jamais questionasse seu papel nas análises de adultos, ou propusesse algo diferente a respeito dele, mesmo sendo revolucionários tanto sua técnica de análise de crianças quanto o modo como elas se relacionavam com a sala de atendimento. Exceto em um raro trecho (que será comentado logo mais), não encontraremos publicações que proponham alguma reflexão sua, de qualquer ordem, sobre o uso do divã na análise de adultos. Por outro lado, encontramos o divã como um objeto de uso, fazendo parte do brincar e do encenar em suas análises com crianças. São inúmeras as publicações em que constam casos de análise de crianças, realizados por Melanie Klein, nos quais o divã faz parte da brincadeira ou da encenação. Em meio a recortes clínicos presentes em suas publicações, percebe-se a interação com e através dele.

Quando escreve sobre a análise de latentes,[5] Klein relata haver um desejo em procurarem o divã para ser utilizado como em uma análise de adultos (por exemplo, Kenneth e Werner), bem como haveria casos em que ela insistiu para que o divã fosse utilizado (por exemplo, com Egon). Também é perceptível, nas notas não publicadas sobre o caso Greta, dentre outros, que alguns analisandos presentes nos casos publicados por Klein talvez buscassem o divã porque essa foi a sua primeira indicação — visto que esses foram atendidos na Psychoanalytische Poliklinik em Berlim.

Num raro trecho que menciona o divã sob o prisma do atendimento de adultos, Klein reflete sobre o repousar silenciosamente no divã, acompanhado da presença do analista:

> Existem outros silêncios que expressam contentamento, o prazer de estar com o analista, de deitar tranquilamente no divã, e sou da opinião de que devem ser aceitos sem que sejam interrompidos por uma interpretação. Muitas vezes isso me foi confirmado, quando o paciente recomeça a falar dizendo que se sentiu muito bem em estar deitado ali quieto, sentindo-se em contato silencioso com o analista, a quem tinha internalizado.[6]

Nesse trecho, para além do explicitamente escrito por ela, é possível interpretarmos que a cena trata, também, do prazer de, deitado no divã, o analisando sentir-se junto mesmo estando separado, além de sua aceitação respeitosa

---

5   Klein, (1932) 1997, p. 78.
6   Curiosamente, essa reflexão de Klein está em livro dedicado à análise de Richard, mas ela contextualiza estar falando da análise tanto de adultos quanto de crianças nesse ponto (Klein, 1994, p. 233).

ao momento do analisando. Klein elucida uma conexão sem palavras e compreende a situação como a sensação de prazer que o analisando sentiria ao internalizar a analista (e quem ela está a representar). Já no texto *Inveja e gratidão*,[7] ela descreve o momento em que um analisando levanta-se do divã dizendo-se "bem alimentado" pela sessão — o que Klein entende como a recuperação do objeto bom em sua forma primitiva, fazendo com que possamos pensar o divã como o que Winnicott chamará de *holding*. O divã faz o papel de sustentação corpórea, enquanto a escuta e a fala da analista intervêm a alimentá-lo e ajudá-lo a trabalhar o objeto-mãe (ou qualquer outro objeto) dentro de si.

Certamente, tal cena não constitui a enunciação de um pensamento profundo acerca da função do divã, tampouco minha leitura da questão atravessada sob o paradigma de Winnicott. Todavia, certamente outros analistas poderiam refletir sobre o fenômeno de outra maneira, a partir de outros entendimentos teóricos que não o da internalização. Poderia, inclusive, ser interessante, para o leitor, refletir sobre essa descrição clínica a partir das contribuições dos autores que ainda não apresentamos.

É interessante, também, pensar o caminho percorrido por Klein ao começar sua prática clínica de análise de crianças a partir do divã, para, somente mais tarde, passar a deslocar a função que o objeto-divã exerceria para o objeto-brinquedo, sob a ótica do que Roussillon conceitualizaria como *o divã em latência*.[8] Em outras palavras, ainda que sem utilizar o divã como principal objeto auxiliar das análises de crianças, a função dele permaneceu dentro de Melanie Klein, talvez até como um objeto evocativo (segundo Bollas),[9] ofertado ao seu olhar durante as análises. Sob essa perspectiva, a função do divã estaria sempre presente nas análises das crianças, mesmo quando ele não é usado materialmente.

---

7   Klein, (1957) 1991, p 237.
8   Ver capítulo "O divã em latência de René Roussillon".
9   Ver capítulo "Christopher Bollas e o divã evocativo".

11. O divã embrionário de Wilfred Bion

Wilfred Bion é mais um dos psicanalistas a não discutir diretamente a função do divã, ainda que deixe alguns rastros para percorrermos. Suas ideias quanto ao divã são embrionárias, diversas, e ainda que não profundamente desenvolvidas teoricamente, são potenciais; por isso, tentarei tecer alguns comentários que possam contemplá-las. Exceto por um pequeno trecho do livro póstumo *Cogitações*, e outro de *Transformações*,[1] o material que apresentarei advém de seus seminários e supervisões coletivas, repletos de situações clínicas de Bion e de outrem.

Em seminário para Tavistock Clinic de 1978, Bion se pergunta, ao tentar colher informações clínicas importantes: por que um analisando poderia deitar-se na beirada do divã, ao invés de repousar confortavelmente no centro?[2] Sem nos dar uma resposta direta, até mesmo se desculpando por sua imprecisão, responde sua própria pergunta em poucas palavras, dando a entender que os motivos de esse analisando se deitar na beirada do divã estariam relacionados à sua vida fetal e a todos os "detritos", vestígios, da vida psíquica, de

---

1   Bion, 2005; (1965) 1991a.
2   Bion, (1978) 2005, p. 44.

tempos diversos, acumulados. Em São Paulo,[3] no mesmo ano, também durante um seminário, apesar de Bion comunicar não saber muito bem como manejar tal caso, a mesma questão é apresentada através de recorte clínico.

> Lembro-me de um paciente que falava livremente e com facilidade; ele dizia não ter sonhos e não possuir imaginação. Mês após mês, esteve presente a todas as sessões, nunca falhou, nunca ficou doente, nunca pegou resfriado. Quando se deitou no divã, parecia ter alguma dificuldade com a qual não me preocupei muito, já que parecia ser simplesmente uma questão de ajustar suas roupas e seu conforto. Mas depois de cerca de três meses comecei a achar que isso era muito peculiar. Ele sempre se deitava em uma posição um pouco estranha no divã; se deitava e depois levantava a cabeça como se estivesse lutando contra algum tipo de oposição e tentando ver seus pés. Ele fez isso três ou quatro vezes. Eu não tinha ideia do que ele estava fazendo ou mesmo como dizer a mim mesmo o que era esse movimento peculiar. [4]
>
> [...] ocorreu-me que sua posição precisa e exata no divã poderia ser compreendida como se ele estivesse deitado à beira de um precipício. Sua postura começou a parecer de ordem catalética. De fato, toda a análise começou a parecer um ritual compulsivo — a mesma hora, o mesmo comportamento, nenhum desvio daquela posição. Quanto mais eu o via, mais pensava que não eram comunicações comuns e que minhas próprias interpretações pareciam seguir um padrão. [5]
>
> [...] ele tinha de continuar perseguindo este Self em torno do que pareciam ser várias áreas anatômicas. Deixando evidente que Self não estava dentro dos limites do que eu chamo de corpo. Eu tive que estender minhas interpretações sobre uma área que tinha limites diferentes — na verdade, não tinha limites. Para expressá-lo, eu teria que tomar emprestado um termo como "infinito". [6]

---

3   Bion, (1978) 2018.
4   Bion, (1978) 2018, p. 91.
5   Bion, (1978) 2018, p. 92.
6   Bion, (1978) 2018, p. 98.

É bem provável que o analisando citado na comunicação da Tavistock, deitado na beira do divã — como estando em um precipício — seja o mesmo do caso apresentado em São Paulo. Esse analisando estaria vivendo no precipício de si mesmo, sem limites, prestes a cair. Sem bordas, um "infinito". Se, por um lado, o protótipo fetal serve mais para pensar "o que precisa nascer", o que precisa "advir" para ser desenvolvido do que de fato tomá-lo como fato histórico; por outro, denota justamente a falta de limites, um *self* não unitário, fragmentado, sem limites e jogado ao infinito. Não há diferenciação entre o si mesmo e o outro. Estamos falando de um sofrimento de indiferenciação *self*-corpórea. Ainda que Bion não aluda a isso, fica evidente que o uso que o analisando faz do divã auxiliou Bion a escutar seu sofrimento. Portanto, podemos pensar em uma interseção entre o que é de ordem patológica e o que são partes que ainda precisam ser nascidas do *self*. Para Bion, é como se o analisando estivesse imerso nas profundezas do "inconsciente" (segundo suas próprias expressões).

A citada situação clínica fez Bion recordar-se de uma intervenção de Klein (enquanto sua analista), quando lhe disse: "você se sente mutilado, castrado, como se tivesse emergido do útero".[7] Apesar de não sentir que a intervenção de Klein fizesse sentido para ele, enquanto analisando, naquele momento, sentiu que ela fazia todo o sentido para esse analisando em específico. No entendimento de Bion, nesse caso, seria como se existisse uma "experiência perigosa em que a mãe, ou a genitália da mãe, mutilasse o bebê". Afirma ele:

> A experiência adicional ao longo dos anos me fez sentir que isto também é verdadeiro para os muitos renascimentos que podem ocorrer entre o momento em que nascemos — no sentido obstétrico — e o momento em que morremos. Isso inclui o momento em que emergimos de um estado de espírito para outro.[8]

---

7 Bion, (1978) 2018, p. 93.
8 Bion, (1978) 2018, p. 93-94.

Em outras palavras, cada novo "nascimento" alude a um "infinito" de formas. **Por essa via, o divã (o trabalho a partir dele) poderia ser encarado como um *container*-útero para novas formas, novos nascimentos-renascimentos do *self*.**

Sobre os analisandos que declaram preferência por estar frente a frente com o analista ao invés de se deitar no divã, Bion nos explica que eles não compreendem que o divã não está ali para lhes mostrar o quanto seriam inferiores, mas, sim, porque seria melhor para eles se o usassem. Segundo ele, um analisando atendido face a face "recorrerá ao uso de óculos escuros, sentir-se-á desconfortável/constrangido, ou procurará uma forma de evitar ser reconhecido — física ou mentalmente."[9]

Em recorte clínico de supervisão, vemos também como uma parede branca do consultório pode se mostrar como uma tela para cenas, como as de cinema, projetando a vida mental do analisando, como uma espécie de momento "pré-palavra".[10] Levando em conta preceitos ligados à forma da comunicação, Bion complementará: "temos que ter cuidado com o tom de voz, a inflexão e assim por diante. Não há apenas a dificuldade em ter que dar uma interpretação, mas também como a damos, que acompanhamento musical damos às palavras",[11] deixando claro, também, a importância de conectar-se com a experiência emocional, com a entonação, e o que estaria em jogo em cada caso clínico.

Luís Claudio Figueiredo, aludindo à função do divã, escreve: "Vale a pena relembramos que Bion cita com total concordância a carta de Freud a Lou Andreas-Salomé em que ele advogava a tal 'cegueira artificial' para alcançar o estado de mente necessário para afinar a escuta quando o objeto psicanalítico é especialmente obscuro".[12]

Ainda que a sexualidade não seja o centro das teorizações de Bion, quando a temática do divã está em cena, ela se faz

---

9   Bion, (1975), 1994, p. 35.
10   Bion, (1978) 1994, p. 171-172.
11   Bion, (1978) 1994, p. 193.
12   Figueiredo, 2020, p. 75.

presente. Em *Cogitações*,[13] ele se refere a uma situação clínica em que o analisando — ao deparar-se com o divã não devidamente organizado, como geralmente estaria — fica deveras ansioso, levando Bion a interpretar que o divã estaria a representar o incômodo do analisando com o intercurso sexual de seus pais — situação similar à relatada nos Seminários de Los Angeles.[14] Ao se referir a um "acúmulo de percepções" do analista, uma construção mental realizada pelo analista, Bion comenta sobre ter feito a seguinte interpretação: "Eu acho que você está se sentindo realmente como um bebê deitado no divã. E ninguém sabe o significado disto. Mas, claro, isso significa que seus pais transaram". Ainda que possamos entender sua intervenção como uma intenção de enfatizar, talvez, "aquilo que veio antes — aquilo que precede", não há como deixarmos passar em branco a importância dada à cena primária e à sexualidade nessas intervenções de Bion, ao menos no que concerne à sua escuta em relação ao divã, mesmo que essas questões não sejam enfatizadas em sua teoria.

Em São Paulo, no ano de 1973,[15] também encontraremos comentários e intervenções de Bion relacionando o deitar-se no divã ao coito parental. Ao menos nesses recortes, as intervenções de Bion parecem se preocupar em ressaltar o bebê (que viveria no analisando) e a sua capacidade emocional, ao mesmo tempo em que se remetem à sexualidade e à sua incompreensão. Não é meu papel discutir a forma das intervenções de Bion aqui citadas, sobretudo por serem recortes, mas elas soam a mim não serem dotadas de muita sensibilidade, aparentando serem demasiadamente racionalizantes, sem levar muito em conta a dimensão afetiva das palavras utilizadas. Contudo, é possível observarmos que, nas suas interpretações, o autor costuma considerar uma variedade de experiências pelas quais pode passar um bebê (aspectos bastante primitivos), ao mesmo tempo em que se remete à

---

13   Bion, 2005, p. 9.
14   Bion, (1967) 2013, p. 18.
15   Bion, (1973) 2008.

amplitude da sexualidade. Talvez, com certa liberdade de interpretação de minha parte, seja viável pensar que Bion estaria a "escutar o divã" paradoxalmente: por um lado, o divã é o local do bebê (um berço), ao mesmo tempo que é o local do coito (cama dos pais), realizando uma uma espécie de integração entre o que é da ordem do primitivo e o que é da ordem da genitalidade.

O analisando de Bion, José América Junqueira de Mattos, ao relatar trechos de sua análise, comenta sobre sua dificuldade em se analisar (e se comunicar) em inglês, afirmando que isso lhe angustiava e o fazia se sentir privado de sua capacidade de comunicação, pois expressar-se em inglês fazia com que ele tivesse de estar sempre aprendendo tudo novamente. Ao comunicar a Bion que, devido a essas circunstâncias, sentia-se como se tivesse sido colocado em um divã de Procusto, Bion lhe responde:

> Você sente que não é fácil se adaptar à América. Você veio do Brasil e lá deixou sua família, seu trabalho, seus amigos. Você também deixou sua língua, sua comida, seus hábitos. Essa mudança, essa ruptura repentina faz com que você se sinta aleijado e privado, como se tivesse que aprender tudo de novo. Olhe para o preço que você está pagando para aprender. No entanto, pode haver conhecimento e aprendizado sem dor? [...] Houve uma época em que você também não sabia falar e apontava para o que queria. Você tinha o desejo e não sabia como colocá-lo em palavras. Podemos dizer que agora você está nascendo em um novo mundo. Acho que essa experiência tem uma longa história. Não começou agora. Para você, isso revive seu nascimento, no qual você pode, como agora, ter se sentido aleijado e privado, ou mutilado e castrado. A primeira cama de Procusto que você experimentou foi ao nascer.[16]

---

16 Junqueira de Matos, 2016, p. 20-21.

Todos esses embriões de pensamentos que advêm das intervenções de Bion, mesmo que deveras interessantes, não me parecerem ser tão importantes quanto um pequeno trecho contido em seu livro *Transformações:*[17] "Duas pessoas estão presente: eu e um paciente... Enquanto ele se deita no divã, eu me sento e imagino que uma nuvem começa a se formar..."[18]

> Imagino que uma nuvem começa a se formar da mesma forma que as nuvens às vezes podem ser vistas acima de um "ponto-quente" em um dia de verão. Parece estar acima dele. Uma nuvem semelhante poderia ser visível para ele, mas ele a veria surgindo de mim. Estas são nuvens de probabilidade.
> Logo outras nuvens se formam: algumas delas são nuvens novas, algumas formadas a partir de nuvens antigas, nuvens de probabilidade que se transformaram em nuvens de possibilidade.[19]
> A tensão que é parte essencial do modelo é perceptível, assim como são as nuvens. As nuvens aumentaram; nuvens de possibilidade tornam-se nuvens de dúvida. Nuvens de certeza também aparecem; nuvens de depressão, culpa, esperança e medo também. A cada nuvem corresponde seu "ponto-quente", mas, a nuvem, como sua análoga na natureza, pode se afastar. Eu associo pressão com tensão e nuvens.[20]

Bion está nos apresentando a uma ideia na qual "nuvens" advêm de "pontos-quentes"; no caso aqui, os entendamos como os próprios seres humanos e seus psiquismos presentes na sessão analítica — sobretudo o analisando. Caberia ao analista tentar "captar" o que seriam essas "nuvens" que advêm da experiência emocional. Bion está falando de um modelo de tensão e pressão (e, nesse sentido, apoiado em

---

17 Bion, (1965) 1991a.
18 Bion, (1965) 1991a, p. 117.
19 Bion, (1965) 1991a, p. 117.
20 Bion, (1965) 1991a, p. 117.

Freud, segundo o próprio Bion). Ele deixa claro que, apesar do apelo a uma referência de imagem "visual" a partir das "nuvens", poderíamos pensar tal metáfora sob os prismas olfativo, auditivo e tátil, trazendo como exemplo o cachorro e a sua habilidade em farejar — ou seja, não se trata de propriamente "enxergar" nuvens advindas do analisando, senão que também "farejá-las".

Suas metáforas a respeito das nuvens não são tomadas a ponto de constituir um conceito, mas, sim, uma forma de explicar, a partir delas, seus modelos algébricos. Bion procura equacionar formas de escutar a intervir a partir de sua Grade. Em seus modelos matemáticos, a "nuvem" deve ser substituída por uma espécie de "ponto", dentro de uma equação que concerne à teorização a respeito da grade, seus gradientes, seus elementos, sua preconcepção etc., e seria impossível adentrarmos esse campo sem desviarmos de nosso assunto, o divã. Ademais, preciso admitir minha não identificação e minha dificuldade de conceber a clínica psicanalítica sob tais modelos explicados a partir da matemática, o que, consequentemente, impedir-me-ia de elucidá-los com a devida qualidade. A quem interessar discutir a partir desse prisma, indico que procure bons comentadores da obra de Bion. Cabe a mim enfatizar o trabalho metafórico e a produção de formas presentes no pensamento do autor.

Em nossa proposta de tentar fornecer formas de escutar a partir do divã, a ideia de que o analisando estaria a "ofertar nuvens" é deveras importante. Cabe a nós escutá-las/farejá-las e, obviamente, buscar formas de trabalhar a partir delas. Pensar a sessão psicanalítica a partir de metáforas que recorrem a "nuvens" é central na segunda parte deste livro, ainda que o pensamento lá desenvolvido não recorra diretamente a Bion e parta de outras conceitualizações. Um ponto que veremos adiante, como uma diferença radical da concepção de Bion, é a de que ele parece usar *cloud* (nuvem) mais para se referir ao que está nublado e, logo, precisa ser "esclarecido", desanuviado. Imagino que está a falar a partir das "nuvens britânicas", que se misturam à fumaça das chaminés e atrapalham a chegada da luz solar. Já a qualidade das "nuvens", a qual pretendo tomar como metáfora básica para o trabalho clínico na Parte II, ainda que sem perder essa ideia de nuvens que escondem algo por trás, são "nuvens" que acentuam outras particularidades, um tanto mais tropicais e brincantes, se assim poderia dizer.

12. O divã dramatúrgico e neuropsíquico de James Grotstein

James. S. Grotstein se dedicou a pensar o uso do divã sob alguns ângulos complementares ao que vimos até aqui, sobretudo em seu texto *Uma revisão sobre o uso do divã na psicanálise*[1] e no livro *... no entanto, ao mesmo tempo e em outro nível...*,[2] que abarca o conteúdo do já citado texto, com algumas leves modificações e ampliações.

Comecemos por elucidar sua forma de indicar o divã aos analisandos para, posteriormente, compreender seu pensamento. Em um diálogo fictício e demonstrativo, que se daria após o período de avaliação, Grotstein comunicaria ao analisando:

> Agora que concordamos com a sua entrada em análise, desejo apresentar a você como ela é conduzida. Um dos procedimentos é o uso do divã. Você tem alguma ideia ou sentimento acerca de seu uso? A justificativa para seu uso começou com Freud e seu desconforto em ser observado enquanto imerso em seus pensamentos acerca do paciente. Além disso, achava que o paciente se sentiria mais confortável deitado. Ele não reconhecia que de

---

1   Grotstein, 1995, p. 396-405.
2   Grotstein, 2009.

fato havia descoberto o hemisfério direito, um "cérebro alternativo que é ligado quando o outro desliga" quando alguém se deita na presença de outra pessoa sem poder observá-la com os olhos. Esse sistema de processamento de dados é sensível a emoções, fantasias, ilusões e afins e está menos preocupado com lógica ou continuidade do que o outro. Eu acho que você será capaz de entender isso por você mesmo. No entanto, você deve saber que não será uma exigência, caso lhe soe desconfortável ou inquietante. No entanto, as próprias razões pelas quais você poderia considerá-lo desagradável seriam importantes para nós entendermos.[3]

Certamente, esse é um estilo peculiar que evoca até mesmo questões neurológicas e as motivações internas de Freud. Todavia, o pensamento de Grotstein é mais complexo do que esse protótipo de indicação que ele oferece aos seus leitores. Ele comenta que Freud não percebeu que, através do uso do divã, "descobriu o hemisfério direito do cérebro"[4], e que quando alguém se deita e não está a fazer contato visual, estaria a ativar uma "mudança" de funcionamento em seus hemisférios cerebrais — em termos de processamento de informações —, do lado esquerdo para o direito (ou vice-versa, a depender se estamos falando de canhotos), ressaltando pesquisas com crianças que demonstraram uma grande diferença de alerta ao estarem sentadas ou deitadas.

O somatório entre estar repousado (menos alerta) e uma consequente "mudança" do hemisfério mais utilizado para o menos utilizado — ao deitar-se sem contato visual —, seria auxiliar ao uso da associação livre. Na concepção de Grotstein, trocar a predominância do hemisfério esquerdo (sentado), mais ligado à organização e à linearidade, pelo hemisfério direito (deitado) e sua característica de funcionamento mais solto, fluido e irregular, facilitaria a busca por objetos e fantasias nas quais se "apoiar", consequentemente ajudando na "associação" aliada à flutuação do pensamento — em outras

---

3   Grotstein, 1995, p. 401-402.
4   Grotstein, 1995, p. 396.

palavras, isso auxiliaria a associação livre. De acordo com o autor, quando nos deitamos, o hemisfério direito "fala", especialmente, através de impressões visuais, da imaginação, da fantasia e da ilusão.

Para além dessa concepção neuropsíquica, Grotstein defende que "O uso do divã dramatiza, exagera e permite ao inconsciente selecionar. Pode-se concluir disso que estar deitado facilita uma mudança do mundo real para os mundos imaginativos, fantasmagóricos e ilusórios". Seu entendimento, seguindo a metapsicologia freudiana, é de que "a ação em descarga das pulsões deve ser impedida para que possa permitir uma transformação verbal", sendo o divã um auxiliar nesse processo.

Para ele, o papel do divã é facilitar "a emergência e o aprimoramento dos aspectos dramáticos da vida interior de uma pessoa para que possam ser reconhecidos",[5] abrindo espaço para encarar a psicanálise sob um prisma dramatúrgico, no qual, na sessão e na transferência, são encenadas uma peça.[6] Por um lado, seria uma "peça" improvisada; por outro, seria previamente "preparada" para ser revelada em sessão — no sentido do interno que compele a dramatizá-la.

Sob esse prisma dramatúrgico, Grotstein reforça a importância do divã, defendendo que a posição sentada e o face a face viciariam a intensidade e a autenticidade da *performance* dessa "peça". Ele retoma Lacan para sinalizar que, ao se deitar, o analisando está apenas aparentemente falando com o analista, pois, na verdade, encontrar-se-ia imerso em suas profundezas internas, "participando de um ato de discurso consigo mesmo através do analista enquanto canal". Para além de escutar quem está no divã, escutamos o texto das associações advindas de seu Inconsciente. Da mesma forma, a interpretação do analista, ainda que mediada pelo seu ego, pretende conversar com o Inconsciente do analisando.

---

5   Grotstein, 1995, p. 397.
6   Saliento que esse ponto — de encarar a sessão como a encenação de uma peça — será trabalhado mais profundamente na segunda parte do livro, sob outro prisma.

Grotstein também comenta sobre os usuais medos que os analisandos, ainda não iniciados no divã, sentiriam, como os de adormecer, de entrar em estados de dissociação ou de se sentirem abandonados, indicando que esses pensamentos/sentimentos já estão colocando em marcha o modo ilusório intrínseco ao uso do divã. Sua concepção reforça que a utilização do divã evoca, de fato, certo caráter de "irrealidade".

O autor nos conta acerca de um analisando que, ao estar deitado no divã, sente o analista como assustador, incrível, intimidante, mas que, ao encará-lo na hora de ir embora, vê o analista retomar o "tamanho humano".[7] Em sua concepção, o divã oferece a "irrealidade", um "modo ilusório" e a possibilidade de um funcionamento análogo ao sonhar. Grotstein procura reforçar o caráter estético intrínseco à sessão psicanalítica e ao que seu enquadre oferece, pois, para ele, "pode-se então conceber que o inconsciente do analisando cria, escreve, dirige, produz e apresenta um cenário enigmático constituído por associações livres".[8]

Para ele, não menos importante seria pensar o divã sob o prisma da função materna, sem deixar de lado sua perspectiva neuropsíquica:

> Deitar-se facilita alcançar o estado cerebral eletroencefalograficamente conhecido como ritmo theta, que corresponde ao que Bion (1959) denominou *reverie* — o estado que caracteriza a receptividade de uma mãe que amamenta e o estado receptivo de seu bebê durante a amamentação. Isto corresponde a um estado de transe de receptividade óptima aos impulsos de dentro e do mundo externo com um mínimo de defensividade. Nesse estado de *reverie*, a *função alfa* da mãe, que Bion (1992) denominou *trabalho-do-sonho alfa* em seu diário pessoal, até então inédito, está ativamente a funcionar de forma otimizada. É importante perceber que o termo onírico

---

7   Grotstein, 1995, p. 398.
8   Grotstein, 2009, p. 9.

alfa de Bion, que pode ser pensado como devaneio ou, mais precisamente, a continuação do processo de sonhar em vigília, oferece uma nova dimensão à psicanálise.[9]

Por essa via, o analista recebe as associações do analisando em um estado de sonho de vigília — e o analisando receberia, enquanto intervenção, o que foi "digerido" pelo analista em seu estado de *reverie*. Grotstein defende que, a partir de Bion, a psicanálise não trata mais apenas do Inconsciente, mas também do *Interinconsciente* e do *Intrainconsciente*, colocando ênfase na espacialidade enquanto auxiliar ao processo transferencial e ao trabalho analítico.

> A localização geográfica do analista *atrás* do paciente permite a concretização e atualização dessa relação espacial como uma metáfora vital, na qual o paciente pode imaginar que está sentado no colo do analista (quando dominado pela fantasia do analista enquanto nutridor) e como perseguidor e "apunhalado pelas costas" (traído) quando a transferência negativa é predominante. [10]

Alcançar o estado de sonhar em vigília depende da confiança estabelecida, bem como da privacidade entre os participantes, sendo importante não haver a invasão do olhar durante a sessão. Grotstein lembra que, apesar de importante o olhar da mãe para o bebê em sua constituição psíquica, "a perda da opção de olhar permite uma abertura dos canais para o interior de cada participante".[11] Seria olhando para dentro que se desenvolveria o que é conhecido como "intuição", afirma. Por conseguinte, é de suma importância o caráter de privacidade em relação ao olhar que o uso do divã oferece, tanto para o analisando quanto para o psicanalista.

Dentre algumas pontuações que contribuem para a reflexão acerca do uso do divã, Grotstein não deixa de evidenciar o

---

9   Grotstein, 1995, p. 398-399.

10   Grotstein, 1995, p. 400.

11   Grotstein, 1995, p. 400.

caráter ritualístico e de formalidade que acompanha o seu uso, lembrando que os candidatos a analista sentem-se pressionados a ter de convencer seus pacientes a utilizá-lo, obviamente devido a pré-requisitos institucionais, consequentemente, conflitando com a ideia de realizar uma boa análise.

Para Grotstein, situações híbridas, que envolvem o estar deitado ou não, podem vir a fazer parte do trabalho. Ele nos conta de uma analisanda que falava coisas "concretas" da vida rotineira sentada no divã, por determinado período de tempo, no início de cada sessão, para, mais adiante, deitar-se e "começar" a análise.

Ao mostrar-se aberto a tentar entender modalidades clínicas que fugiriam da tradicional, ainda que não se dedique a discutir pormenores, Grotstein recorda haver analistas que utilizam poltronas giratórias no ambiente de análise e que o uso delas certamente traz peculiaridades à forma de escutar e intervir na clínica. Ana Lúcia Monteiro Oliveira,[12] por exemplo, pensa o uso da poltrona reclinável, giratória e com balanço para o analisando. Ela comenta que esse tipo de poltrona oferece uma função transicional de unir e separar, a possibilidade de se embalar, de girar de costas, de olhar e não olhar, de se "esconder" e "voltar". A partir de sua prática clínica, a autora sinaliza que o recurso de estar de costas para o analista, na cadeira giratória, costuma ser aceito por seus analisandos que resistem ao uso do divã, talvez até por se sentirem mais no controle de "girar" rapidamente e/ou botar os pés no chão caso internamente achem necessário. Ela ressalta que boa parte dos que começaram utilizando a poltrona virada de costas, em poucos meses, já migravam para o uso do divã. Mesmo que alguns deles se esforçassem para evitá-lo, seja por resistências neuróticas, seja por medo de atualizações do traumático emergirem, acabaram por optar pelo divã no transcorrer do processo — o que não deixa de ser uma modalidade criativa e interessante.

---

12 Oliveira, 2020.

A respeito das formas como o divã e a sua função podem ser utilizados, Grotstein nos conta sobre não distinguir a sua utilização a partir da frequência de sessões ou de alguma diferenciação entre psicoterapia psicanalítica ou análise propriamente dita. Ele cita, como exemplo disso, diversos analisandos que tratou no divã com a frequência de uma vez por semana. Nessas sessões, estabeleciam-se profundas neuroses de transferência, e o material de cada sessão seguia em sentido contínuo e inconscientemente interligado, "atingindo resultados significantes".[13]

Ao pensar a indicação do uso do divã sob o prisma psicopatológico, levando em conta sofrimentos severos, Grotstein assinala que cada caso deve ser pensado singularmente. Ele[14] sinaliza que *borderlines*, psicóticos e quem sofre de estresse pós-traumático tendem a solicitar o olhar concreto do analista, mas que sua indicação deve ser pensada caso a caso, pois acredita que muitos poderiam aproveitar os benefícios de deitarem-se no divã.

Grotstein nos relata, também, casos de analisandos[15] com tendências esquizoides que, ao estarem no divã, sentiram-se sozinhos, fragmentados e perdidos, solicitando passar para o face a face. Porém, após tal passagem, os próprios analisandos sinalizaram sentir tal modalidade mais superficial e demonstraram o desejo de retornarem a se deitar no divã para "ir mais fundo". Em sua concepção, "O paciente no divã sente-se mais livre para recuperar seus estados de sentimento mais profundos, para mergulhar neles e ponderá-los".[16]

Dentre todos os psicanalistas que apresentamos aqui, seu pensamento acerca do divã se destaca por ser o único a ocupar-se de questões neurológicas sem que sua interlocução com esse campo se desvie dos preceitos psicanalíticos. Ao mesmo tempo que carrega, em sua teorização, o que estaria para além dos modelos psíquicos psicanalíticos, ele apenas

---

13 Grotstein, 2009, p. 19.
14 Grotstein, 2009, p. 69.
15 Grotstein, 2009, p. 18.
16 Grotstein, 1995, p. 398.

os utiliza para somar ao seu entendimento psicanalítico criativo, que trabalha em um entre-campo de intersecção das teorizações freudianas e bionianas, incluindo até mesmo Lacan em suas proposições.

13. O divã como auxiliar a um "roteiro fílmico" em John Munder Ross

Para além de psicanalista, o norte-americano John Munder Ross trabalhou como ator e diretor, sobretudo ligado ao *Harvard Theater* e ao *Harvard Drama Club*. Como veremos, seu pensamento acerca da sessão psicanalítica e do uso do divã acaba por aproximar sua experiência no campo da arte ao fazer psicanalítico.

Ross aponta o divã como um instrumento que auxiliaria o "relaxamento" das barreiras e defesas inconscientes, de forma similar à que propõe André Green[1] a respeito do modelo do sonho. Porém, sua teorização acrescenta algumas facetas interessantes de explorarmos. Assim como Grotstein busca compreender o uso do divã em uma disciplina não psicanalítica (a neurologia), Ross referenda o uso do divã valendo-se também do psicólogo cognitivo George Klein[2] e seu aforismo "postura é percepção".

Para Ross, deitar-se no divã traz os aspectos que Freud teorizou a respeito do sonho para a vida de vigília e, segundo

---

1 Ver o capítulo "O divã de André Green – o modelo do sonho, outras contribuições e equívocos".

2 G. Klein, 1970.

ele, ao indicar o uso do divã com uma frequência sistemática, sem a possibilidade de visualizar o outro, Freud estaria a introduzir, ao analisando e ao analista, o trabalho a partir da imaginação do primeiro de uma maneira completamente inovadora. O divã propiciaria uma abertura essencial para a realidade psíquica. Não ser olhado permite ao analista "olhar para dentro" e alcançar *insights* a níveis mais profundos a respeito do que expressa o analisando.

Em seu "isolamento esplêndido", atrás do divã, o psicanalista alcançaria um novo nível de empatia pelo sofrimento do analisando. "A situação analítica é implicitamente projetada para alterar a consciência de ambos os participantes de maneiras diferentes, mas mútuas, contribuindo para outro nível de expressão e comunicação. Mais especificamente, a condição onírica (ou melhor, hipnagógica e hipnopômpica) do paciente tende a tornar consciente o pré-consciente".[3] Para Ross, o sensório e a imaginação do analista devem sentir o que o paciente sente, particularmente a tensão, a dor e as resistências autoprotetoras que elas provocam.

> O divã confronta os analisandos com várias injunções paradoxais — contradições que tornam o encontro analítico inerentemente conflitual. Eles devem se deitar sozinhos na presença de outro. Como Lewin (1955) e depois Stein (1965) interpretaram o estado de consciência induzido pela situação analítica, os analisandos devem ao mesmo tempo sonhar e "observar" — isto é, "observar" o estado de sonho que eles encontram. Em tal devaneio (*reverie*), de acordo com Lewin, a voz do analista, tal qual a voz do pai arquetípico da infância, torna-se "o despertador", reorientando os pacientes para o seu entorno e a necessidade de tentar comunicar o que é, em última análise, inefável. Deitado de costas como o bebê arquetípico, eles são movidos a se tornar pré-verbais ainda ao mesmo tempo em que são instados a falar, a tomar em palavras suas imagens visuais e sensações corporais.[4]

---

3   Ross, 1999, p. 99.
4   Ross, 1999, p. 93.

Ademais, "para Freud, a transferência é uma metáfora... uma forma de peça imaginária (*imaginary play*)".[5] Em nosso trabalho psicanalítico, todos "brincamos/encenamos (*play*)" com o "material" advindo do analisando. Ross afirma fazer parte do trabalho do analista "escutar a música" e a "coreografia de sentidos" do material da sessão, cada um ao seu modo, conforme o que Rosen[6] chamou de *iluminações pré-conscientes.*

Para ser possível entender mais detalhadamente o pensamento original de Ross, é necessário acompanhar diretamente, a partir de suas próprias palavras, como ele trabalha a sessão a partir do que poderia ser chamado de um "roteiro fílmico", bem como a função que o divã cumpre sob essa perspectiva. Sigamos os recortes selecionados:

> Deixe-me pessoalizar por um momento e revelar como recebo e processo as comunicações e associações de meus pacientes e de suas associações a partir de um modo de escuta e reflexão que desenvolvi ao longo dos últimos vinte anos de trabalho psicanalítico. Ao ler peças, épicos, romances, contos, e até mesmo relatos jornalísticos ou históricos, minha tendência imediata é a de visualizar e ouvir o que as palavras em uma página retratam e criar a partir do "roteiro" cenas dramáticas. Na maioria das vezes eu vejo e, como o ator que já fui, participo da ação da perspectiva de um ou outro dos personagens envolvidos. No processo, não só eu vejo o que eu imagino que eles vêem — eu sempre pensei em imagens visuais — mas eu também sinto o que elas sentem, no olho da minha mente, falando e agindo como eu imagino que eles fazem. Uma das minhas alegrias nesta encenação é a capacidade de "tornar-se outra pessoa" por um tempo e depois retornar para mim mesmo.
> Eu me vejo fazendo o mesmo com os pacientes em análise...[7]

---

5   Ross, 1999, p. 94.
6   Rosen, 1974, p. 189-209.
7   Ross, 1999, p. 96.

Quando os analisandos deitam-se no divã, eu praticamente me deito diagonalmente, na minha cadeira reclinável Stressless perto deles. Olho para meus analisandos de vez em quando, mas não constantemente. Essa postura facilita minha tradução das imagens e sons transpostos em suas palavras para cenários de filmes, principalmente "filmados" do ponto de vista do paciente, embora ocasionalmente de um ponto de vista mais abrangente ou, menos frequentemente, de outro personagem ou objeto da narrativa.[8]

Na maioria das vezes, tento me ater à narrativa do paciente e permanecer cifrado em sua realidade psíquica, como eu fazia anos atrás quando desempenhava um papel em uma peça. Porém, agora, de maneira mais privada e silenciosa, à medida que o drama se desenrola no meu próprio estado alterado de consciência.[9]

Quando me deparo com uma dissonância, quando as palavras de um paciente e a aparente apreensão do momento não se encaixam no "filme" que ele ou ela conjurou em minha mente, me vejo despertando desse devaneio (reverie). É neste ponto, diante de uma ruptura ou distorção no "texto", com uma contradição e, por consequência, um conflito, que me vejo a experienciar um lampejo de ansiedade ou alguma outra perturbação afetiva. Dada uma pausa, minha atenção flutuante se estreita em concentração. É nessas conjunturas que começo a me preparar para intervir, apontar inconsistências na história.

Afastado do olhar do analisando, sinto-me mais livre para não responder imediatamente, não falar até que eu deseje. Assim, enquanto me preparo para fazer o que será uma interpretação das defesas, posso me conter e aguardar, assegurando-me que as contradições e os afetos que as acompanham, bem como as manobras empregadas para encobri-las, são do próprio paciente.

---

8   Ross, 1999, p. 97.
9   Ross, 1999, p. 97.

Tendo me usado, tento não impor minhas ideias, expectativas, preconceitos e predileções aos meus pacientes, mesmo quando eles as anseiam. É nosso trabalho desafiar, em vez de assumir o valor nominal, a autoridade atribuída ao analista. E, mais uma vez, reitero que o divã facilita essa dimensão do processo, resguardando a autonomia dos meus analisandos. Quando eles entram no consultório, o mundo dentro dele, espero, pertence a eles.[10]

Suas palavras são mais precisas do que qualquer comentário que possa ser feito, então, sugiro que escapemos de ser redundantes. Talvez seja interessante chamar a atenção à forma com que ele descreve seu processo imagético de escuta, e me pergunto: será que todos nós não imaginamos, a nosso modo, as cenas relatadas pelos analisandos? Em minha escuta, sempre foi muito natural imaginar os "personagens" e os "enredos" ofertados pela suas comunicações. Nesse sentido, o mérito de Ross recai, essencialmente, em se ocupar a propor essas "visualizações" do analista como um modelo de escuta por si só. No entanto, não menos importante seria ressaltar a singularidade com que ele trabalharia a partir do devaneio do analista (*reverie*) e como essa forma de encarar a sessão repercute na forma de intervir do psicanalista.

O fato é que seu pensamento pode ressoar em outros modelos de escuta. A maneira com que Ross pensa a indicação do divã se mostra intrinsecamente ligado à sua forma de escutar e de intervir. Poderíamos dizer que ela se aproxima da teorização de Thomas Ogden[11] a respeito da necessidade da privacidade (a partir do não olhar concreto) do par analítico. Pensar o consultório e o "mundo" que há dentro dele como um "mundo" que pertence ao analisando também poderia ser encarado como algo próximo das teorizações de Christopher Bollas[12] a respeito do objeto transformacional

---

10   Ross, 1999, p. 97.
11   Ver capítulo "Thomas Ogden e a privacidade no divã".
12   Ver capítulo "Christopher Bollas e o divã evocativo".

e do objeto evocativo. Obviamente, sua proposta de escutar a "encenação" do material comunicado pelo analisando se assemelha aos apontamentos de Grotstein.[13] Talvez pudéssemos seguir traçando aqui outros paralelos, mas o trabalho interno do analista-leitor também pode alcançá-lo a seu modo, singularmente.

A teorização de Ross e a sua acentuação no uso da imaginação (de analista e analisando), além de sua forma de pensar os "papéis" e o "enredo" presentes na comunicação do analisando, tornam-se auxiliares na escuta e na intervenção. Isso a aproxima do que apresentarei na segunda parte do livro, tornando este capítulo, de certa maneira, uma espécie de introdução ao que se seguirá. A simplicidade complexa, que está presente em sua forma de enunciar o seu processo de escuta, faz com que sua contribuição possa reverbar e continuar ser repensada pelo leitor psicanalista.

---

13   Ver capítulo "O divã dramatúrgico e neuropsíquico de James Grotstein".

14. Outros autores e as diversas formas de pensar o trabalho psicanalítico a partir do divã

Este último capítulo da primeira parte intenciona, basicamente, trazer novas referências bibliográficas até então não mencionadas anteriormente, mas também compartilhar reflexões de autores que, na maioria dos casos, carecem de publicações em português. Certamente, há psicanalistas brasileiros discutindo a respeito das funções do divã e a dicotomia divã *versus* face a face, mas devido ao fato de que o leitor brasileiro pode encontrá-los com maior facilidade (ao menos se comparado a referências bibliográficas estrangeiras), a escolha foi por não incluí-los aqui, deixando ao leitor a realização dessa pesquisa.

É impossível termos tudo. Logo, é um fato, também, que muitas contribuições estrangeiras acabam por ficar de fora, visto que privilegiei as posições colhidas a partir dos textos originais dos autores com os quais foi possível contato direto, e não comentários de outrem. Dentre os apontamentos a seguir, encontram-se contribuições de autores mais conhecidos do público brasileiro, somadas às de não tão conhecidos. No decorrer do capítulo, o leitor encontrará contribuições de Otto Rank, Karl Abraham, Otto Fenichel, Michael Balint, Donald

Meltzer, Masud Khan, Jean Laplanche, César e Sara Botella, Paula Heimann, Hanna Segal, Antonino Ferro, dentre outros. Algumas contribuições são deveras pontuais, mas reforçam a necessidade de problematização a respeito das funções do divã e sua imbricações teórico-clínicas. De minha parte, sinalizo, de antemão, que as contribuições de Danielle Quinodoz e Richard Waugaman me parecem muito interessantes em relação à discussão proposta nos capítulos anteriores. Porém, todas as posições trazidas aqui ajudarão a problematizar o que foi anteriormente apresentado.

A intenção deste capítulo não é de discutir profundamente cada contribuição autoral aqui colocada, como foi realizada em boa parte dos capítulos anteriores, senão de ofertá-las ao leitor como possibilidades de entendimento a respeito do divã. Sendo assim, este capítulo serve mais como uma espécie de colagens de recortes, de posições diversas a respeito do divã, para que o leitor as assimile e as critique a partir de sua experiência e da leitura dos capítulos anteriores. Sob esse prisma, este capítulo não se divide em subcapítulos. Ele será um grande texto, separado por intervalos, com o nome do autor que contribuiu para a nossa temática grifado em negrito, a fim de marcar âncoras para facilitar a pesquisa do leitor.

A grande maioria das contribuições aqui ofertadas partem, originalmente, da língua inglesa. Porém, comecemos pelas contribuições oriundas de língua francesa. Em *A Tina: a transcendência da transferência*,[1] **Jean Laplanche** aponta para a importância que haveria em Freud assinalar o uso do divã como "vestígio do método hipnótico", visto que o método hipnótico era, por si só, um indutor da transferência e da regressão infantil, bem como uma supressão do mundo exterior (já que, no método hipnótico, Freud pedia ao paciente

---

1   Laplanche, (1987) 1993.

para fechar os olhos) e promotor de um relaxamento que pretendia "privilegiar o mundo fantasístico".[2] O uso do divã em análise seria, então, para Laplanche, uma dura prova contra o voyeurismo que desempenharia grande papel nas neuroses e a isolar a transferência de uma intromissão concreta.

Laplanche assinala haver três aspectos que justificam o uso do divã: 1 - para ele, há uma distinção simbólica entre a posição deitada e estar de pé, há uma "materialização postural" do que advém de seu funcionamento psíquico; 2 - o divã exclui certo tipo de comunicação que envolve o ato de ver, sugerindo que a comunicação psicanalítica passa necessariamente pela fala; 3 - há uma dissimetria posicional entre analista e analisando, "um estando no campo visual do outro e outro sem ser visto".[3] "É deste modo que a *distinção entre a posição deitada e a posição de pé* ou 'face a face' pode, com efeito, ser considerada como uma verdadeira materialização simbólica da situação analítica, com sua parede temporal-espacial."[4]

Porém, Laplanche ainda nos fala do que seria da ordem uma comunicação não verbal, também a partir do uso do divã, e reforça que, ao estar deitado, apenas o analisando está privado de olhar o outro. Ele retoma Freud e seus casos clínicos para dizer que o analista não está privado de ver o analisando e seus movimentos corpóreos (comunicações inconscientes manifestadas pelo seu corpo), que seriam comunicações não verbais. Com isso, reitera, portanto, que a experiência de análise no divã leva em conta signos não verbais. "No divã, o paciente fala, mas não fala apenas, não diz só palavras.", afirma **Christophe Dejours**,[5] psicanalista que se ocupa da psicossomática e que também comenta:

> A teoria da sedução da criança pelo adulto, revista e ampliada por Laplanche, é também uma maneira de

---

2 Laplanche, (1987) 1993, p. 150.
3 Laplanche, (1987) 1993, p. 151-152.
4 Laplanche, (1987) 1993, p. 152.
5 Dejours, 2015.

revisitar e aprofundar a concepção do dispositivo analítico divã-poltrona e da transferência, com essa exegese que conduz à noção de "transferência em oco". Transferência destinada a receber o enigma como condição *sine qua non* da perlaboração, ou seja, do movimento tradução - destradução - retradução. Transferência que reconhece que o essencial da interpretação se origina no próprio paciente, ao passo que o analista se esforça para trabalhar sobretudo com a frustração (*Versagung*). [6]

Jacques André,[7] ao retomar a discussão a respeito da indicação do divã ou do face a face, narra-nos um caso clínico em que o analisando havia sofrido agressão física no rosto (mais precisamente na boca, ocasionando perda de dentição):

> Com esse paciente eu me havia colocado a questão: no divã ou face a face? Cada uma das respostas tinha seus inconvenientes. A posição deitada, mais que a perda da visão que propicia, seria temerária pela possibilidade de um retorno esquizoide, bem como da ameaça persecutória. A homossexualidade de Lorenzo acrescentava uma zona de incerteza, entre a erotização do "por detrás" e o argumento do risco paranoide. Mas o face a face convocava uma violência visual destrutiva, que ele tornava imediatamente perceptível. Havia refeito a dentição e imaginava que seu interlocutor só olhava para seus dentes, tão brancos quanto falsos. Mais tarde, evocará cenas de grupo: no momento em que estava falando "espontaneamente", de repente, capta um olhar oblíquo que friamente o "coloca a nu", um olhar "entomologista", que o penetra de maneira selvagem e "o enraba".

André evoca o risco de uma emergência paranoica a partir do uso do divã, mas, por fim, acaba por indicá-lo, sob a prerrogativa de que seria melhor o analisando "imaginar"

---

6   Entrevista de Laplanche (2016), disponível em: www.bivipsi.org/wp-content/uploads/percurso-2016-56-57-19.pdf.

7   Entrevista com Jacques André, disponível em: psic.bvsalud.org/scielo.php?script=sci_arttext&pid=S0103-58352009000200002

tomar socos (os que já havia levado traumaticamente), mais do que "recebê-los no rosto", o que aconteceria psiquicamente a partir do frente a frente.

Em uma entrevista de 1999[8] a respeito do divã, **Jacques-Alain Miller** tece comentários poéticos a respeito de sua função:

> Oh, sim, o divã é uma espécie de cama. É uma cama que não tem interior: você não escorrega nos lençóis, você se deita em uma superfície. Como uma figura reclinada, com as evocações mortíferas que podem rondar. Como no verso Baudelaire: "Divãs profundos como tumbas". A cama costuma ser o lugar onde se encontra o próprio corpo, o corpo que se esqueceu na vida ativa, e onde também se encontra o corpo do outro. O divã é, ao contrário, uma cama de solteiro. Torna a relação sexual presente e, ao mesmo tempo, manifesta sua ausência. Talvez se possa dizer que o divã é um vestiário onde se coloca o corpo, onde se despoja do corpo ativo, onde se deixa também o corpo imaginário, a autoimagem. Resta então um terceiro corpo, o corpo que são nossos trapos, esse lixo que o sujeito arrasta atrás de si e que lhe é tão caro.
>
> Enquanto mobília, o divã é importante como a lixeira de Samuel Beckett. Ele encarna o seguinte paradoxo: você tem que trazer seu corpo para a sessão e, ao mesmo tempo, tem que despi-lo. O divã é uma máquina, uma multiguilhotina, que amputa o corpo de sua motricidade, sua capacidade de agir, sua postura ereta, sua visibilidade. Ele materializa o corpo abandonado, o corpo ceifado, o corpo abatido. Deitar-se no divã é tornar-se puro falante, experimentando-se como um corpo parasitado pela fala, um pobre corpo enfermo da doença dos falantes.

Ele termina por criticar os atendimentos *online* como não psicanalíticos, comentando, também, sem maiores

---

8   Disponível em: <u>w</u>iberation.fr/cahier-special/1999/07/03/le-divan-xxi-e-siecle-demain-la-mondialisation-des-divans-vers-le-corps-portable-par-jacques-alain-m_278498/?outputType=amp.

explicações, que, em alguns casos, deve-se indicar o divã, e em outros, não.

Dentre as contribuições mais antigas ao tema, encontramos a de **Melitta Schmideberg**, filha mais velha de Melanie Klein e uma das pioneiras a pensar acerca das privações da primeira infância e a tomar criminosos em tratamento. Schmideberg foi uma severa crítica de sua mãe, sobretudo por sua teoria e técnica focarem-se exclusivamente no mundo interno, sem levar em conta fatores ambientais no desenvolvimento psíquico. Assim sendo, tomava partido de Anna Freud em contraponto a Klein nas controvérsias britânicas. Para ela, um estilo analítico "firme, mas sensível" ajudaria o analisando a sentir-se mais seguro em expressar suas ansiedades. Em sua produção clínica, vemos relatos de analisandos que urinavam no divã, bem como o de analisandos que se negavam a deitar.[9] Em escrito sobre a claustrofobia,[10] Schmideberg chega a comentar que as ansiedades mobilizadas no divã poderiam obstruir o processo psicanalítico, o que não deixa de ser também uma crítica velada à técnica de sua mãe. Considerações a respeito do divã enquanto um mobilizador negativo de analisandos fóbicos são acompanhadas por **Otto Fenichel**:

> Via de regra, não cedemos às resistências, mas as analisamos. No entanto, há algumas exceções: se um paciente tem agorafobia, não vamos exigir dele, antes da análise começar, que esqueça seu medo e saia à rua. Devemos calcular até que ponto o paciente pode resistir às restrições de sua fobia. Se tivermos a impressão de que um paciente não pode se deitar e que prefere ficar sem a análise a isto, devemos permitir que ele se sente. Depois, devemos ter muito cuidado para não permitir que ele sinta a evitação fóbica como uma nova (falsa) sensação de segurança;

---

9   Cassullo, 2016, p. 18-34.
10 Schmideberg, 1948, p. 309-311.

devemos insistir para que as pessoas falem sobre isto. Em segundo lugar, o paciente pode sentir ansiedade ao deitar. O caráter mágico de estar deitado pode ser usado para a resistência de tal forma que a análise e a vida ficam isoladas uma da outra e o paciente sente vagamente que o que diz quando está deitado não tem validade quando está de pé. Alguns pacientes que em outras situações são tímidos, no divã são desinibidos. Assim, pode parecer que uma análise está indo bem, mas isto só é verdadeiro quando o paciente está deitado. O uso exclusivo desta posição pode anular a eficácia que geralmente tem. Assim como alguns pacientes vão ao banheiro antes ou depois da hora analítica, ou fazem algum ato especial que separa a hora da análise do resto de suas vidas, para outros a situação externa da análise serve ao mesmo propósito. O analista deve interpretar a resistência em relação a isso. Em muitos casos, apoiamos a interpretação fazendo o paciente sentir e perceber o quão diferente ele vivencia a nova situação. A comunicação de que a análise também pode ser realizada com o paciente sentado muitas vezes é suficiente para que o paciente perceba que para ele "a análise" e a "realidade" são diferentes e que não é necessária uma mudança de postura. Freud assinalou como é importante frustrar a intenção de alguns pacientes de dividir a entrevista analítica em duas partes, uma "oficial" e outra "não oficial", quando o paciente diz mais algumas palavras ao analista após o término da hora. Essa tentativa, segundo Freud, deve ser frustrada pela introdução, por parte do analista, das frases "não oficiais" na próxima sessão "oficial". Mas, com a mesma frequência, é necessário aplicar a medida oposta para eliminar a resistência por isolamento. Continuar, mesmo por um momento, com uma conversa ou uma interpretação que começou no momento da análise, quando o paciente não está mais deitado, é uma prova muito eficaz de que a análise inclui toda a vida do indivíduo, mesmo quando o paciente não está deitado no divã. [11]

---

11   Fenichel, (1941) 1961, p. 44-46.

No livro *Problemas da técnica psicanalítica*,[12] de 1941, Fenichel trabalha numa zona fronteiriça entre os pensamentos de Freud e os de Ferenczi. Ele se mantém atrelado às indicações técnicas do primeiro, que contempla certo "princípio de frustração" dos impulsos internos, porém, leva também em conta contribuições clínicas do segundo, como as noções de relaxamento e de elasticidade. Em sua concepção, o divã permite um certo "relaxamento" do analisando, devido à impossibilidade de enxergar o analista, evitando assim entrar em um estado de vigilância das expressões faciais dele. No entanto, como na citação utilizada, abre-se para pensar em possibilidades que abdiquem do divã, caso isso lhe pareça de valor.

Para **Balint**,[13] a relação do analisando com o divã pode conter certos estágios. Em alguns, podem ocorrer sentimentos de apego, de segurança; já em outros, pode haver grande desconfiança. Para ele, há uma fase intermediária na qual existiria um momento em que o analisando deseja sair do divã (o que ele permitia, quando necessário), por medo e/ou por curiosidade (em relação ao analista), procurando testar sua paciência e sua tolerância. Nessa fase, o analista seria sentido como um objeto perigoso; e o mundo objetal, como hostil. Seria apenas após oscilações que o analisando confiaria de fato no trabalho a partir do divã, relaxando sua postura, "virando-se de lado, enroscando-se ou pedindo algum cobertor".

Para ele, seria apenas num último estágio do tratamento que o analisando conseguiria "fechar os olhos e envolver-se em sua proteção, aconchego, escuridão sem estrutura" (referindo-se ao divã). Só assim conseguiria entrar e sair, nos inícios e finais da sessão, e transitar entre o mundo do divã e o mundo em que "coloca de volta o peso em seus próprios ombros — sem grande alegria, mas sem ressentimento amargo." Balint afirma que "o bebê começa sua existência — como nossos

---

12   Fenichel, (1941), 1961.
13   Balint, 1959.

pacientes — principalmente deitado de costas... Quando iniciamos o tratamento, oferecemos uma configuração aos nossos pacientes que em quase todos os casos os induz a adotar uma postura infantil". [14] Sem deixar de mencionar a entrada em estados regressivos, de experiências subjetivas sentidas como "naufrágio", nas quais o analisando se sente afundando, assim como nos fala de experiências de se sentir "submergindo" e, sobretudo, experiências de sentir-se em estados de fusão.

Karl Abraham[15] nos descreve analisandos fechando seus olhos no divã e "a descrever imagens mentais que lhe ocorriam à mente",[16] relacionando-as como análogas ao sonhos. Essas imagens conteriam sentidos latentes, de conteúdos infantis, inconscientes, a serem explorados. Abraham relata analisandos que tomam objetos inanimados da sala do analista como representantes dessas fantasias, citando exemplos que envolveriam conteúdos relacionados à sexualidade, tanto pré-edípicas quanto genitais.[17] Ele nos fala da visão de analisandas se tornando turva enquanto emergiam excitações corpóreas, que seriam ataques histéricos atuados em sessão para serem trabalhados — sintomáticas ligadas à conflitiva neurótica da sexualidade infantil.

Otto Rank,[18] por sua vez, associa a situação analítica e o uso do divã como representantes de um estado intrauterino, tomando o trabalho analítico como um reviver o tempo passado no útero, sendo a análise uma espécie de renascimento, enfatizando a relação transferencial de cunho materno, mais do que a relação paterna, ou o conflito edipiano propriamente dito — o preponderante no pensamento freudiano até então.

---

14   Balint, 1959, p. 95
15   Abraham, 1942a.
16   Abraham, 1942b, p. 117.
17   Abraham, 1942, p. 189.
18   Rank, 2016.

Problematizando o divã e o frente a frente em analisandos limítrofes, em texto de 1948, **Adolph Stern**[19] apoia sua prática na materialidade real da sessão em detrimento do transferencial advindo das experiências passadas. Ele comenta que, quando tratados no divã, seus analisandos limítrofes se mostravam costumeiramente retraídos e distantes, permanecendo "protegidos contra o envolvimento da transferência afetiva, bem como contra outras manifestações afetivas. Havia associações volumosas, aparentemente 'livres' mas obviamente tendenciosas, baseadas na necessidade de conquistar o analista."[20] Stern deixa implícito, em seu texto, que ele costumava ser mais passivo nesses tratamentos, tal qual em uma análise de neuróticos, pois, a partir de suas constatações a respeito do uso do divã nesses casos, afirmou a necessidade de o analista ser mais ativo, passando esses atendimentos para o frente a frente. Segundo ele, "O analista não poderia ficar de fora da vida e dos sentimentos destes pacientes", a fim de trabalhar a sua capacidade de amor objetal. Stern evoca que o frente a frente "é a posição habitual em relações amistosas comuns" e que essa posição ajudaria o analista a observar melhor o comportamento e as expressões faciais do analisando, enquanto esses ficariam "menos inclinados a acreditar que o analista é possuidor de mistérios, inacessível, e portador de tabus".

Para além disso, o autor menciona até mesmo deixar que um analisando tocasse seu braço, tentando demonstrar que ele não era um analista inacessível ou que representasse uma figura austera, sob o pretexto de trabalhar a sessão mais a partir da realidade do que a partir de reações de uma "prévia e irreal transferência". Stern se apoia na ideia de que esses analisandos temem as rejeições experimentadas na infância e que uma nova atmosfera deva ser criada entre analista e analisando, para que este sinta que aquele não lhe falta com o respeito, mas, sim, tem interesse genuíno, e que o apoia e

---

19 Stern, 1945.
20 Stern, 1945, p. 193.

o protege. O analista trabalharia para suprir as necessidades do analisando, já que a materialidade real da sessão é o que trabalharia para a saúde deste, ou seja, uma "terapia de apoio", conforme suas próprias palavras, na qual "no decorrer do tratamento sua capacidade para relacionamentos de amor objetal em seu ambiente aumenta sensivelmente".[21]

Victor Eisenstein, em trabalho de 1951,[22] segue o pensamento de A. Stern a respeito de analisandos *borderline*, defendendo três pontos fundamentais para esses tratamentos: 1 - a necessidade de um forte e humano apoio por parte do analista; 2 - evitar a técnica da associação livre da análise clássica; 3 - valer-se preferencialmente da posição sentada. Ele afirma: "Nesses distúrbios, o terapeuta deve, portanto, assumir o papel ativo e benevolente de um pai, em vez da costumeira posição neutra de um analista impessoal; porém, ele deve fornecer mais do que ajuda de apoio ou educacional".[23] Em sua concepção, indicar a esse paciente o divã acentuaria suas atitudes masoquistas e dependentes e exageraria a "onipotência fantasiada (projetada)" no analista, o que acarretaria em um sentimento de que o analista não seria "sentido como representante da realidade que deveria ser",[24] sendo importante evitar situações de ordem regressiva, afirmando que não se pode tratar estados *borderline* como se trataria uma neurose de transferência.[25]

Ainda sobre transtornos *borderline*, **Gerald Adler**[26] publica, em 1988, um trabalho que fala de gradações do transtorno, inclusive questionando seu conceito, trabalhando a partir da ideia de que esses tipos de padecimento se apresentam de

---

21 Stern, 1945, p. 198.
22 Eisenstein, 1951, p. 379-401.
23 Eisenstein, 1951, p. 181.
24 Eisenstein, 1951, p. 192.
25 Para tanto, Eisenstein se apoia em uma frase de Federn: "A autodefesa mais importante contra a esquizofrenia é a neurose, que geralmente é do tipo histérico ou obsessivo. Nenhum esquizofrênico latente deve ser 'libertado' de sua neurose, e ele definitivamente não deve ser tratado pela forma padrão de psicanálise." (Federn, 1947, p. 129-145. .
26 Adler, 1988, p. 353-372.

forma mista em relação a outras estruturas psicopatológicas. Portanto, seu entendimento a respeito da indicação do divã varia de acordo com a gravidade de cada caso apresentado.

Há muitos estudos[27] que se ocupam em discutir, a partir de diversas referências bibliográficas, o que concerne a transtornos *borderline* e, consequentemente, qual seria a indicação do uso do divã nesses casos. Salvo uma ou outra pontuação singular, poderíamos dizer que essas posições costumam ser mais homogêneas.

Antonino Ferro, a despeito de procurar entender o processo psicanalítico e a técnica psicanalítica como análogos ao sonho, trabalha, em grande parte de seus casos clínicos, a partir do frente a frente. Ele aponta uma excessiva assimetria resultante do uso do divã e afirma, ironicamente, que o que impossibilitaria um trabalho analítico frente a frente seria o superego do analista.[28] Ferro descreve, também, um atendimento em que uma analisanda estava na poltrona enquanto o analista estava deitado no divã, argumentando que **Marie Bonaparte**, quando passou a sofrer de reumatismo, conduzia as sessões dessa forma.[29]

Quanto à função do divã no trabalho psicanalítico, **Leo Sadow**[30] e **Anton Kris**[31] ressaltam, cada um a seu modo, o quanto o trabalho no divã facilita certo relaxamento e aguçamento dos sentidos para a escuta do material do analisando. Leo Sadow explica o quanto a modalidade frente a frente, apesar

---

27 Santos; Mello Neto, 2018, p. 285-293. Lable, 2010, p. 861-887.
28 Ferro, 2009, p. 215.
29 O livro em que consta esse relato foi escrito com Giuseppe Civitarese. Os autores justificam que, por estarem de acordo com todas as posições compartilhadas na publicação, assinam o livro inteiramente. Não deixam exatamente claro, portanto, se o caso relatado é de fato de Ferro ou de Civitarese. Seja como for, ambos estariam de acordo, em termos técnicos, com o que é relatado no referido capítulo (Civitarese; Ferro, 2022, p. 6).
30 Sadow, 1995, p. 386-395.
31 Kris, 1996.

de trazer mais elementos sensoriais para o trabalho do analista, satura os seus sentidos, dificultando o aguçamento da escuta. Kris, por sua vez, aponta que, em um primeiro momento, o divã pode mobilizar ansiedades no analisando, por vezes despertando transferências de cunho parental em que o analisando poderia sentir-se submetido a uma ordem hierárquica, mas, à medida que experiencia o trabalho no divã, isso poderia dissipar-se, levando o analisando a um relaxamento auxiliar ao processo de associação livre.

Ernst Wolf,[32] para além do que já discutimos em outros momentos, aponta que o uso do divã em Freud pretendia isolar a transferência, para permitir que ela emergisse, em seu devido tempo, definida como uma resistência. Wolf comenta que o uso do divã seria um modo de facilitar a emergência de maneiras de organização psíquica arcaicas ou infantis, muitas vezes relacionadas à sexualidade infantil, à dependência relativa e ao desamparo, que estariam a ser atualizadas transferencialmente a fim de facilitar o tratamento analítico. A semelhança com a posição da cama pode levar a associações relacionadas a fantasias da "hora de dormir", bem como podem ser rememorados traumas arcaicos que não seriam acessíveis sem as propensões regressivas do uso do divã.

No caso de um *self* frágil, o analisando pode vir a regredir com tamanha intensidade e demandar demasiadamente do analista que, mesmo usando de todos os seus esforços, poderia vir a cansar de exercer as funções de cuidado demandadas pelo *self* do analisando, fazendo com que o trabalho venha a estagnar ou com que tendências odiosas ou destrutivas por parte do analisando irrompam. Sendo parte do trabalho do analista suportar e manejar adequadamente as demandas do *self* frágil do analisando, Wolf contraindica que analistas pouco experientes conduzam análises mais regressivas no divã.

Apesar disso, Wolf também ressalta o quanto o frente a frente cansaria o analista e seu esforço de escuta, oriundo do esforço em conter suas reações corpóreas naturais diante das comunicações do analisando. Ele aponta que, mesmo no divã,

---

32 Wolf, 1995, p. 314-323.

e não tendo acesso às expressões do analista, o analisando estaria a captar sua presença e o que seria da pessoa do analista, seu tom de voz, seus ruídos corporais. Sua perspectiva é de que a escolha de cada intervenção e palavra proferida pelo analista influencia o trabalho analítico, indicando que isolar a transferência, sob o intuito de manter uma neutralidade, é algo da ordem do impossível — e que certamente Freud sabia muito bem disso. A transferência, então, seria também moldada pelo que é expresso pelo analista, independentemente de por qual forma.

Em casos mais graves, Wolf comenta que a regressão facilitada pelo uso do divã pode precipitar processos desintegrativos que afetam a coesão do *self*. Portanto, cada caso deve ser avaliado singularmente, sendo que alguns casos *borderline* poderiam se beneficiar do divã ainda assim. Todavia, lembra que alguns neuróticos poderiam resistir ao divã e insistir em serem tratados frente a frente por alguma questão de inibição, fobia ou até mesmo por se sentirem humilhados com a indicação. Seria preciso pensar sobre os sentimentos de submissão relacionados às figuras parentais, as quais deveriam ser direcionadas ao analista quando da indicação do divã.

Danielle Quinodoz[33] é original em seu pensamento, ao preferir não usar a nomenclatura *borderline* em detrimento do que ela chamaria de analisandos heterogêneos — analisandos que não conseguiram integrar seu *self*. Sua proposta teórico-clínica envolve pensar a experiência psíquica sem se desvencilhar do que seria da ordem do corpo e do sensório. Sua escuta e sua intervenção procuram contemplar a integração do *self*, sem abrir mão de envolver o corpo nesse processo. Assim, o sensório e a contratransferência sensória, o que é

---

33   Quinodoz, 2003.

sentido no corpo do analista, tornam-se auxiliares à escuta e à intervenção. Assim sendo, leva sua expressão "*words that touch*" (palavras que tocam) às suas últimas consequências.

Ela entende que o divã amplifica a consciência do analisando para suas experiências corpóreas. A eliminação da experiência visual com o analista levaria o analisando a focar em suas experiências internas/corpóreas em detrimento dos estímulos externos. O acesso visual ao psicanalista pode impedir o desenvolvimento da transferência. A incapacidade de ver as expressões faciais do analista e seus movimentos corporais facilita ao analisando explorar melhor as intervenções do analista.

A autora afirma que há analisandos que são capazes de simbolizar e de utilizar mecanismos neuróticos, mas que, sem serem de fato psicóticos, fazem uso de mecanismos primitivos característicos da psicose, como negação, projeção e identificação projetiva maciça, dentre outras variadas formas de *splitting*/cisões. A heterogeneidade interna desses analisandos, que poderíamos entender como fruto de cisões, não permite a integração de si como um todo. Portanto, suas intervenções, suas palavras para o analisando, são pensadas e intencionadas para conversar, ao mesmo tempo, tanto com o lado mais neurótico quanto com o lado mais psicótico do analisando, criticando os analistas que se dirigem apenas a um dos "lados" do analisando. Em seu entendimento, o analista só encontrará palavras para "tocar" o analisando caso se permita ser "tocado" em suas entranhas pela linguagem do analisando. Logo, sua intervenção se faz a partir de "uma forma de linguagem que não se restringe à transmissão verbal de pensamentos, mas incorpora sentimentos e sensações que acompanham esses sentimentos".[34] As repercussões das intervenções do analista, quando conseguem atingir o objetivo de enunciar "palavras que tocam", dão a sensação de que há uma interlocução humana em sua totalidade. Sobre a "linguagem que toca", Quinodoz afirma:

---

34   Quinodoz, 2003, p. 1.476.

é uma linguagem *encarnada*. Os pacientes que estão angustiados por sua falta de coesão interna que precisa ser ouvida por um analista que os escute com todo o corpo do seu *self* incluído — e que se dirige à totalidade de sua pessoa ao falar com eles — novamente, incluindo o corpo. A linguagem do analista pode servir de veículo para o analisando. É por isso que, por exemplo, nos casos em que escolho dizer a um paciente a regra fundamental no início de uma análise, em vez de usar a fórmula tradicional, "diga tudo o que vier à sua mente", eu simplesmente digo, "diga tudo que vem…" Não quero priorizar a mente, e deixo o paciente livre para continuar a frase internamente como ele entende. Cabe a ele sentir não só o que vem, mas também de onde vem.[35]

Para Quinodoz,[36] o *setting* analítico permite comunicações não verbais e permite que as partes cindidas do analisando tomem seu lugar no divã. Ela afirma que o critério de analisabilidade costuma ser pensado pela maioria dos analistas apenas sob o ponto de vista do analisando — se ele seria passível de entrar em um processo de análise —, mas que tal critério deve também ser pensado sob o ponto de vista do analista. A autora argumenta que a analisabilidade depende da capacidade de escuta e intervenção do analista e se diz deveras indignada quando escuta analistas relatarem sonolências ou quedas em sono abruptas, enquanto estão escutando seus analisandos — durante as sessões —, já que estariam a realizar um desserviço à psicanálise.

Felix Deutsch,[37] marido de Helene Deutsch, no texto *Posturologia analítica*, de 1952, ocupou-se em pensar detalhadamente a respeito dos movimentos e das posições corporais de seus analisandos, incluindo a sua relação com o divã, a partir de diversos relatos clínicos. Seu trabalho acentua as comunicações corpóreas e os seus significados, que, muitas

---

35 Quinodoz, 2003, p. 1.479-1.480.
36 Quinodoz, 2003.
37 Deutsch, 1952, p. 196-214.

das vezes, precedem comunicações verbais, reforçando as comunicações verbais (ou as contradizendo), manifestando conteúdos inconscientes para além do que pode alcançar a palavra. Ao estar deitado no divã, os movimentos e as posições de pernas, mãos e braços seriam comunicações inconscientes do analisando, de toda ordem, podendo manifestar questões ligadas à oralidade, à analidade, situações ligadas ao trauma, à motilidade primária, à expressão de conteúdos edípicos e conflitos diversos. As associações livres do analisando seriam também corpóreas, sendo passíveis de serem "escutadas".

Em termos metapsicológicos, Felix Deutsch afirma que um estímulo psíquico pressiona por uma descarga e "um processo orgânico funcional", iniciado pelo estímulo, que leva a um "rearranjo postural que continua e completa o processo psicológico". Por conseguinte, afirma "que a quantidade de descarga fisiológica corresponde à quantidade de emoção não descarregada, até que ela seja exaurida."[38] **James McLaughlin**[39] corrobora Felix Deutsch e, também por intermédio de detalhes clínicos, coloca-se a refletir sobre movimentos e posições corpóreas no divã, impossíveis de exemplificar isso aqui sem nos alongarmos na singularidade dos casos apresentados por ele.

Donald Meltzer[40] contribui à temática do divã muitas vezes o associando, metaforicamente, ao útero, mas também ao pênis, aos seios e a outros elementos da teoria kleiniana. Para além do divã, Meltzer se ocupa em pensar a relação do analisando com a sala de atendimento como um todo. Ele salienta seu hábito de fechar os olhos enquanto escuta o analisando, monitorando, esporadicamente, os seus movimentos corpóreos e as suas expressões faciais, a partir de uma orientação diagonal do divã. Ele afirma:

---

38 Deutsch, 1952, p. 197.
39 McLaughlin, 1992, p. 131-162.
40 Meltzer, (1984) 2009, p. 128.

> A pessoa em seu divã é um estranho absoluto que não está exibindo sua personalidade, mas apenas suas técnicas de adaptação ao mundo claustrofóbico que habita. No momento em que um analista pode reconhecer a qualidade do encarceramento e a luta essencial pela sobrevivência em uma situação inabitável, ele vê uma criança que se perdeu, se afastou de casa, que até esqueceu as qualidades do lar que conheceu, talvez no casos mais graves apenas o útero.[41]

Ao longo de sua obra, Meltzer também nos apresentará o divã realizando papéis transferenciais na análise de crianças, bem como relata casos de adolescentes em que o divã é utilizado ao molde dos adultos. Sobre a análise de adolescentes, descreve períodos de transição em que, na entrada da puberdade, esses analisandos utilizariam o divã e a sala de análise de forma mista — por vezes, isso ocorre aliado ao brincar da criança; outras vezes, esses analisandos ficam deitados no divã e fazem associações, assim como os adultos. Dentre os seus exemplos clínicos, encontramos usos regressivos do divã que envolviam vivenciais com o corpo e o seio da mãe, por vezes com o analisando tapando-se no divã etc.[42] Sobre o tratamento de adultos, tece a seguinte passagem, aludindo à função dos gestos corporais que se aliam à expressão dos materiais psíquicos:

> Embora não faça parte de minha técnica comentar sobre o comportamento de um paciente no divã nem pedir associações a ele, o escrutínio dos padrões de postura e movimento e vinculá-los ao material do sonho às vezes permite uma interpretação frutífera do comportamento. Dessa forma, a série de modificações da masturbação anal pode ser revelada e uma busca mais bem-sucedida pela real estimulação anal instituída. Por exemplo, um paciente que muitas vezes mantinha as duas mãos nos

---

41 Meltzer, 1992 p. 102-103.
42 Meltzer, (1967) 2018; 2011; (1992) 2008; 1994. Mélega, 2014.

bolsos reconheceu por meio de um sonho que isso às vezes era acompanhado por puxar um fio solto. Isso levou à percepção de que ele tinha o hábito de arrancar manualmente os pelos perianais antes da defecação para que não estragassem a forma de sua massa fecal emergente.[43]

Alessandro Bruni[44] comenta que a deprivação sensória, presente no uso do divã, e o fato de o analisando não poder explorar a real fisicalidade do analista podem produzir, na parte psicótica da personalidade, uma "diminuição insuportável do 'material para pensar'", material esse que é composto principalmente por aqueles produtos não verbais do analista que acompanham a atividade interpretativa, como expressões dos olhos, mudanças de expressão facial, tensões e movimentos musculares, mudanças no tom de voz etc.".[45] Porém, apesar desse apontamento, Bruni relata um caso clínico em que exemplificaria a importância do divã para acessar essa parte psicótica de si.

Bruni nos traz um recorte clínico em que suspeitou que o seu analisando — no divã — estava a adentrar em um estupor alucinatório e que, ao dizer algo a esse analisando — não se lembra exatamente do que disse —-, com o intuito de reassegurar sua presença, obteve a seguinte resposta: "Doutor, obrigado por falar comigo! Era terrível! O espaço ao entorno de mim estava expandindo e a distância entre os objetos nesse espaço continuava a crescer. No final, você estava tão distante no espaço infinito que eu estava para perdê-lo."[46] — situação vivenciada em análise que foi um marco para o desaparecimento da agorafobia do analisando. No entendimento de Bruno, teria acontecido uma espécie de epifania, a partir da entrada em um grande vácuo, que levou o analisando para fora da existência objetal, mas fundamental para um processo de reintrojeção benigna e reparadora. Ainda sobre o caso, relata

---

43   Meltzer, (1992) 2008, p. 23.
44   Bruni, 2013.
45   Bruni, 2013, p. 207.
46   Bruni, 2013, p. 211.

que o analisando teve, ocasionalmente, agitações motoras e de terror no divã, com momentos de confusão, que foram diminuindo à medida que a análise avançava. Segundo Bruni, isso ocorreria pelo fato de o analisando, durante o processo de análise, estar retirando "próteses falsas" de seu *self* real.

Angelika Staehle[47] nos relata o caso de um analisando que se ocupava muito de questões claustrofóbicas, persecutórias e psicossomáticas e de fortes ansiedades no divã, passando longo tempo a descrever seus estados corporais, suas sensações e suas ansiedades hipocondríacas, a fim de trabalhá-las. Esse mesmo analisando até mesmo arrumou um emprego perto do consultório da analista e costumava estacionar o seu carro na frente da janela do consultório, durante suas horas de trabalho. Staehle entendia isso como um modo de o analisando, de forma concreta, sinalizar que não queria que ela o "perdesse de vista". A analista entendia o caso como um *self* dependente. Compreendia que o analisando manifestava, de alguma forma, em seus sonhos e em suas sessões, "o choro de um bebê por ajuda". O divã (e a sala da analista como um todo, talvez até mesmo o estacionamento na frente da janela do consultório), nesse caso, serviria também como um depositário que contém as ansiedades advindas do psiquismo do analisando.

Para além do caso citado, Staehle nos conta também o caso de um criança[48] que fazia do divã, à sua maneira, um objeto de uso auxiliar ao trabalho. No começo de sua análise, esse menino de 5 anos se escondia embaixo do divã, dizendo não querer ser achado, ficando lá incomunicável, o que levou a analista a compreender o ato do menino como relacionado a uma transferência divã-mãe, tal qual o de um bebê que pretendia voltar ao útero da mãe para nascer de novo. Nesse ponto do tratamento, a analista seria encarada como um objeto separado de si e com o qual ele ainda não conseguiria se relacionar.

---

47 Staehle, 2013, p. 207.
48 Staehle, 2013, p. 207.

Ainda a respeito da análise de crianças, **Joshua Durban**[49] relatará cenas de um atendimento de uma analisanda dentro do espectro autista que se valeu de se deitar em posição fetal no divã, com cobertores a taparem sua cabeça, como uma dentre outras formas de se manifestar em sessão. Já **Angela Sowa, Geneviève Haag, Anne Alvarez e Bianca Lechevalier-Haïm**,[50] tratando basicamente de sofrimentos autísticos, também relatarão o uso que as crianças podem fazer do divã durante suas análises. **Frances Tustin**[51], dedicada ao trabalho de crianças de espectro autistas e/ou psicóticas, relatar-nos-á casos em que estas recorrem ao divã para realizar fantasias masturbatórias, assim como recorrem a ele também a fim de trabalhar questões que que envolveriam o contato consigo mesmas.

Sydney Klein, Didier Houzel e **Judith Mitrani**[52] se ocupam em pensar sobre a emergência de estados autísticos na análise de adultos, e como essas manifestações apresentam-se no divã. Muitos de seus exemplos são menos explícitos e difíceis de apresentar em poucas palavras, mas um caso de Judith Mitrani se faz mais didático.

Para além de Mitrani relatar adormecimentos de analisandos, dentre outras situações, conta-nos um caso em que uma analisanda se tapava com o cobertor que ficava aos pés do divã em todas as sessões, até mesmo em dias quentes. Mitrani percebeu que, ao fazer isso, a analisando buscava, de certa maneira, conectar-se com seu corpo de forma privada, tentando se esconder ao máximo da analista, ao passo que, com o passar do tempo, ela podia notar que a analisanda, por vezes, chupava seu próprio polegar, bem como acariciava seu corpo de forma masturbatória. Faria parte da sessão tolerar

---

49 Durban, 2017.
50 Os relatos clínicos das autoras se encontram em Mitrani; Mitrani, 2015.
51 Tustin, 1986, 1995.
52 Ver S. Klein (*Autistic phenomena in neurotic patients*), Houzel (*Precipitation anxiety in the analysis of adult patients*) e J. Mitrani (*Trying to enter the long black branches: Some technical extensions for the analysis of autistic states in adults*) em Mitrani; Mitrani, 2015.

tais comportamentos, até o momento em que fosse possível trabalhá-los verbalmente. Segundo Mitrani,[53]

> um ambiente de relativa segurança e proteção precisa ser mantido. Nossos consultórios são equiparados, no inconsciente, ao corpo materno. Além disso, assim como a modulação dos altos e baixos do estado emocional e mental da mãe e sua fisicalidade são essenciais para o desenvolvimento fetal saudável e a saída do bebê do útero, para pacientes adultos o setting terapêutico e o ritmo e consistência do trabalho afeta o desenvolvimento, a capacidade de unir e separar saudavelmente.

Hanna Segal nos apresenta casos clínicos de esquizofrenia que fazem uso do divã de maneiras diferentes. Em um dos casos,[54] ela nos relata um tratamento no qual uma analisanda fazia uso do divã de forma similar ao presente nas análises de crianças. Essa pessoa utilizava a sala como um todo, sendo que o divã era utilizado por ela, esporadicamente, para se deitar — e até mesmo se masturbar —, assim como para tentar expressar algum tipo de encenação inconsciente que teria ligação com seu sofrimento. Já outro caso clínico de esquizofrenia foi tratado aos moldes de um tratamento clássico e teve bastante êxito, uma vez que o analisando teve um ótimo desenvolvimento, com importantes ganhos para sua vida. Nesse segundo caso,[55] Segal evitava confrontar os delírios e as alucinações do analisando. Ela comenta que:

> No sexto mês de tratamento, a situação analítica formal foi finalmente estabelecida. O paciente estava deitado no divã, associando e, pelo menos conscientemente, não esperava nada de mim além da análise. Daquele

---
53 Mitrani, 2015, p. 179.
54 Segal, (1956) 1981.
55 Segal, (1950), 1981.

momento em diante, meus problemas foram os mesmos da análise de um neurótico, isto é, a análise do sistema de fantasias e defesas do paciente.[56]

Segundo ela, o analisando seguiu convivendo com a patologia, mas desenvolveu sua vida a ponto de ter importantes conquistas profissionais e conseguir constituir uma família.

Francis Baudry[57] nos relata o caso de um analisando que, deitado no divã, gritava violentamente contra ele. Sua agressividade assustava muito o analista, e até mesmo os colegas de outras salas do prédio ligavam para ele para informar que os gritos interferiam em seus trabalhos. Certo dia, no desenvolvimento de sua análise, esse analisando se posicionou no divã, deitado de lado e com um pé para fora, apoiado no chão, e deu um imenso grito aterrorizante (grito de "congelar o sangue", diz Baudry). Em seguida, o analisando afirmou: "Isto foi o que ouvi quando bebê, quando minha irmã defeituosa gritava, a plenos pulmões, me aterrorizando".[58] Tal manifestação passou a ser uma forma de significar o terror que o analisando fazia o analista sentir e, consequentemente, passou a dar elementos para a perlaboração do trauma em análise.

Judy Eekhoff[59] narra-nos a história de uma analisanda cujo sofrimento não estava ligado à sua emoção, havendo uma desconexão entre o psíquico e o corpo. Eekhoff compreendia que havia dissociação entre sua mente e seu corpo. Sua postura no divã e seus longos silêncios faziam com que a analista a imaginasse como se estivesse deitada em um caixão. A analista comenta: "Assim como uma mãe muitas vezes está 'combinada' com a respiração de seu bebê amamentado, eu me encontrei respirando com ela",[60] imaginando-a muitas vezes como um bebê. À medida que a análise avançava, Eekhoff presenciou, na analisanda, gestos corporais mais espontâ-

---

56   Segal, (1950) 1981, p. 110.
57   Baudry, 2018.
58   Baudry, 2018, p. 185.
59   Eekhoff, 2017.
60   Eekhoff, 2017, p. 11.

neos, assim como muitas críticas e ataques a ela enquanto analista, para além da apresentação de estados confusionais, talvez até mesmo delírios e alucinações, que consistiam na ideia de que a analista poderia estrangulá-la.

A analisanda alternava momentos paranoicos e momentos de fusão, levando a analista a estados contratransferenciais extremos, a ponto de cogitar duvidar totalmente de suas capacidades técnicas e até mesmo da psicanálise. Porém, segundo relatos detalhados da autora, a análise foi cada vez mais dando sinais de estar no caminho certo, e o vivenciado em sessão passou a ser perlaborado a favor da saúde psíquica da analisanda.[61]

Ofra Eshel[62] comentará que, se o analista não se dedicar a conectar-se com o sofrimento do analisando e alcançá-lo em seus estados primitivos, o divã se tornará um instransponível "berço de ferro".

Celia Korbivcher,[63] ao se debruçar sobre estados não integrados (sendo o trabalho da análise integrá-los) do psiquismo, traz-nos um recorte clínico que alude à transferência que pode ser direcionada para o divã. A autora menciona uma analisanda que se deitava de bruços, procurando conforto corporal, encarando a parede e dizendo, dentre outras coisas: "Este é o único lugar que eu experimento isso. Eu venho aqui e eu me agarro firmemente a este sofá... Sinto que me faltam coisas muito básicas em minha vida...", e em tom calmo: "Olho para a parede e penso: 'Oh, minha parede!' Você sabe, eu sempre olho para os pontinhos na parede e penso que se eu pudesse, eu os arrancaria da parede e os levaria comigo, mas eu sei que não posso fazer isso'."[64]

---

61 Judy Eekhoff relata o caso com ricos detalhes, apresentando também seu raciocínio teórico-clínico com muito mais profundidade do que aqui relatado, o que torna impossível exemplificar sem nos delongarmos em seu caso. O importante, aqui, seria apontar para um caso grave, que envolvia risco de morte, sendo atendido no divã com profundidade e sucesso.

62 Eshel, 2017.

63 Korbivcher, 2017.

64 Korbivcher, 2017, p. 161.

* * * *

Harold Kelmon,[65] **Jacob Jacobson**,[66] **John Gedo**[67] e **Marianne Goldberger**[68] discorrem sobre as vantagens e as desvantagens de se utilizar o divã, sem que seja possível destacar algo que já não tenha sido exposto neste livro em algum momento, exceto pelo fato de que Gedo advoga que há gestos de comunicação pré-verbais que só se manifestariam a partir do face a face, enquanto Kelmon se ocupa em pensar a espacialidade da sala, os movimentos corpóreos e os inúmeros arranjos posicionais do corpo do analisando (no divã ou fora dele), como muitas vezes estarem a comunicar mais do que as palavras advindas da associação livre. Já **Neil Skolnick**,[69] seguindo uma perspectiva dita "relacional", foca-se nas desvantagens do divã e na necessidade terapêutica do olhar, argumentando que o divã serve mais ao analista do que ao paciente e ao processo terapêutico, valendo-se das posições de **Sullivan**, **Fromm**, **Lichtenberg**, **Fairbairn** e de muitos outros analistas.

Fairbairn[70] afirma que o uso do divã é remanescente da técnica hipnótica, e que Freud o utilizava por não gostar de ser observado. Sua posição é de que os analistas têm encontrado racionalizações para justificá-lo e que, por conta disso, ele não o utilizaria, defendendo uma posição espacial intermediária, na qual o analisando, sentado, poderia optar pelo olhar ou não. Fairbairn[71] advoga:

> o uso do divã impõe um tabu a qualquer forma de atividade, exceto à expressão verbal; e, uma vez que as inibições sobre as atividades constituem um fator tão importante na gênese dos sintomas e das dificuldades

---

65 Kelmon, 1954.
66 Jacobson, 1995.
67 Gedo, 1995, p. 294-303.
68 Goldberger, 1995, p. 23-42.
69 Skolnick, 2015, p. 624-648.
70 Fairbairn, 1958, p. 374-385.
71 Fairbairn, 1957.

internas, é de se questionar se o reforço artificial de tais inibições pelas condições da sessão analítica não constitui, em muitos casos, um trauma emocional grave para o paciente, incrementando sua resistência e, talvez até, favorecendo reações terapêuticas negativas. Há, é claro, pacientes de tipo passivo para os quais a posição reclinada no divã proporciona uma fuga conveniente da ansiedade envolvida na atividade, e que estão prontos demais para explorar a situação analítica de maneira masoquista; e a questão que surge em tais casos é até que ponto é desejável que as condições de análise forneçam ao paciente um meio de fuga tão pronto, combinado com um meio tão conveniente de gratificação masoquista oculta. [72]

Ademais, há outros estudos[73] que pretendem discutir vantagens e desvantagens no uso do divã, valendo-se de referências bibliográficas diversas, dentre elas muitas com as quais estamos aqui trabalhando.

Em trabalho sobre a natureza e a função da fantasia, **Susan Isaacs**[74] nos fala da função do divã enquanto um facilitador do trabalho do analista, que lhe permite captar "cada detalhe de gesto ou tom de voz, ritmo de fala e suas variações", bem como "mudanças particulares no modo de se expressar, mudanças de humor, todo sinal de afeto ou negação de afeto", a manifestar sua natureza e suas intensidades particulares a partir do contexto associativo. Todos esses detalhes a auxiliariam no desvelamento das "fantasias inconscientes (entre outras verdades mentais)", tornando-as cada vez mais claras.

---

72 Fairbairn, 1957, p. 59-60.
73 Dentre eles: Lable *et al.*, 2010; Friedberg *et al.*, 2012; Scachter; Kächele, 2010; Milton, 2003; Celenza, 2005.
74 Isaacs, (1952) 2002, p. 76.

Harold F. Searles[75] nos conta uma cena, realizada por um analisando, que, patologicamente, foi encarado por ele como dentro de um espectro de neuroses mistas. Em recorte clínico, descreve quando o analisando se despediu do divã e não do analista. Ele disse "adeus divã", e, em seguida, dirigindo-se ao analista, disse: "Cuide bem do divã após a minha saída". A compreensão do analista seria de que o divã estaria "carregando" a transferência ao analista e servindo ao que o analisando, por impossibilidade de dizer mais diretamente — talvez encobrindo uma transferência mais direta —, queria comunicar: "Adeus, Searles, cuide-se bem".

Searles também evidencia o uso do divã como objeto transicional:

> Como Searles (1976) indicou, um significado transferencial que o divã pode assumir é o de um objeto transicional. Ele cita um paciente que reagia intensamente às suas ausências e que certa vez disse sobre seu divã: "É mais real para mim do que você... Não posso te tocar, não posso fazer coisas com você. Este sofá divã aqui e é bom e seguro." Searles continua comentando: "Quanto ao significado do divã para mim, se penso a respeito de meus relacionamentos com meus vários pacientes, acho fácil acreditar que, muitas vezes, ele funciona como um objeto de transicional" (p. 557). A hipótese de Searles é pertinente a uma paciente que se perguntou em uma sessão: "parte do divã vai grudar em mim quando eu me levantar?". Ela então puxou vigorosamente um tufo de tecido que cobria o sofá e observou: "Não, não se solta"... Em outra ocasião, esta paciente especulou que eu colocasse toalhas de papel no travesseiro do divã "para que pudesse jogar fora o paciente após a sessão."[76]

Greenson, por sua vez, relaciona a transferência a objetos inanimados, incluindo os objetos da sala do analista, a objetos transicionais, sendo "o divã, suas cobertas ou qualquer outra

---

75 Searles, 1960, p. 297.
76 Waugaman, 1995, p. 353.

coisa na área imediata, frequentemente tratados como objetos transicionais."[77] O autor considerou as reações de transferência a objetos inanimados, incluindo o escritório do analista, relacionadas a objetos transicionais. "O divã, suas cobertas ou qualquer outra coisa na área imediata é frequentemente tratado como um objeto de transição".

O interessantíssimo texto *O divã analítico como objeto de transferência*, de 1995, escrito por **Richard Waugaman**,[78] aponta para a importância das comunicações pré-verbais, mas vai ainda além desse entendimento. Por meio de incontáveis recortes clínicos, Waugaman se ocupa em demonstrar situações clínicas em que o divã é tomado como um objeto de transferência, amplificando o papel que os objetos inanimados da sala de atendimento — principalmente o divã — podem vir a ocupar no campo transferencial.

Waugaman segue a perspectiva de Searles em que "O divã analítico é uma característica central do ambiente não-humano dentro da sala do analista",[79] e traz alguns casos clínicos nos quais os analisandos relacionam o divã com uma cama e suas funções ligadas ao descanso, ao sono, ao sonhar e ao ato sexual.

Considero interessante trazer um caso clínico de Waugaman, ainda que aqui ele careça de alguns outros detalhes. Waugaman nos apresenta um caso no qual o travesseiro do divã ocupa uma fantasia inconsciente de seio da mãe[80] para um analisando. Esse jamais recostava tranquilamente sua cabeça no travesseiro, mas, sim, sempre a recostava em suas mãos. Segundo Waugaman, a depressão pós-parto da mãe e um abcesso mamário (que impedia o bebê de mamar) levavam-no

---

77 Waugaman, 1995, p. 354.
78 Waugaman, 1995, p. 338-357.
79 Waugaman, 1995, p. 338.
80 Ver capítulo "O divã-corpo de Donald Woods Winnicott".

a uma vivência de distância com o travesseiro enquanto um substituto transferencial. O fato de o analista colocar um novo papel-toalha no travesseiro do divã para cada início de sessão (de todos os pacientes) contribuía para alimentar uma transferência em que o analisando sentisse receio de estragar ou sujar a mobília do analista. O analisando tinha grande preocupação com a possibilidade de sujar o divã, tal qual teria em relacionar-se mais espontaneamente com o seio da mãe. Tinha, também, receio de que o analista se distraísse e não prestasse atenção em sua fala. Seu declarado medo de sujar o divã envolvia sujá-lo com os seus sapatos, e até mesmo trocava de roupa antes das sessões para garantir não sujar o divã de qualquer maneira. Tinha receio de estragar o objeto (divã-seio) do analista, ou o próprio analista, expressando, muitas vezes, um medo de "espalhar seus germes".

Após dois anos de análise, e tratando dessas questões, o analisando acaba por repousar sua cabeça no travesseiro sem o apoio intermediário de sua mão. A primeira coisa que ele relata ao fazer isso é que o seio de sua esposa estava dolorido por estar cheio de leite, e, mostrando-se receoso por ela poder ter uma infecção, decide sugar o leite dela. O analisando afirma que sem suas mãos em sua cabeça, não sabe o que fazer com elas, da mesma forma como se sentia quando era adolescente. Além disso, receava sentir-se demasiado confortável deixando sua cabeça diretamente no travesseiro do divã — sem colocar suas mãos como intermédio. Por sua vez, Waugaman compreende que o analisando possuía uma fantasia de ter feito algum mal à sua mãe.

> Em sua transferência materna pré-edipiana, o travesseiro representava meus seios, que ele estava convencido de que contagiaria com seus sentimentos sujos, hostis e sexuais. Ele se defendeu contra esses medos por uma variedade de manobras de distanciamento. Apoiar a cabeça na mão era, portanto, uma postura paradigmática para ele.[81]

---

81 Waugaman, 1995, p. 341.

O fato de o analista colocar papel-toalha no travesseiro do divã era sentido pelo analisando como uma não aceitação de si mesmo, que envolvia se sentir sujo e não desejado, como se o analista pretendesse se afastar dele. Ter sugado o leite de sua esposa, mesmo imerso em fantasias de infeccioná-la, acabou por ser um ato de reparação em relação a suas fantasias mãe-bebê.

O papel-toalha, colocado no divã pelo analista, evocava competição e rivalidade em alguns outros analisandos, sendo isso uma lembrança de que sempre entram e saem outros analisandos. Waugaman traz casos em que analisandos brincavam com a ideia de deixar alfinetes escondidos embaixo do travesseiro do divã — para atacar os analisandos seguintes que ali repousassem, desejando serem os únicos a ocupar o espaço.

O autor também traz relatos de analisandos que tinham algum material relacionado à morte e à culpa, seja de parentes e entes queridos, seja da própria, e que acabaram por associar o divã a um caixão em algum momento. Já outros o relacionavam a um leito de operações cirúrgicas. Por sua vez, **Harry Guntrip**[82] é outro psicanalista a relatar um caso clínico em que um analisando, que havia perdido o pai ainda cedo, teria realizado uma transferência de "caixão" com o divã, identificando-se com o pai morto. Assim como, também relato clínico que envolve fantasias de retorno ao útero e ligações do divã com o ato sexual.[83]

Waugaman, igualmente, traz casos em que o divã é encarado implicitamente ou explicitamente enquanto um berço, seja por meio de relatos, a partir de associações livres ou de sonhos. Dentre os exemplos, há o de uma analisanda que se sentia fisicamente "diferente" no divã, "embalada como num berço". O autor relata que pode ocorrer uma "transferência uterina" ao divã do analista: "Deitar no divã promove uma transferência materna pré-edipiana, com fantasias incons-

---

82 Guntrip, 1964, p. 391.

83 Guntrip, 1969.

cientes de estar nos braços ou no ventre do analista".[84] Para exemplificar seu comentário, ele traz o sonho de uma analisanda sobre um bebê canguru e sua mãe, que, no trabalho de análise, foi relacionado pela analisanda ao divã e a seu "bolso" na parte inferior, formado por certo envelope que protege o divã dos sapatos dos analisandos — também reforçando seu entendimento de um possível uso transferencial do divã enquanto útero, a partir de outros exemplos.

Em outros casos, o trabalho no divã poderia remeter à analidade, e o divã enquanto uma espécie de banheiro. Dentre os exemplos de Waugaman, há um recorte clínico de **Gabbard** (1991)[85] em que o analisando afirma: "Eu tenho uma fantasia de vomitar no seu chão ou defecar no seu divã. Eu quero me livrar de tudo isso. Eu odeio quando eu não posso provocar você a tomar minha raiva. Então eu tenho que aceitar. Eu preciso de um lugar para despejar. Eu tenho usado você como um banheiro pago." Já um analisando do próprio Waugaman lhe disse: "Senti que paramos antes de eu terminar, como ter que parar no meio de uma evacuação — ter que retê-la até mais tarde." Outra analisanda, com medo de perder o controle sobre suas excitações sexuais, e que recentemente havia passado por um episódio de enurese em um momento estressante, afirma: "Acabei de ter um pensamento terrível — e se eu molhar o divã!?!? Isso seria a pior coisa que poderia acontecer!", já aludindo também ao caráter sexual de "molhar-se".

Uma analisanda, ao começar a deitar no divã, afirmou que só estava acostumada a deitar de costas quando fazia sexo, mas não quando dormia. Waugaman[86] comenta: "**Rose** (1962)[87] e **Flournoy** (1979)[88] sugeriram que os pacientes podem inconscientemente ver o início do tratamento como um ato sexual em que o analista os fecunda/engravida, ou como uma

---

84 Waugaman, 1995, p. 343.
85 Gabbard, 1991.
86 Waugaman, 1995, p. 349.
87 Rose, 1962.
88 Flournoy, 1979.

repetição da cena primordial em que o paciente foi concebido". Dentre os casos relatados, há o de um analisando que queria muito ter, em sua casa, um divã igual ao do analista e, por conta disso, pesquisava muito a esse respeito. Sua justificativa era de que "estava apaixonado pelo divã" e queria tê-lo em seu ambiente caseiro também, com o adendo de que gostaria de usá-lo para transar com mulheres — denotando, talvez, uma espécie de transferência de desejo e confirmação de potência por meio da mobília.

Segundo Waugaman, há os analisandos que encaram o trabalho no divã como o lugar onde seus segredos serão revelados. Ele nos conta um caso em que um analisando, certa vez, levantou o tapete que ficava debaixo de um dos pés do divã para visualizar se havia algo ali, relatando depois ao analista que queria saber se havia algo "desagradável" escondido (como uma espécie de projeção do que ele próprio tentava ocultar do analista). O desejo de possuir o divã do analista, nesse caso, "expressava sua fantasia central de transferência paterna, em que eu lhe forneceria um falo superior",[89] afirma Waugaman.

Masud Khan[90] foi um controverso e importante psicanalista que acabou por sucumbir ao alcoolismo e por ser tomado, pelo que parece, por paranoia e psicose. Há muitos relatos de analisandos com enorme gratidão a ele enquanto um grande analista e determinante em suas vidas. Na concepção de Khan, o divã estaria disponível para ser usado de forma relaxada, enquanto o *setting* como um todo seria um guardião da privacidade, a proteger o analisando contra intrusões e violações do mundo externo. Para além das neuroses, Khan se ocupava clínica e teoricamente com os processos de integração do *self*

---

89   Waugaman, 1995, p. 349, 352.
90   Hopkins, 2008.

e dos processos de regressão em análise, fazendo do divã um auxiliar importante.[91]

Uma analisanda compara o consultório de Khan ao de Winnicott: "A sala era escura, e eu a experimentei como aconchegante e como um útero, em contraste com o espaço aberto e claro de Winnicott."[92] Quanto à sua prática clínica, sabemos que permitia a seus analisandos escolher (e a trocar de posição) entre o divã e a poltrona na frente do analista.[93] Apesar de conduzir seus analisandos a regressões à dependência, sobretudo em casos de falso *self*, como fazia o seu analista Winnicott, afirma nunca ter chegado a esse estágio em sua longa análise. Khan relata que apenas em três momentos sentiu-se mergulhar profundamente em si, de forma física e psicossomática, em seu período de análise. Em uma dessas ocasiões, relata ter saído do divã e enfiado sua cabeça na lateral do casaco de Winnicott, e que a vivência de ouvir o coração dele o levou a um grande sentimento de paz, que permanecia vívido em sua memória. Quanto à técnica, ele aponta que Winnicott jamais interpretou essa e as outras ocasiões, permitindo que Khan mergulhasse a esse ponto, para que seu psiquismo se "atualizasse".[94]

Outra analisanda de Kahn relata que, em determinado momento, deitada no divã, sentiu-se escutando sua própria voz, de seu interior mais íntimo, e que foi a partir dessa vivência que ela encontrou um sentimento de grande coragem. Khan, impressionado pelo momento, foi em sua direção lhe abraçar.[95] Em outro relato de análise conduzida por Khan,[96] encontra-se:

> À medida que a análise prosseguia, comecei a regredir cada vez mais. Eu me enrolava como um feto debaixo

---

91 Khan, 1996.
92 Hopkins, 2008, p. 273.
93 Hopkins, 2008, p. 80.
94 Hopkins, 2008, p. 153.
95 Hopkins, 2008, p. 203.
96 Hopkins, 2008, p. 266.

do cobertor no sofá de Masud (Ele tinha um cobertor xadrez, que acho que veio de John Sutherland, que era escocês.). Depois de algum tempo, regredi a algo próximo da infância. Por pelo menos uma semana, minha experiência com o solo foi alterada. Era como se eu fosse uma criança aprendendo a andar e não tivesse certeza do meu equilíbrio ou de onde estava o chão. Eu não estava assustado com isso — tudo era apenas diferente e novo. Ele me proporcionou uma sessão extra em um fim de semana. Entrei na sala e imediatamente adormeci no divã. Enquanto dormia, tive um sonho poderoso, que parecia absolutamente real. Sonhei que meu corpo todo estava envolvido por algo de densidade diferente do ar — eu estava totalmente envolta, como uma larva, por algo que não era duro, mas também não era macio. Eu me senti totalmente em paz. E, no estado de sonho, havia um cachorro na sala, semelhante a um pastor alemão que minha mãe teve uma vez, e estava cuidando de mim, zelando por mim. O sonho continuou, sem nada acontecer. Eu estava lá e o cachorro estava perto de mim. Quando acordei, voltei suavemente ao presente. Contei o sonho para Masud e ele ficou totalmente quieto. Nós dois sabíamos que o cachorro do sonho era ele. A palavra para "cachorro" em minha língua nativa é "can", que soa igual a "Khan".

Esta foi uma sessão muito importante, uma sessão que me mudou para sempre. Eu costumava ficar muito deprimida. Senti que tinha um peso dentro de mim e que isso sombreava minha vida. Depois da sessão, nunca mais fiquei deprimida daquele jeito. O peso daquela depressão se foi e alguma coisa foi restaurada.

Um analisando seu[97] sentia que, em algumas sessões, o analista o escutava muito bem, enquanto em outras não — já, talvez, tomando contato com o declínio mental do analista. Afirmou ainda que Khan foi rude com ele em determinados momentos; que, muitas vezes, atendia a ligações e rascunhava coisas que "certamente" não tinham ligação com sua aná-

---

97 Hopkins, 2008, p. 268.

lise; e que suas sessões eram marcadas por interrupções da secretária do analista. Apesar disso, relatou boas passagens, dentre elas a de que Khan colocou a mão sobre sua cabeça (no divã) — o que foi muito reconfortante, segundo ele —, em um momento no qual o analisando se encontrava com grande ódio dos pais.

Bertram Lewin,[98] em 1955, comenta que o divã poderia evocar fantasias de morte, muitas vezes associadas ao âmbito da atuação médica e às mesas de operação, mas também relacionadas ao dormir. "Ser colocado para dormir" como um ato ligado à saúde e à cura — lembrando que a hipnose (método inicial de Freud) era encarada como um "sono mágico", da qual os pacientes acordavam curados/recuperados. Sob esse prisma, e refletindo sobre o narcisismo primário, o autor relaciona "sonhos em branco" no divã com o bebê, em seu estágio de narcisismo primário, com os cuidados primários, o acalento da mãe, do corpo da mãe, e a amamentação.

Ao comparar o trabalho no divã com o trabalho do sonho, Lewin afirma que a formação dos sonhos pode ser equiparada com as formações que ocorrem na situação analítica,[99] citando um sonho de Freud, relatado por ele em *A interpretação dos sonhos*. Nele, Freud estaria sendo dissecado (como um cadáver), em uma apresentação onírica de seu processo de autoanálise — o que poderíamos associar ao divã e à curiosidade de conhecer-se o mais profundamente possível. "Os afetos no divã, ou que surgem durante a associação solitária, são como aqueles que aparecem nos sonhos",[100] sendo o papel do analista escutar "qualquer comunicação humana, da mais primitiva à mais sofisticada",[101] lembrando também a importância da musicalidade presente em cada comunicação.

---

98 Lewin, 1955.
99 Lewin, 1955, p. 172.
100 Lewin, 1955, p. 190.
101 Lewin, 1955, p. 191.

Assim, Lewin relaciona o trabalho no divã a um "sono profundo", reparador e curativo. Para ele, em alguns estágios do tratamento, a musicalidade da voz do analista seria mais importante do que o conteúdo de suas palavras, de acordo com o pensado por **Eissler**.[102] Para Lewin, a figura do analista, o campo transferencial, "circunda" o trabalho no divã, da mesma maneira que o mundo exterior (os restos diurnos etc.) "circunda" o sonho.

Ida Macalpine[103] comenta que o *setting* psicanalítico e o uso do divã fazem com que o analisando apresente sua vida infantil. Segundo ela, "a técnica psicanalítica cria uma *setting*/cenário infantil" na qual o analisando deve se adaptar, ainda que por regressão. A neutralidade do analista e a indicação do divã "equivalem a uma redução do mundo objetal do analisando e a negação das relações objetais na sala analítica".[104] Ela pondera haver uma privação da relação objetal que restringe as funções conscientes do ego, incentivando uma entrega ao princípio do prazer e que, através de suas associações livres, o analisando acabaria por ser levado a reações e atitudes de ordem infantil, via transferência. Ou seja, o analisando não seria o único responsável por sua regressão ao infantil, senão que a própria indicação do divã e todos os elementos do *setting* conduzem a essa regressão.

Para Macalpine, a sala analítica é um lugar seguro, ainda que possa evocar, num primeiro momento, ansiedades de toda ordem. O cerceamento do mundo objetal externo; a posição deitada; a constância de um meio que estimula a fantasia e o devaneio; a indicação de que o analisando deve abdicar de qualquer crítica ao que surge em seus pensamentos; a rotina fixa de um "cerimonial" psicanalítico, tal qual um reminiscente de uma disciplinada rotina infantil; o fato de o analisando não receber uma resposta do analista a seus anseios; e a frustração das gratificações visariam levar o analisando a

---

102 Eissler, 1951.
103 Macalpine, 1950.
104 Macalpine, 1950, p. 522.

uma regressão, para o campo do infantil, criando um estado emocional de ambivalência, no qual se apresentariam seus conflitos internos — sendo que essa regressão é o que faria com que os analisandos, posteriormente, viessem a "crescer" em todos os sentidos.

Para **Paula Heimann**, "apenas o bebê é, de fato, um bebê". A autora defende[105] que uma regressão jamais é completa, nem mesmo nas mais severas psicoses, e que a criança que se apresenta através do adulto em análise também não é idêntica à criança original. Para ela, é a posição horizontal proporcionada pelo divã, somada à regra fundamental, bem como todas as combinações da situação que induzem a emergência do infantil. No entanto, a regressão em análise nunca é completa e é sempre mediada, de certa forma, pelo lado adulto do analisando, até mesmo porque o analista não é de fato o pai ou a mãe do analisando. Mesmo que o analisando identificasse o analista com sua mãe ou com seus seios, o analisando perceberia a diferença entre o que seriam seus objetos primários e o que seria o analista, bem como perceberia características pessoais do analista e do encontro analítico.

Heimann[106] nos relata um caso em que uma analisanda fazia uso da vista para a janela, através da qual o céu e os galhos da árvore serviam de conforto, por não morar em um lugar bonito. A analisanda sugeriu para a analista pintar a sala e os móveis que a compõem de branco, à semelhança de um berçário, tomando a vivência em análise como uma forma de acessar um mundo de criança, sob uma perspectiva mediada pela vivência adulta, a fim de desenvolver um narcisismo saudável que outrora não teve a oportunidade.

César e **Sara Botella**[107] argumentam que a regrediência a um funcionamento primário do psiquismo, propiciada pelo divã, poderia levar a certas presentificações alucinatórias, mesmo de analisandos não neuróticos. Um exemplo disso seria sentir cheiros que não condizem com a realidade material

---

105 Heimann, (1958) 2005; (1975) 2005a.
106 Heimann, (1975) 2005.
107 Botella; Botella, 2005, p. 130.

da sessão de análise, mas condizem com o mundo interno do analisando.

Victor L. Schermer[108] reforça que o uso do divã não deve ser encarado como um limitante ou uma forma de controlar variáveis, mas, sim, possui um sentido evocativo, sendo um auxiliar para a máxima liberdade da expressão verbal, por meio da associação livre, até mesmo abrindo espaço para qualquer tipo de manifestação — sem que essas manifestações viessem a ser reprimidas pelo analista. Ele lembra que a "invisibilidade" do analista não torna o processo de análise e a dinâmica estabelecida como algo somente advindo do analisando, pois o analista está sempre emitindo sinais verbais ou não verbais que incidem sobre o analisando, dando o exemplo de que os analisandos acabam por produzir sonhos e fantasias que, de certa forma, "adaptam-se à orientação teórica do analista". A comunicação em níveis pré-conscientes é parte da dinâmica psicanalítica. Schermer relembra, também, o divã enquanto um evocativo da sexualidade, bem como relaciona o diálogo psicanalítico como uma espécie de "dança" que ocorreria na interação mãe-bebê — a partir de contribuição de Daniel Stern. Para Schermer, a linguagem do analista e sua expressividade devem alcançar o corpo do analisando, "movimentar" ele. "Emoções são pensamentos encarnados (*embodied*). Palavras e pensamentos têm conotações corporais: 'penetrante', 'duro' etc. As interpretações do analista são emanações de seu corpo que penetram no corpo do paciente. Tudo isso remete à fantasia infantil..."[109]

Encerro, por aqui, a torrente de recortes ofertada ao leitor, com a expectativa de que este capítulo esteja cumprindo sua função de compilar materiais psicanalíticos de dificílima possibilidade de acesso ao leitor brasileiro. Esta compilação

---

108 Schermer, 2014.
109 Schermer, 2014, p. 180.

inédita foi de grande esforço de pesquisa, e este capítulo é o maior empreendimento possível neste momento, ficando para o futuro a possibilidade de este material ser reaproveitado e mais bem discutido, seja por mim, seja por outro colega psicanalista. Certamente, há muitas posições que poderiam ser exploradas em suas minúcias.

De forma resumida, o que é possível apontar é a clara não concordância entre os analistas quanto à indicação do divã e suas funções. No entanto, creio que podemos (e devemos) tomá-las como complementares. Não há dúvida de que todas essas posições enriquecem nossa discussão, e levo todas em conta, mesmo que implicitamente, no que será apresentado na Parte II deste livro.

15. Breves comentários finais

Como é perceptível, ainda que o título e o conteúdo dos capítulos desta primeira parte do livro intencionem elucidar as posições clínicas e teóricas de autores específicos, esses capítulos não se ativeram apenas a isso. O esforço em problematizar suas contribuições a partir de uma "escuta textual" fez com que esses capítulos, apesar de partirem das contribuições dos autores, se relacionassem com a minha leitura particular deles, sempre tentando confrontá-los com os capítulos prévios à sua apresentação e, obviamente, deixando, de forma mais latente ou de forma mais explícita, algumas de minhas posições a respeito dessas contribuições. Muitas delas não retomarei diretamente na sequência do livro, justamente por já tê-las explicitado nos capítulos anteriores.

Logo, ao leitor que talvez tenha pulado algum capítulo até aqui, indicaria que o retome, pois todos se interligam em uma grande discussão. Minha ressalva é de que, apesar de incluir meus posicionamentos nesses capítulos, eu abri mão de relacioná-los com a terminologia conceitual de base que apoia a segunda parte do livro (mais autoral). Fiz isso a fim de não confundir ou complicar o entendimento do leitor. Portanto, para um entendimento completo de meu posicionamento a respeito das funções do divã, ainda que influenciado por todos esses autores, a Parte II do livro se torna imprescindível.

Todos e quaisquer posicionamentos de minha autoria até então seriam menos completos, caso não se leve em conta o que seguirá, visto que esses capítulos da Parte I sofreram de uma abstinência terminológica e teórica do que virá.

PARTE II

A poética da psicanálise

1. Introdução – O *self* teórico-clínico de um analista em diálogo com outros

Chegamos até aqui após elencar e problematizar diversas formas de se pensar o uso do divã. Não se trata de concordar ou discordar, total ou parcialmente, das reflexões propostas pelos colegas psicanalistas. Trata-se, primeiramente, de ressaltar a diversidade das escutas e dos modos de pensar o dispositivo clínico de que fazemos uso, como psicanalistas, desde os primórdios. Alinho-me ao pensamento de Christopher Bollas, quando ele afirma que as teorias psicanalíticas (diversas) são objetos internos que acessamos nos momentos em que são necessários: na prática clínica. Logo, creio que todos os pontos de vista anteriormente apresentados podem ser acessados por qualquer analista durante seu ofício. Seria engessado optar por um caminho único, apegar-se a apenas um entendimento e cegar-se diante da complexidade. O movimento psicanalítico não pode (ou não deveria) funcionar de forma religiosa; do contrário, tomaremos decisões *standard*, estéreis e até mesmo atravessadas por tabus.

A psicanálise perdeu muito e segue a perder quando grupos de psicanalistas se fecham em torno de escolas, em torno de um autor, em torno de suas próprias instituições, repetindo um pensamento unívoco. Portanto, creio ser prínceps escutar, estudar e dialogar com todas as diferentes propostas dos colegas psicanalistas, a fim de encontrar lugar para elas em nosso *self teórico-clínico psicanalítico*. Caso contrário, estaríamos a replicar o famoso divã de Procusto,[1] carregando à nossa clínica um ponto de vista dogmático, sem perceber cada nuança e variável que implicam o divã, seu uso e, obviamente, a singularidade de cada ser humano que estamos a escutar e a trabalhar conjuntamente. Por esse motivo, foram colocados lado a lado, no mesmo livro, autores que muitas vezes "não conversam". Acredito que um bom começo para esse diálogo seja através do divã.

Nesta segunda parte do livro, ensaiarei a proposta de pensar o divã e a prática clínica atravessada pela metáfora do *estado de nuvem*. Minha intenção é compartilhar o que tem auxiliado meu trabalho, como uma espécie de modelo clínico de escuta, que viria a ser mais um complemento (e não uma substituição) às ricas proposições dos autores apresentados na Parte I. Minha intenção é de que as propostas a seguir sejam tomadas como uma troca de pensamentos teórico-clínicos entre colegas. Não há uma defesa ferrenha do que será apresentado. Meu intuito é seguir oferecendo novos ângulos de escuta para além dos já discutidos na primeira parte.

Quando um poeta escreve sobre o amor, não está a reinventá-lo, mas a abordá-lo sob nova *forma*. Ele não pretende criar o amor, reinventar o amor. O poeta sabe que se escreve sobre o amor há milênios; sua intenção é, simplesmente exercitar uma nova *forma* de enunciá-lo à sua maneira. Ao pensar a prática clínica, tal proposição terá esse horizonte.

---

1 Maud Mannoni (1991) nos conta a lenda grega de Procusto, que oferecia aos viajantes uma cama de ferro para repouso com seu exato tamanho. Esse gesto supostamente generoso, porém, tratava-se de uma armadilha: Procusto prendia as vítimas na cama, moldando-as de acordo com o tamanho do leito (o seu exato tamanho). Assim, se a vítima era pequena, seu corpo seria brutalmente esticado; caso a vítima fosse maior do que o leito, teria suas partes amputadas.

Começo por aquilo de que nenhum psicanalista citado anteriormente se ocupou: a etimologia de divã/*diwan*. Causa estranhamento que tal faceta não tenha sido explorada anteriormente, tendo em vista sua enorme riqueza. Após a etimologia, que servirá como disparador para as reflexões que virão a seguir, convido o leitor a passearmos pelo "jogo das nuvens", de Goethe, e por algumas outras influências de ordem poética, seguidas de acréscimos que envolvem o brincar e a *re-forma*, discutidos à luz de conceitos fundamentais — como *Verdichtung* (condensação), *Darstellung* (apresentação), *roupagem simbólica*, dentre algumas construções auxiliares, como a de *regiões psíquicas*. Obviamente, a proposta de trabalho que trago parte de um pensamento que envolve a clínica psicanalítica e o processo de escuta — incluindo a de crianças.

A ordem de apresentação do que foi aqui citado, dentre outras considerações importantes, a fim de tecer o divã/*diwan* em *estado de nuvem*, foi refeita e reordenada inúmeras vezes, na tentativa de tornar a exposição o mais simples possível. Devido à gama de facetas trabalhadas e à maneira como as proposições articulam-se entre si, é um fato que, em cada capítulo, sempre permanecerão lacunas a serem trabalhadas e rearticuladas em capítulos subsequentes. Portanto, peço paciência ao leitor, na esperança de que, de alguma maneira, ao menos parte do que ensaio a seguir possa ser um elemento a somar em seu pensamento teórico-clínico. O exercício da *forma* é sempre incompleto, é sempre uma tentativa, mas me parece essencial que todo analista procure desenvolver uma e a compartilhe com os colegas, até mesmo para repensá-la. A vida psíquica se caracteriza, essencialmente, por um eterno *re-formar*. Em se tratando de produção teórica, *re-formar* foi também o que Freud fez, ao longo de toda a sua obra. Eis aqui meu exercício teórico-clínico psicanalítico compartilhado.

2. Algumas considerações sobre a história e a etimologia da palavra divã

Por que, somente neste ponto do livro, trouxe à tona a etimologia? Esta é a primeira vez que uma proposta teórico-clínica psicanalítica se vale da etimologia do divã para pensar sobre seu uso. Não faria sentido apresentar a etimologia antes de apresentar o pensamento de todos os autores presentes na primeira parte, pois nenhum deles a toma como referência para pensar a prática clínica e tampouco a menciona.

Diwan é um termo de origem persa para escritor ou escriba. Posteriormente, veio a significar uma coleção/coletânea — obra reunida — de poemas, geralmente de um único autor, produzidas a partir do século VII. Goethe, por exemplo, um dos *Dichter*[1] mais admirados por Freud, publicou, em 1819, o livro *West-östlicher Divan* (*Divã Ocidento-Oriental*)[2] inspirado

---

1   Em seguida trabalharemos mais profundamente em torno de *Dichter*, palavra mais usualmente traduzida por poeta, mas que possui uma dimensão um pouco mais ampla.

2   Goethe, (1819) 2020.

no *Diwan* de Hafez,[3] lido pelos muçulmanos como um livro de sabedoria (ao lado do Corão).

Ainda que, desde o princípio, a poética seja cara a Freud e à psicanálise, a nomenclatura da mobília que acabou por ser adotada por ele, em sua prática clínica, parece advir de outras ramificações. A ramificação árabe de *diwan* também alude a registro, gabinete ou administração. Essa terminologia é usada para espaços e cargos de governo de diversos países do Oriente Médio e da Ásia, até hoje. Em um contexto turco-otomano, a nomenclatura é utilizada para o próprio conselho de Estado ou para a sala de reuniões do sultão. Historicamente, os turcos possuíam salas de audiência privadas, do conselho dos sultões, repletas de almofadões — espécie de sofá sem braço e encosto. A palavra moderna "aduana", alfândega, que é uma repartição governamental que controla a entrada e a saída de mercadorias de um território para outro, e onde também há cobrança de tributos, também é derivada de *diwan*.

Pois bem... por que trazer aqui tais questões?

Apenas partindo dessas exposições podemos pensar muitas coisas sobre a utilização do divã na sala de análise. Façamos o exercício de seguir o jogo associativo que a etimologia nos propicia. Primeiro, a palavra divã conteria (a partir de suas reminiscências ancestrais)[4] uma noção de espaço. Um espaço que, dentre outras funções, repousa um corpo. Repito, não só o móvel é um espaço que repousa um corpo, a palavra também. E não é qualquer espaço: é um espaço de reuniões da mais alta relevância. Um espaço poderoso? Que tipo de poder? De que estado? Com que leis? Um espaço opressor (pode ser, se utilizado inadequadamente)? Ou um espaço de criação de um mundo (interno) melhor? Um espaço para uma troca experiencial? Essas e inúmeras outras questões mais complexas poderiam ser feitas quanto a esse espaço.

---

3   Hãfez ou Hafiz foi um poeta lírico e místico, persa, nascido entre 1310 e 1337.

4   No capítulo "O divã-reminiscência de Sigmund Freud" foi discutida a perspectiva de encarar o uso do divã sob o prisma da reminiscência.

Do ponto de vista originário, como visto há pouco, o divã também nos aponta para um espaço de registros. Assim, podemos pensar o divã como um espaço que contém, guarda e movimenta registros. Se o divã é um espaço que contém registros, começamos a nos aproximar da metapsicologia freudiana: seria o próprio divã uma "encarnação"[5] do Inconsciente em uma mobília? Ou seria o divã uma aduana? Um espaço de transição, ou de regulação, entre o que entra e o que sai? Um espaço onde, sob o ponto de vista econômico, realizam-se acordos e pagamento de tributos? Seria o divã o local onde devem se apresentar as formações de compromisso? É nele onde se negocia economicamente o que pode sair, o que deve ficar (através da fala/declarações)? Há quem tente se esquivar da aduana, esconder algum pertence quando passar por ela, tal qual o disfarce do retorno do recalcado. Todas essas facetas estão contidas na função do divã. É *como se* o divã pudesse ser a "encarnação" do Inconsciente e até mesmo da formação de compromisso.

Reflitamos também sob o prisma poético que sua etimologia nos oferece. O divã como um escriba, registrador — o divã (e quem se deita nele) como um escritor. Não é fácil fazer um livro. Escrever, revisar, reescrever, repetir esses três passos novamente e incessantemente. Como construir, desconstruir e reconstruir o texto? Como fazer esse trabalho estético? O divã como uma coletânea de poemas é uma imagem deveras potente. Ser o espaço que contém o livro das escrituras, obras reunidas de um autor, é algo da mais íntima relíquia. Estaríamos diante de um livro novo a ser escrito? Uma reedição a ser revisada? Uma edição maltratada, com páginas rasgadas? Páginas em branco? Rasuras? Manchas? Alguns poemas tocantes? Poemas em construção? Há belezas a serem exploradas? A miséria da enunciação?

Todo poema possui uma estrutura formal, seja um poema das chamadas "formas fixas", seja um de verso livre. Cada

---

5   O termo não é exato, eu sei... móveis não têm carne; mas essa me parece a melhor nomeação para o caso.

poema possui seu ritmo particular, suas combinações únicas de palavras. A poesia também tem suas escolas, suas teorias, seus ângulos, suas escolhas. Por que tal palavra está ao lado da outra? De quais poemas gostamos e de quais não? Quais poemas parecem não conter a devida força, e quais poemas nos fazem sentir? Qual poema nos toca? Como escrever melhor a nossa vida? Ou, ainda, como nos aceitarmos, mesmo que não sejamos tão bons poetas?

O poema possui lacunas, palavras postas no branco da página. Dentro de cada palavra e nos espaços em branco entre elas existe uma potência criativa absurda. E estamos aqui a retomar a questão do espaço, do divã/*diwan* como "encarnação" do Inconsciente do analisando, como espaço transicional entre a dupla analítica e, sobretudo, como um espaço terceiro que permite o desenvolvimento de um trabalho psicanalítico. Seja qual for o prisma, sem dúvidas, é um espaço em potencial. Não podemos negar que o divã psicanalítico carrega, em si, a potência do *diwan* em toda a sua amplitude, e que nele a vida psíquica é projetada.

3. O brincar como essência do processo psicanalítico

3.1 A criança-poeta de Freud e o jogo das nuvens de Goethe

> *"Grande elefante! Estique a sua tromba",*
> *diz a criança à nuvem que se alonga.*
> *E a nuvem obedece.*
> (Ludwig Tieck, tradução de Antônio Pádua Danesi)[1]

Se é profícuo pensarmos o divã a partir de sua etimologia, sigamos nessa toada. Não deixemos de levar em conta o que foi visto etimologicamente como "espaço de reuniões importantes", sua função de aduana, dentre outras problematizações anteriormente citadas, mas começo por desenvolver meu pensamento a partir da etimologia de ordem poética do divã/*diwan*. Não é novidade, para o leitor de Freud, a forma como a arte poética atravessa sua obra e o auxilia na construção de sua teoria. Em boa parte de seus escritos, encontramos citações poético-literárias, como, por exemplo, as numerosas passagens do *Fausto*, de Goethe, presentes no

---

1 Presente em livro de Bachelard (1990).

A interpretação dos sonhos (1900), que retomaremos quando formos apresentar a proposta teórica da *roupagem simbólica* e da *tecelagem psíquica*.

Mais do que as citações poéticas de Freud, interessa-nos, principalmente, o que ele constrói a respeito do processo criacional/criativo. Faço uso do termo *criacional*, pois esse é mais rico do que aparenta. A base do criacionismo é que há um deus que cria o mundo, e, se estamos falando da criança que cria seu mundo onipotentemente, estamos falando do *criacional*,[2] isto é, do ato de gerar/criar um mundo em si mesmo e por si mesmo. O bebê é até mais do que "sua majestade", como apontou Freud, em *Introdução ao narcisismo*;[3] ele é uma espécie de deus-criador,[4] que trabalha na linha tênue entre criar a sua realidade psíquica e apreender o mundo que o rodeia.

No ensaio *Der Dichter und das Phantasieren* (1908 [1907]) — que possui muitas opções de tradução,[5] dentre as quais "o poeta[6] e o fantasiar" —, temos a afirmação de que em "todo homem se esconde um poeta" e de que "toda criança que brinca se porta como um poeta, uma vez que ela cria para si o seu próprio mundo". Para Freud, "o poeta faz o mesmo que a criança que brinca".[7] Assim, se aliarmos as proposições do fundador da psicanálise ao *play* (jogar/brincar/realizar uma peça) winnicottiano, é possível afirmar que a criança brinca de construir mundos, e é dessa forma que constrói/escreve e poetiza o seu próprio. O criar artístico depende de uma capacidade de acessar *a criança que vive em si*, e o processo psicanalítico também.

---

2   Logo mais, será retomado o termo *criacional*, a partir do poeta chileno Vicente Huidobro.

3   Freud, (1914) 1996f.

4   Essa ideia será abordada mais claramente algumas páginas à frente.

5   Algumas dessas opções são: *Escritores criativos e devaneios*, *O poeta e o fantasiar* e *O escritor e a fantasia* (2015), com traduções brasileiras de 2006 (ed. Imago), 2014 (ed. Cia. das Letras) e 2015 (ed. Hedras), respectivamente.

6   Escritor criativo, como *Dichter* foi traduzido em suas *Obras completas*, publicadas pela Imago, também não deixa de estar ligado à etimologia persa de *divã/diwan*, vista anteriormente.

7   Freud, (1908 [1907]) 2014.

É notável que tais posições de Freud possuem similaridade com o âmbito poético do divã/*diwan*. É, também, um fato histórico que Freud revestia seu divã com tapetes persas: seria isso mero acaso? Freud não acreditava em acaso, mas acreditava que o Inconsciente determinava escolhas. Será que revestir seu divã com um dos maiores símbolos da cultura persa pode ser encarado como um reforço à presença da poesia, aludindo à etimologia de vertente persa de *diwan*, em seu trabalho teórico-clínico? Independentemente da resposta, imagino que provavelmente Freud não pensou isso de maneira consciente, mas que acharia no mínimo interessantes e divertidas essas elucubrações. Estou falando sobre o brincar, e a saúde psíquica depende do brincar. Em psicanálise, interessa mais manter a possibilidade da coexistência de *múltiplas verdades internas* do se manter fixo em alguma conclusão, uma simplificação do vasto mundo que há dentro de cada ser humano.

O ponto central que une a infância, o poeta e o trabalho no divã que pretendo elucidar envolve a evocação de processos de transformação internos. Ao divulgar concomitantemente meu livro de poemas *Homenagem à nuvem* (2017)[8] e o de ensaios *Interlocuções na fronteira entre psicanálise e arte* (2017)[9] fui levado, internamente e naturalmente, a unir/condensar minha fala em torno de conceitos-base que dialogavam entre esses livros. Assim, aos poucos, fui trabalhando uma espécie de transposição da conceitualidade poética presente no livro *Homenagem à nuvem* — a conceitualidade de *nuvem* que eu estava a trabalhar esteticamente — para uma possível metáfora do trabalho psicanalítico, sobretudo no que concerne ao divã/*diwan*, que acabou por culminar na escrita deste livro, visto que tal metáfora clínica passou a me acompanhar durante o processo de escuta, desde então.

---

8   Krüger, 2017c.
9   Livro que contém o ensaio *A poesia, a escuta, e o uso da palavra na clínica psicanalítica*, um esboço inicial sobre o tema.

Pensar a sessão e o divã/*diwan* como *estado de nuvem* e a partir de um "jogo das nuvens" pode ser um interessante facilitador no trabalho com a língua da infância[10] presente no trabalho analítico. Parece-me que essa proposta seria auxiliar em processos psicanalíticos com analisandos que usufruíram de uma infância "suficientemente boa", mas também com os que não tiveram tal oportunidade, se pensamos que uma das funções do brincar é, também, elaborar o traumático. Como foi visto na primeira parte do livro e como se seguirá a discutir, a escuta e a intervenção psicanalítica, a partir do divã, podem ser mais amplas do que o modelo clássico propõe.

É fundamental que uma análise contemple também o exercício do prazer criativo. Para abrir mão da neurose, do sintoma, é necessário convencer-se de que, ao abrir mão do infantil que o prende (mas que lhe oferece ganhos secundários), não se está a abandonar a infância que vive em si (a capacidade lúdica) e o liberta. Por medo de que um processo de análise matasse sua criatividade, muitos artistas talentosos, com sofrimentos intensos, evitaram-no — como Ferenczi já apontava em 1928.[11] O brincar não pode se fazer ausente em nenhum processo de análise, pois ele faz parte do caminho da saúde para quem tem registros internos anteriores (infantis) do brincar criativo, e, também, de quem necessitaria tomar contato com tal modalidade de se relacionar com o mundo. Faz parte do processo de análise reavivar a capacidade de brincar com a vida ou, a depender do caso, fazê-la passar a existir.

A incessante movimentação das nuvens pode servir como uma metáfora interessante para se pensar o trabalho psíquico no divã, e essa proposta está intimamente ligada ao que seria da ordem dos *processos criacionais*. Convido o leitor ao desenvolvimento dessa ideia, começando por um pequeno, mas profícuo, fragmento da obra de Goethe, que exercia grande influência em Freud e o inspirava teoricamente.

---

10 Termo de Ferenczi.
11 Ferenczi, (1928), 1992.

Ainda que sua fama literária seja maior, Goethe se empenhava muito em sua faceta científica. Seus estudos das ciências da natureza incluíam a anatomia, a osteologia, a botânica, a nefologia (o estudo das nuvens) e a meteorologia, mas também a química, a geologia, a mineralogia e a zoologia. Goethe chegou a escrever um "diário das nuvens"[12] e dedicou-se intensamente a esses estudos, até mesmo trabalhando diretamente com os instrumentos meteorológicos de sua época. "A observação das nuvens em Goethe tem sempre uma vertente *empírica* e outra *simbólica*",[13] escreve o tradutor português João Barrento.

Em 1817, quando se propõe a explicar e exemplificar brevemente o trabalho de Luke Howard (pai da meteorologia moderna), Goethe nomeia um ensaio técnico sobre as nuvens como *Camarupa*, "nome de uma divindade indiana que se diverte em mudar as formas".[14] Nesse texto, acentua também o "jogo das nuvens", segundo sua própria expressão: uma constatação de que Goethe alinhava o pensamento científico, a descoberta e o desenvolvimento de uma ciência ao ato de brincar, tornando-os indissociáveis. Investia nas nuvens seu potencial científico e lúdico ao mesmo tempo. O que vem a indicar que até a ciência e os cientistas necessitam da ludicidade do brincar e da arte para avançar.

Esse olhar de Goethe, que permeia o paradoxo da verdade meteorológica das nuvens e o seu jogo brincante, será auxiliar ao caminho que será seguido a partir de agora. As ideias de que as nuvens[15] carregam uma verdade latente (um algo a mais) que podem ser acessadas a partir de suas formas, e que nelas há um "jogo",[16] estão intrinsecamente ligadas à proposta que pretendo trazer para a discussão.

---

12   Esse e outros materiais de Goethe, sobre a meteorologia e as nuvens, encontram-se compilados no livro *O jogo das nuvens* (2003).

13   Barrento, 2003.

14   Goethe, 2003.

15   Já pensando no caráter metafórico que pretendo desenvolver.

16   Tal proposta está intimamente ligada ao que Ferenczi trabalha a respeito da análise pelo jogo e de acolher a criança que vive no adulto. Ver o capítulo "O divã, a criança que vive no adulto e as ousadias técnicas de Sándor Ferenczi".

3.2 As nuvens, os poetas e o criacionismo de Vicente Huidobro

Sigamos nossa reflexão acerca das nuvens, deixando, neste momento, a temática do divã/*diwan* em latência, conforme teorizou Roussillon.[17] O poeta Murilo Mendes, querido e admirado pelos artistas vanguardistas europeus, que muito citou Freud e tem, em sua obra, uma explícita influência da proposta freudiana de Inconsciente e sexualidade, pode nos auxiliar. Murilo Mendes foi professor de literatura em Roma e é um dos poetas mais importantes da poesia brasileira, ainda que atualmente seja menos conhecido pelo grande público do que deveria. Seu livro de estreia, *Poemas* (1930),[18] ganhou o prêmio mais importante do país, superando, por exemplo, o primeiro livro de Carlos Drummond de Andrade. Amigo e colaborador do movimento surrealista idealizado por André Breton, Murilo Mendes preferia se ver "de fora" do movimento, acreditando na singularidade do pensamento e da poesia como o caminho contra totalitarismos de pensamento (comum a qualquer tipo de vanguarda da época).

De sua vasta obra, destaco aqui como o referido poeta faz das nuvens a matéria-prima para uma comunicação profunda ‒ nuvens que servem esteticamente a desacomodar e a criar novas perspectivas. Há um ponto morfológico fundamental contido nelas a que talvez nada mais, em nosso planeta, assemelhe-se. Na obra de Murilo Mendes, encontramos inúmeras alusões a nuvens, mas que são figuras centrais no livro *Metamorfoses* (1944).[19] "Os mares se contraem / as nuvens esticam as asas", apontaria o poeta para a expansão e a libertação do voo. "A nuvem andante acolhe o pássaro / Que saiu da estátua de pedra. / Sou aquela nuvem andante, / O pássaro e a estátua de pedra" — aludiriam ao paradoxo.

---

17 Ver capítulo "O divã em latência de René Roussillon".
18 Mendes, (1930) 2014.
19 Mendes, (1944) 2015.

"Sim: letra e nuvem / lutam com os sonhos / Pela posse do poema" — acusariam o conflito. "Nuvens anônimas: procurai minha sede" — convocariam o desejo.

Os versos aqui citados são apenas um terço de como as nuvens são apresentadas no referido livro. No trabalho poético de Murilo Mendes, elas também serviriam para elucidar a guerra e a destruição; e não deixariam de fora seu olhar para o desamparo social: "antiga nuvem, és o princípio da dança, / a construção do real, a poesia do pobre"... ou, sejamos justos, seu verso aludiria a muito mais do que isso. A nuvem é democrática e é para todos. É o objeto do brincar que todos podem acessar; mas é mais, pois a poesia é e vai além do que uma prosa teórica possa tentar descrever.

A nuvem é paradoxal sob todos os ângulos nos quais venhamos a analisá-la. Primeiro, faz parte do brincar condensante de qualquer infância "bem-sucedida". E, ao contrário de brinquedos caros e/ou eletrônicos, é acessível a toda e qualquer criança, independentemente de questões socioeconômicas. De maneira geral, toda criança tem acesso ao menos à nuvem (ou à sua função *Darstellung*).[20] Ela pode ser encarada como a tábua de salvação lúdica de uma vida mais árida.

Em *Sonho e mito: um estudo sobre a psicologia dos povos*,[21] Karl Abraham trabalha com diversos mitos — dentre eles, os religiosos — para demonstrar como "os céus" e seus fenômenos serviam como um "lugar" para transpor o infantil e os fenômenos psíquicos inconscientes dos povos. Nesse sentido, poderíamos afirmar, resumidamente, que, desde os primórdios, os seres humanos operam — a partir de deslocamentos, condensações, formações de compromisso — uma projeção nos céus, no sol, na lua e nas nuvens o que seria de seu âmbito interno e inconsciente.

As nuvens acompanham os poetas (criadores) desde sempre. Faltaria espaço, neste livro, caso se pretendesse elencar todos os belíssimos versos que projetam nas nuvens aspectos da

---

20 O conceito de *Darstellung* será mais bem apresentado em capítulo posterior.
21 Abraham, (1909) 2020.

vida psíquica, mas trago alguns exemplos interessantes, que podem vir a ser tomados como em diálogo com o que será proposto até o final deste escrito:[22]

> *Coram as nuvens ligeiras.*
> *Gota a gota, o sono cai*
> *sobre as pálpebras caídas.*
> **Augusto Meyer**

> *Todo o mundo físico*
> *que gorjeia lá fora*
> *não me procure agora.*
> *Embarquei numa nuvem*
> *por um vão de janela*
> *dos meus cinco sentidos.*
> **Cassiano Ricardo**

> *Conversa a fumaça com as nuvens?*
> **Pablo Neruda**

> *Esta varanda fica*
> *à margem*
> *da tarde. Onde nuvens trabalham.*
> **Ferreira Gullar**

> *Para descrever as nuvens*
> *eu necessitaria ser muito rápida—*
> *numa fração de segundo*
> *deixam de ser estas, tornam-se outras.*
> **Wislawa Szymborska** (tradução de Regina Przybycien)

---

22 Os versos aqui selecionados estão presentes, enquanto epígrafes, no meu livro *Homenagem à nuvem* (2017).

Na espuma das nuvens
Nos suores da tempestade
Na chuva espessa e boba
Escrevo teu nome
Paul Éluard

E assim,
sem lonjura,
na mesma água
riscaremos a palavra
que incendeia a nuvem.
Mia Couto

O olho da memória
Acende-se no abismo
E rola como a lua
Entre as nuvens salgadas.
Bueno de Rivera

Me abismo na canção que pastoreia
as infinitas nuvens do presente.
Paulo Mendes Campos

Para além dos exemplos dados, não consigo evitar selecionar trechos do poema *89 Clouds*,[23] do poeta canadense, vencedor do Prêmio Pulitzer de Poesia, Mark Strand:

5. Uma nuvem sonha apenas com triângulos
14. Fala-se em uma nuvem como em um telefone
20. Nuvens são pensamentos sem palavras
21. As nuvens são escravas do vento
30. A profundidade de uma nuvem depende de quem está ouvindo
33. O excesso de nuvens leva ao desespero
35. Todo lago deseja uma nuvem
41. Quando uma nuvem esquece, a distância cresce

23　Strand, 2016.

48. Ouvimos o som das nuvens como um sussurro distante
60. O Príncipe das Nuvens reinará por anos
70. Você é tão bonito que deve ser uma nuvem
78. Me ligue de volta, minha nuvem, meu amor
88. Delgados raios de luz do sol atravessam a nuvem

Abstenho-me de discutir todos esses versos; teorizá-los poderia significar matá-los em sua essência "aberta" ao interlocutor. Apenas os trago como material estético auxiliar para o que seguirá sendo trabalhado teoricamente até o final.

Brincar/trabalhar psiquicamente com os fenômenos da natureza é o que fazem todos os povos antigos. Todos os mitos são construídos a partir desse jogo. A natureza é a matéria-prima das construções mitológicas, religiosas e culturais. "O mito origina-se de um período ancestral da vida de um coletivo de pessoas, que podemos designar como a infância do povo",[24] afirma Karl Abraham. A nuvem é o representante mais maleável e transformacional desse brincar infantil, e eu me arrisco a afirmar que a nuvem é um dos "brinquedos" mais antigos da humanidade — senão o mais antigo.

Sob o prisma da onipotência narcísica primária, enxergar um cavalo na nuvem não põe em questão se foi a criança que o observou ou se foi a nuvem que ofertou tal figura. A onipotência *criacional*[25] é essencial para o desenvolvimento saudável da criança. Como preconiza Winnicott, essa vivência precisa ser vivida e não explicada. Não se trata de diferenciarmos se a criança criou um objeto ou se ele foi ofertado a ela por outrem. Essa onipotência é narcisizante, fortalece o *self* e garante confiança em movimentos futuros. A mesma premissa valeria para uma vivência traumática da infância. A não possibilidade de vivenciar essa onipotência acarretaria, no mínimo, uma não confiança em si mesmo e o risco de se desenvolverem patologias de ordem narcísica.[26]

---

24 Abraham, (1909), 2020.
25 Termo que começamos a contextualizar na seção "A criança-poeta de Freud e o jogo das nuvens de Goethe".
26 Peço ao leitor para não se ater firmemente aos termos teóricos conflitantes,

O poeta chileno Vicente Huidobro, vanguardista do criacionismo — movimento poético revolucionário que viria a influenciar outros movimentos, como o surrealista e o concretista —, é autor do verso *O poeta é um pequeno deus*.[27] É *como se*, nele, Huidobro traduzisse Freud e condensasse sua teorização da onipotência infantil aliando-a ao ato criativo.

Tais questões não devem ser tomadas como enfeites de linguagem. Quando o psicanalista se propõe a trabalhar com o infantil, e essa é uma premissa de nossa disciplina, é necessário que trabalhe também com o caráter onipotente do funcionamento psíquico "primitivo" aliado à criatividade. Tomemos a onipotência, aqui, no sentido de criar um mundo, criar a si e a suas internidades. O analisando que está deitado no divã *criou (e cria constantemente) o mundo em que ele vive*. Nós precisamos acessá-lo, mas, mais do que isso, vivenciar esse seu mundo na sessão.

3.3 O *diwan* enquanto nuvem — a *re-forma* em análise

O espaço da sessão, o *diwan*, enquanto espacialidade, em sua condição de espaço de reuniões importantes, como vimos a partir da etimologia, é um espaço potencial para se re-atualizar psiquicamente a partir da virtualidade da transferência[28] e da atmosfera da sessão. O mundo interno

---

que venham a aparecer ao longo do escrito. Um leitor pode preferir "escutar" este texto sob o prisma do narcisismo cunhado por Freud, enquanto outro, sob o vértice do desenvolvimento do *self* em Winnicott. Não me parece que devamos excluir esses entendimentos. Convivamos com o paradoxo teórico e a sobreposição de termos, que nos levam a entendimentos diferentes do funcionamento psíquico. Como a proposta teórica deste livro é mais abrir um leque de escutas potenciais do que defender uma ideia unívoca, o paradoxo da enunciação se torna mais importante do que uma suposta "clareza límpida" que fecharia portas para diversas formas de interpretação.

27 Poema originalmente presente no livro *El espejo de agua* (Huidobro, 1916).

28 Afinal a virtualidade é uma característica intrínseca à transferência — por exemplo, o analisando se relacionar com o analista *como se* fosse o pai, *como se* fosse a mãe etc.

do analisando é transposto para a sala de análise e todos os elementos que a compõem, enquanto o analista é convocado a ocupar papéis transferenciais em uma trama proposta por esse mundo interno do analisando.

O processo psicanalítico se desenrola a partir do papel que o analista desempenhará no mundo interno do analisando, atualizado em sessão, para o qual o analista é "sugado" naturalmente. Qualquer movimento técnico do analista é uma intervenção nesse mundo que foi convocado a habitar. Sua função permeia questionar a geografia e a arquitetura das construções internas do analisando e, porventura, através de seu aparelho psíquico, ofertar novos materiais para suas construções. Como o analisando fará uso desses "materiais" ofertados pelo psicanalista é de sua responsabilidade; porém, o analista o acompanha nessa atualização interna, seja a questionar o que está construído (como foi construído e por que foi construído), seja a seguir ofertando novos materiais para tanto. Em qualquer trabalho psicanalítico, o analista é um objeto-auxiliar a uma *re-forma* interna.

Portanto, neste ponto de nossa discussão, não importa tanto se estamos a falar de níveis de padecimento ou de tipos psicopatológicos, senão de que a função do psicanalista é sempre a de ser auxiliar em uma *re-forma* no mundo interno de seus analisandos. O processo de análise visa criar e re-criar formas e, ainda que envolva a implicação do analista, é um processo do analisando — criador (e re-criador) de si mesmo. O processo de análise é um processo de *re-formar* a si mesmo, de oferecer novas formas de enxergar-se e conviver consigo mesmo.

Uma análise se faz trabalhar à medida que se ocupa dos processos internos que são necessários para fazer de uma história múltiplas histórias (a conviver em novas versões) — isto é, explorar o múltiplo que vive em si, como será visto logo adiante acerca das *regiões psíquicas*. Não há como destruir completamente uma versão anterior de nós mesmos, senão que nos resta aprender a conviver com ela, que se mantém viva dentro de nós até o último suspiro, mesmo que tentemos evitá-la (e não dialogar com ela).

Nesse sentido, poderíamos afirmar que o objetivo psicanalítico último seria *re-formar*. Trabalhar a partir do processos internos que criam formas. *Re-formar* seria o exato oposto da compulsão à repetição mortífera. Ao invés de repetir a mesma forma, haveria uma "repetição" do ato de criar novas formas. Afinal, não me parece que, na vida psíquica, possamos fugir do prefixo "re". Se pensarmos do ponto de vista da saúde, o melhor que podemos fazer seria "repetir" o ato de *re-formar*, de encontrar diversos vértices para compreender-se e coabitar-se — integrar-se —, pois o objetivo não é encontrar uma verdade interna, mas, sim, por vezes, verdades internas paradoxais, que se contrapõem e que não são correlatas.

Por exemplo: "a verdade" da primeira tópica freudiana é diferente da segunda. Em alguns pontos, os aparelhos psíquicos propostos por Freud se assemelham; porém, em outros, distanciam-se. O funcionamento de uma tópica não é mais "verdadeiro" do que o de outra e, tampouco, a criação da segunda fez a primeira "morrer". É *como se* esses dois "mundos teóricos" pudessem habitar o mesmo ser humano. Porém, para além do exemplo teórico e dualista, pensemos então que há uma infinidade de "versões" de si a conviver internamente em cada ser humano — ainda que umas possam estar mais mortificadas e outras ainda por nascer.

Re-formar ("criar formas") seria o contraponto da compulsão à repetição mortífera, a partir dos modos de se relacionar consigo mesmo e com o mundo. O brincar é *re-formar*. Nesse sentido, poderíamos pensar o trabalho no divã/*diwan* enquanto uma nuvem — em sua capacidade de gerar formas. Seguindo as reflexões dos autores que vimos anteriormente, o divã seria uma espécie de divã-nuvem-corpo-útero-mãe-analista a servir como sustentação ao formar-se e *reformar-se*. Assim, estaríamos a pensar o trabalho psicanalítico em um *estado de nuvem*[29] — pro-

---

29 A partir do seu caráter de "criação de formas", do que foi exposto anteriormente e do que ainda será exposto a seguir.

posições que precisam ser mais bem desenvolvidas nos capítulos subsequentes, para não se correr o risco de que sejam compreendidas como simplificantes ou levianas.

4. As regiões psíquicas e o estado de nuvem

Every lake desires a cloud
Todo lago deseja uma nuvem
(Mark Strand[1])

O ser humano está sempre em movimento e possui uma tendência a criar desde que começa a criação de si mesmo, ainda que esta dependa de um outro. A criação se dá sempre a partir de uma relação, mas seria demasiadamente ingênuo pensarmos teoricamente a partir de uma passividade total na criação do psiquismo. Freud[2] teoriza e sublinha a repetição sob um prisma sintomático; mas não só: seus modelos teóricos demonstram que o psiquismo é um engenho criacional. Se, por um lado, o sintoma é repetição, por outro, é produto do engenho criacionista psíquico. Portanto, também não podemos confundir criação com saúde psíquica. Criamos também mecanismos psíquicos que acabam por nos causar padecimento.

Neste momento, proponho que pensemos o *criacional* a partir do *estado de nuvem*. Porém, assim como ocorreu

---

1 Strand, 2016.
2 Freud, (1914) 2010.

nos capítulos anteriores, algumas propostas deste capítulo seguirão carecendo de maiores explicações a respeito dos conceitos de *Darstellung* (apresentação), *Ditchtung* (poesia), *Verdichtung* (condensação) e de *roupagem simbólica,* a serem contemplados na sequência.

Todos os recursos psíquicos de cada ser humano singular são passíveis de serem ativados, quando é possível trabalhar a partir do que estou chamando de *estado de nuvem* na sessão psicanalítica. Por um lado, se seguirmos um modelo psíquico predominantemente baseado na primeira tópica freudiana, o *estado de nuvem* poderia ser encarado como o mais profundo e primitivo movimento de regressão/regrediência[3] psíquica. No entanto, tal afirmação seria incompleta, pois essa via de pensamento nos levaria apenas ao que seria da ordem dos processos e mecanismos de defesa primitivos do psiquismo. A proposta do *estado de nuvem* é um pouco diferente, pois ela pressupõe um *estado*. Deixe-me explicar melhor.

Há, pelo menos, duas formas de encararmos a noção de *estado*. No caso da nuvem, comecemos a pensar a partir do estado da água. A nuvem é uma forma de *presentificação* da água, uma maneira de a água *apresentar-se*. A nuvem é um conjunto de partículas minúsculas, suspensas na atmosfera, de água líquida ou de gelo (ou de ambas concomitantemente), além de conter partículas procedentes, por exemplo, de vapores industriais e de fumaça (o que abriria caminho para pensarmos sobre *poluições advindas do externo que impactam o interno*). Para esse exemplo, não é nem necessário entrarmos em formulações químicas e físicas; apenas atentemos para a "suspensão" da nuvem, e pensemos a noção de estado do ponto de vista territorial geográfico:

O mundo é dividido em continentes, blocos econômicos, países, estados, cidades etc. Podemos dividir/decompor o mundo a partir do ângulo que desejarmos. Possuímos estados

---

3   Utilizo os dois termos propositalmente, ainda que não sejam análogos, a depender das bases em que o leitor está se apoiando para compreender o raciocínio. Neste ponto, nenhum dos termos atrapalha aonde pretendo que cheguemos.

democráticos e estados totalitários. O mundo já foi dividido em inúmeras colônias comandadas por outras nações, em menor ou maior grau. Cada país se organiza politicamente de maneira diferente — o que é comum a todos é a territorialidade. As fronteiras determinam os funcionamentos de cada regime, e sabemos, por exemplo, que as leis vigentes na Índia não são as mesmas do Brasil. Com essa metáfora, a pretensão é assinalar que existem territórios-estados internos que funcionam de maneira diferente, muitas vezes de forma conflitante. Seria possível transpassar tal descrição para o funcionamento do mundo interno?

André Green põe os psicanalistas no dever de avançar cada vez mais nos "pedaços de território do continente ainda desconhecido da mente humana".[4] Sigamos sua proposta e perguntemos: a mente humana possui apenas um continente? E, caso possua mais, quais seriam? Não vem ao caso aprofundarmos essa "ficção teórica" (para usar o termo cunhado por Freud[5] para descrever sua metapsicologia), mas pode ser interessante levar a metáfora adiante.

Sob determinado vértice, a postulação do conceito de Superego/Supereu[6] freudiano poderia ser um exemplo da criação de uma região interna que possui funcionamento próprio. Não tenho a pretensão de postular mais regiões psíquicas, mas creio que devemos pensar que cada psiquismo possui inúmeras delas, cada uma com microfuncionamentos — e talvez nem sempre com "culturas" parecidas, se comparadas com as do psiquismo de outrem. Pensemos que o Superego é um continente; dentro dele, há diversos países, com diversos estados, com diversas cidades, diversos grupos políticos lutando pelo poder em cada uma dessas regiões...

---

4   Green, (1979) 1988, p. 35.
5   Freud, (1900) 2019, p. 657.
6   Seguindo essa metáfora, poderíamos pensar que dentro do Superego também há microrregiões que se inter-relacionam. Dentro dele, haveria instâncias censoras, ligadas a interdições, proibições, tabus os diques descritos na primeira tópica freudiana; e, ao mesmo tempo, instâncias ligadas às identificações e aos ideais.

Ademais, o Superego, cunhado originalmente por Freud, possui inúmeras variações teóricas a partir de outros autores.

Se quisermos optar por outro vértice de classificação dessas regiões, poderíamos pensá-las a partir de mecanismos psíquicos intrinsecamente ligados a determinadas patologias. Bion[7] propõe um modelo psíquico em que há sobreposições de áreas. Para ele, um sujeito psicótico pode ter uma parte não psicótica, assim como um sujeito neurótico também teria em si uma parte psicótica. A emergência de uma dessas regiões psíquicas ocultaria a outra, e, para ele, ambas devem ser tratadas em análise.

Tal ideia de áreas/regiões psíquicas é explorada por diversos autores, à sua maneira. Green escreve sobre uma área de loucura privada;[8] Cassorla[9] cita "áreas mais ou menos simbólicas, áreas psicóticas, áreas traumáticas e áreas sem representação"; Bollas[10] escreve sobre áreas/estados internos de criação, como o *genera*, bem como sobre a existência de um estado fascista da mente, com um funcionamento totalitário que teria por intuito dominar e/ou destruir outras regiões;[11] Stefano Bolognini discorre sobre regiões desérticas;[12] enquanto Marucco[13] propõe zonas psíquicas, com base em estruturas psicopatológicas que demonstram, através da clínica, manifestações de zonas que coexistem e se superpõem simultaneamente no aparelho psíquico. Não seria uma tarefa árdua citar aqui outros exemplos que corroborariam um movimento do pensamento contemporâneo psicanalítico para uma proposta de coexistência de regiões internas com funcionamentos diferentes.

Para começarmos a pensar a gama de funcionamentos internos a partir da experiência clínica, tomemos de empréstimo as palavras de Luís Claudio Figueiredo:

---

7   Bion, (1957) 1991.
8   Green, 1988.
9   Roosevelt, 2016, p. 42.
10   Bollas, (1992) 1998.
11   Krüger, 2021.
12   Bolognini, 2022, p. 192.
13   Marucco, 2003; 2012; 2013.

> Freud acreditava apenas nas transferências neuróticas das chamadas "neuroses de transferência". Há muitas décadas que se sabe que além das transferências neuróticas, há transferências narcisistas, *borderline*, psicossomáticas e psicóticas e todas elas podem participar da formação da situação analisante em sua virtualidade...[14]

O que sabemos da história (da humanidade e de nosso planeta) é que os descobrimentos não cessam. O uso do petróleo, por exemplo, faz parte da história recente. O Brasil foi "descoberto" pelo mundo europeu há pouco mais de 500 anos, ainda que a vida aqui seja muito mais antiga que esse "descobrimento". É um fato científico que, ainda hoje, a humanidade segue descobrindo espécies de animais e de vegetais até então desconhecidas. Será que, com 500 anos de psicanálise, não estaremos pensando, ainda mais profunda e detalhadamente, sobre as proposições iniciais de Freud?

Afinal, como podemos encarar o que vem sendo pensado a respeito de um *estado de nuvem*, incluindo essa noção de regiões psíquicas? O modelo clínico que me interessa propor é de que a nuvem se faz "suspensa" e paira sobre todos esses estados/regiões internos. Ela se alimenta dos "fenômenos climáticos" de todos esses estados: precisa da "água" que deles evapora e "colhe" a água dessas regiões como combustível para formas, sombras e tempestades em cada uma dessas regiões.

As teorias psicanalíticas podem ser encaradas como regiões-estado, nada mais do que blocos "tecnológico-teóricos" (e ficcionais, como aponta o próprio Freud) que servem como uma espécie de filtro-lente para lidar com as águas profundas. Assim, as teorias de aparelhos psíquicos diversos que temos são apenas o intermédio, a forma de lidar com a água profunda que se presentifica em formas na nuvem. É *como se* o *presentificado* (no sentido da forma), dependesse

---

14   Figueiredo, 2020, p. 73.

tanto da matéria pura (água-energia psi) quanto dos recursos "psíquicos-tecnológicos" de cada região. Uma região com funcionamento psicótico emprestará um caráter psicótico à formação da nuvem.

Não estou a propor um novo modelo metapsicológico, tampouco procuro criar ou re-articular teoricamente mecanismos psíquicos estruturais, a partir dessa noção de regiões psíquicas e do *estado de nuvem*. Certamente, esse modelo seria insuficiente para tanto, mas parece adequado para o objetivo traçado neste livro. Porém, é possível articular essa metáfora como uma forma de trabalhar, na clínica, com as regiões psíquicas que habitam o analisando. Afinal, desde o princípio, este livro se propõe a descrever variadas formas de escutar — com o intuito, exatamente, de abrir possibilidades de trabalhar na clínica psicanalítica.

O *estado de nuvem* é um estado que aciona (no sentido de pôr em movimento) processos de indiferenciação entre instâncias/regiões internas e externas, mas isso não é análogo a uma regressão. Há fronteiras entre regiões internamente delimitadas em que o trânsito não é permitido. O intercâmbio entre as regiões internas se dá apenas na medida em que a água evaporada se "mistura" na nuvem. E ela, sim, pode passear sobre todas as regiões, ofertando novas formas, chuvas e tempestades internas que consequentemente podem afetar e, aí sim, até modificar as demais regiões psíquicas.

É nessa perspectiva que "a sala de reuniões importantes" (*diwan*) trabalha em um *estado de nuvem*. O trabalho analítico é com os derivados da matéria-prima interna inacessível. Só acessamos e temos a possibilidade de modificar as regiões internas de um psiquismo ao trabalharmos com "as nuvens" que contêm os derivados de tal matéria (material inconsciente). Em análise, invariavelmente, trabalhamos com o que está *condensado* e *apresentado*. O psicanalista é convocado a participar do enredo que a *nuvem* do analisando apresenta, ocupando

um papel transferencial que acaba por "ganhar" acesso aos conteúdos e às formas de funcionamento de suas regiões psíquicas.

Pensemos a associação livre e a atenção flutuante como técnicas que pretendem atuar no *estado de nuvem*. Por um lado, *a nuvem* é o espaço do *spiel*/*play*/brincar/encenar; por outro, "colhe" o material das regiões psíquicas. Ela é a superfície de contato entre dois mundos psíquicos.[15] **A proposta básica da técnica psicanalítica é movimentar-se (flutuar) sobre todas as regiões psíquicas, pois o que advém dessas associações (do que é *apresentado* no nível manifesto) não é o material inconsciente propriamente dito. O que escutamos, em uma associação livre, é apenas um derivado, e é nessa perspectiva que pensamos a *nuvem*: como o espaço em que os derivados das mais variadas regiões psíquicas se encontram. Sob essa ótica, o *estado de nuvem* é um território móvel/maleável do brincar e serve, também, como palco para as formações de compromisso ou para outras *apresentações* mais disruptivas.**

Em certa medida, apesar de estar compondo aqui um mapa diferente, a ideia de trabalhar a partir do *estado de nuvem* pode ser considerada similar àquilo que autores, como Fred Busch[16] e Stefano Bolognini,[17] discorrem a respeito do que seria trabalhar e intervir a partir do Pré-Consciente dos analisandos. Suas posições me parecem muito sensatas, afinal, é audacioso acreditarmos que possuímos um "poder" de intervir diretamente no Inconsciente dos analisandos, senão que a partir dos conteúdos que se mostram mais na superfície. É apenas a partir do trabalho com esse material que podemos almejar, em alguma medida, que os conteúdos inconscientes sejam tocados.

---

15 André Green, ao trabalhar a noção de fronteira entre o interno e o externo, suas superfícies e bordas, evocando a noção de alfândega (o ânus e a boca enquanto alfândegas entre o interno e o externo), menciona um "estado de intersecção, um limite que se assemelha ao encontro de duas nuvens" [Green, (1977) 1988, p. 69]. Ainda que Green não trabalhe a metáfora criada, ela certamente se alia à metáfora que estamos a circundar.

16 Busch, 2017.

17 Bolognini, 2022.

As nuvens se formam, mas também se desfazem, devolvendo a matéria-prima (água) da qual se valeram em sua formação. É um local virtual de armazenamento temporário, um armazenamento transitório, como arquivos que expiram seu acesso no decorrer do tempo. A *nuvem* não é estática, é de sua essência formar-se, re-formar-se, deformar-se e desfazer-se, e essa movimentação não cessa durante nenhum segundo da sessão psicanalítica (e da vida). Assim, de acordo com o que foi afirmado anteriormente, e como reforçaria Luis Claudio Figueiredo,[18] o dispositivo clínico e a transferência são essencialmente virtuais, independentemente de o atendimento ser remoto ou presencial.

Na geografia do mundo interno de cada um, podemos dizer que há regiões-estados desenvolvidos, "boas tecnologias", "alta capacidade de investimentos". Alguns possuem mais desertos interiores inexplorados e inabitados do que outros, enquanto há os que convivem com a predominância de estados fascistas internos.[19] O mundo interno é tão complexo quanto o natural. Todos possuímos regiões com predomínios neuróticos, psicóticos, traumáticos/áridos, traumáticos/poluídos. Temos o ápice da civilização e da tecnologia, por um lado; e, por outro, crianças (*potenciais internos*) morrendo de fome. A metáfora da nuvem se faz interessante, se for pensada sob o ponto de vista de que as nuvens podem se movimentar e pairar sobre todos os estados internos. Em cada ser humano, pulsa um planeta interno, particular e singular.

O *estado de nuvem* não é nem o que é mais primitivo, nem o que é o mais sublime. É o que paira, transita e se retroalimente de cada região interna, de cada funcionamento interno e das relações com o mundo externo. É um estado multidimensional que paira sobre todos os

---

18 Figueiredo, 2020, p. 61-80.
19 Christopher Bollas trabalha a existência de região fascista interna, que buscaria subjugar outras regiões psíquicas. Ver melhor sobre em: Krüger, 2021; Bollas, 1998a.

outros. E, claro, a *nuvem* de cada ser humano dependerá de como funcionam as regiões psíquicas de cada ser singular. Tal proposta teórica deve testar sua pertinência, a partir da sequência deste escrito.

5. A nuvem, a condensação e o fazer poético — reflexões sobre o *Dichter*, a *Dichtung* e a *Verdichtung*

> *A nuvem nos ajuda a sonhar a transformação.*
> (Gaston Bachelard)[1]

As nuvens são constituídas por gotículas de água condensada. Logo, é preciso passear um pouco na conceitualização freudiana de *Verdichtung*/condensação e, para tanto, nada mais adequado do que decompor a palavra *Verdichtung*, para, assim, enxergarmos o que estaria condensado nela. Começo, portanto, por assinalar que o *Dichter*, o poeta, está "dentro" da condensação/*Verdichtung*. O verbo *Dichten* está intimamente ligado ao ato de compor e, de fato, muitas vezes ligado ao que poderíamos chamar de "campo da poesia". Haroldo de Campos[2] define a palavra *Dichtung* (poesia, em sua tradução literal) como "obra de arte verbal", acentuando sua essência como dotada de uma "secreta poeticidade". Logo, antes de se procurar uma denominação em português para *Dichter*, é fundamental entender sua essência. Um *Dichter* é, acima de tudo, quem faz uma obra de arte verbal em que residiria uma

---

1 Bachelard, 1990.
2 Campos, 2015, p. 147-148.

secreta poeticidade. Tal ideia é fundamental para pensarmos as palavras proferidas em sessão, seja a partir do analista, seja a partir do analisando.

Indo além, *dicht* significa denso; e *Verdichtung*/condensação é um dos termos mais importantes da metapsicologia freudiana. *Verdichtung* poderia ser traduzido também por concentração, compressão e compactação. Portanto, seguindo a abertura que a palavra proporciona, e já fazendo uma "condensação" (em termos freudianos), *Verdichtung* é um termo que se apresentaria paradoxal, pois indicaria, ao mesmo tempo, compactar algo e tornar esse algo poético. Não à toa, Ezra Pound[3] apresenta a equação *Dichten = Condensare*, que poderíamos livremente traduzir por "condensar é compor". Dessa maneira, quando nos remetemos a *Verdichtung* (condensação), é interessante levarmos em conta todos esses aspectos da ordem da poesia e do fazer poético que ela carrega.

Tomando distância do alemão, vejamos como Paul Valery descreve a *Poética*, apontando para sua etimologia: "nome de tudo o que se relaciona com a criação ou com a composição de obras em que a linguagem é ao mesmo tempo substância e meio — e não com o sentido restrito de escolha de regras ou de preceitos estéticos relacionados à poesia".[4] Sua afirmação é de que o "poeta" não é quem faz poemas, assim como a poética não está presa à poesia — o que nos permite deslizar sua explicação para o que propõe Freud, ao relacionar o fazer poético com o brincar da infância.

Dentro do que contém a palavra grega original *poiesis*, Valery acentua o fazer, o *poiein*, o ato de realizar uma obra. "Expressão originária do verbo *poiéo* (fabricar, executar, confeccionar), *poíesis* traduz-se por fabricação, confecção, preparação, produção."[5] Há uma artesania em dar forma ao que é inicialmente apenas uma matéria potencial — que

---

3 Pound, 2013, p. 92.

4 Valery, (1937/1938) 2018, p. 13.

5 Em texto que apresenta usos diversos, desde a origem, para a noção de *poíesis*, Jovelina Maria Ramos de Souza nos apresenta: "Expressão originária do verbo *poiéo* (fabricar, executar, confeccionar), *poíesis* traduz-se por fabricação, confecção, preparação, produção" (Souza, 2007, p. 96).

possui um potencial, a depender da maneira como é manejada. Não obstante, o poeta Percy Shelley refere-se ao *poiein* como o "príncipe da síntese".[6]

Todos esses elementos que evidencio aqui nos levam para a tendência a criar/combinar/condensar/sintetizar do psiquismo. Escutemos as palavras e seus significados: a nuvem é uma condensação, há o poeta e o fazer poético dentro da condensação/nuvem, e o fazer poético é condensar.

Portanto, quando proponho pensar o divã e a sessão em *estado de nuvem*, não procuro circunscrever uma metáfora simplista. Estou à procura de formas que possam elucidar a complexidade do trabalho clínico do analista, demonstrando a enorme trama latente que atravessa as regiões psíquicas distintas e singulares de cada ser humano, somadas ao encontro transferencial. O material da sessão é sempre fruto de inúmeras condensações, com todos esses coloridos elucidados aqui.

Uma intervenção psicanalítica "suficientemente boa" não seria uma espécie de *Verdichtung*? Uma composição que concentra infinitas aberturas? O analista está sempre a compor, mesmo que inconscientemente. Desculpem-me o exemplo deveras didático e "matemático" que se seguirá, mas pode nos auxiliar a enxergar o tamanho da complexidade do que estamos discutindo. Digamos que um analisando fale por 3 minutos, sem interrupções. Nesses 3 minutos, talvez fale em torno de 300 palavras, e cada uma delas remeta a redes representacionais associativas diferentes, abrindo redes associativas de categorias diferentes que remetem a imagens, cheiros, sons, outras palavras, vivências que remetem a outras vivências... em suma: a cadeia associativa que cada analisando oferta ao analista, em atenção flutuante, é infinita. Se cada palavra pode levar a inúmeras associações, imagine 300 palavras!

Após esses 3 minutos, o analista poderá seguir em silêncio e ouvir mais 300 palavras (e suas associações) ou muito mais, que se somarão às primeiras, ou poderá fazer uma

---

6 Shelley, (1840 [1815]) 2008, p. 77.

intervenção/composição, utilizando-se de apenas alguns elementos advindos dessas 300 palavras e associações subjacentes. Porque, em algum nível, o analista está sempre a compor, há uma atividade sua em elaborar uma pergunta, uma interpretação.

Outro analista faria de modo diferente; ou seja, nosso exemplo contém apenas 3 minutos e já estamos a elucidar uma intervenção do analista, que poderia muito bem fazer parte de uma "análise clássica". Nem menciono, por exemplo, os 45-50 minutos de uma sessão, duas ou três vezes por semana, durante anos. Da mesma maneira, o analisando está a compor e a traduzir com palavras o que seria da ordem de suas infinitas associações; dentre elas, algumas que poderiam ser originalmente olfativas, táteis, auditivas etc. Então, apesar de construirmos todos os nossos exemplos a partir de palavras, sabemos que as formas de comunicação em análise as transcendem.

O analista *compõe* uma intervenção, pois qualquer intervenção significa sintetizar/condensar, em algumas poucas palavras, algo que adveio de inúmeras associações que ele fez internamente e, até mesmo, inconscientemente. **O processo psicanalítico é um eterno jogo de composição e decomposição, realizado tanto pelo analista quanto pelo analisando.** E utilizo o termo *compor* propositalmente, pois a palavra *análysis/análise* significa decomposição em partes. Na química, o processo de decompor uma substância em suas partes constituintes é o exato oposto da síntese (*synthesis*). Nesse prisma, a intervenção/fala do analista seria o exato oposto da escuta. A clínica psicanalítica se constrói em uma eterna dialética de decomposição e composição conjunta entre analista e analisando. Um processo analítico "suficientemente bom" pressupõe um trabalho intenso de analista e analisando, para que ocorra um bom trabalho de decomposição e composição. **Estamos falando de um eterno trabalho de *re-forma*.**

Pensar a sessão e o divã/*diwan* psicanalítico a partir de um *estado de nuvem* nos auxilia a escutar o contínuo movi-

mento de decomposição e composição que permeia a técnica. Todas as situações clínicas, independentemente dos fatores patológicos envolvidos, acionam movimentos internos de desconstrução e de construção em um terceiro espaço. Ou melhor, o trabalho psicanalítico se daria em um espaço terceiro, de *estado de nuvem*, em que as nuvens de analisando e analista se "tocam". As composições/condensações de cada membro da dupla se tocam e ativam as suas *funções criacionais*. Uma parte interna do analisando e uma parte interna do analista fazem parte de uma grande densidade em constante movimento, na qual se unem (sintetizam-se/condensam-se) e se separam (decompõem-se), transferencialmente, o tempo todo, a cada segundo.[7]

A densidade e o movimento da *nuvem* são propícios a todo o tipo de mecanismo psíquico. Uma nuvem cresce, diminui, dissipa-se, irrompe a fúria dos tornados, engole outra, expele outra e cria todo o tipo de forma *apresentacional* (o que é derivado do conteúdo latente) aos olhos do observador, pois psicanálise se trata, sobretudo, de trabalhar a partir do que é *apresentado*, para assim acessar o que é representado.[8]

---

7   Um dos variados objetivos deste capítulo é argumentar sobre o quanto os processos internos de cada psicanalista (e seus pressupostos teóricos) repercutem em suas intervenções. Talvez seja cedo para afirmar, visto que os capítulos posteriores são cruciais para um melhor entendimento da proposta, mas estou introduzindo a ideia de um *estado de nuvem* compartilhado em sessão, que poderia ser encarada como um "ponto de encontro" entre o *estado de nuvem* do analisando e o *estado de nuvem* do analista. No caso do analista, suas escolhas técnicas e intervenções (até mesmo seu silêncio) são, invariavelmente, derivadas de seu contato psíquico (sua *reverie*, sua contratransferência, sua relação interna consigo mesmo, sua relação interna com todos os seus estudos e vivências psicanalíticas etc.) com o estado de nuvem do analisando, mas também da capacidade potencial de próprio movimento *criacional* interno (que envolve acionar suas *regiões psíquicas*). Suas intervenções são "colhidas" de suas internidades a partir do contato com o analisando, se assim podemos dizer de forma simplificada, a partir do que foi visto até aqui (pois ainda não foram contextualizadas questões importantes sobre como isso se daria). O Capítulo 6 se presta a um maior aprofundamento dessa ideia, acrescentando conceitos importantes para esse entendimento, mas é no Capítulo 7, "O divã/*diwan* e a metáfora da nuvem na clínica", que essa proposta se desenvolve com mais detalhes.

8   As diferenças teóricas que concernem ao que seria da ordem da "apresen-

Sob essa perspectiva, a intervenção suficientemente boa do analista é, de certa forma, um enunciado *condensado* do que ele escuta do *condensado* do analisando. O analista trabalha com o que é *apresentado* do mundo interno e das regiões internas do analisando através das formas (*nuvem*) e da nebulosidade densa do espaço terceiro compartilhado.

O ponto ótimo da intervenção do analista seria oferecer um conteúdo *condensado* (uma interpretação, por exemplo), ao mesmo tempo que esse conteúdo também se *condensa* em uma "forma suficientemente boa", a fim de conversar com o que o analisando apresentou em seu *estado de nuvem* para, se for bem-sucedido, conseguir penetrar e trabalhar no Sistema Inconsciente do analisando (se pensarmos em termos freudianos, para facilitar a compreensão do leitor). Portanto, o conteúdo da intervenção do analista precisa aliar conteúdo e forma.

---

tação" e ao que seria da ordem da "representação" serão explicadas mais à frente.

6. A roupagem simbólica e as suas apresentações na clínica a partir do *estado de nuvem*

6.1 Brevíssimo prelúdio

Partimos da etimologia de divã/*diwan*, seguimos e ampliamos a proposta de jogo das nuvens de Goethe, criamos possibilidades de pensar um *estado de nuvem* advindo de *regiões psíquicas* e passeamos por diversos conceitos, dentre eles, o de condensação, explicitando também de que modo repensá-lo influencia a forma de intervir na clínica. Agora, é preciso adentrar nos conceitos de *Verkleidung*, *Darstellung* e de *roupagem simbólica*, para, então, seguir-se articulando todas essas propostas conjuntamente ao que vinha sendo construído a partir da metáfora da nuvem. Esses conceitos nos levarão a pensar a transferência e a sua virtualidade sob o prisma de uma *apresentação* teatral, seus figurinos (ou a falta de), e a articular tais ideias de forma a somar a proposta do divã/*diwan* e da sessão enquanto *estado de nuvem*.

Em um primeiro momento, não será possível conectar diretamente o que será apresentado a seguir com que o foi exposto até agora, ainda que alguns conceitos que serão aqui trabalhados já tenham sido mencionados anteriormente

245

— e o leitor interessado certamente encontrará as ligações. Porém, ao chegarmos na seção "A tecelagem psíquica — um caminho para pensar os papéis transferenciais", haverá uma integração maior entre os conceitos aqui apresentados e a metáfora da nuvem.

6.2 Reflexões essenciais sobre a *Verkleidung* (disfarce/roupagem) e a *Darstellung* (apresentação)

Na teoria freudiana, vemos que a apresentação de um conteúdo psíquico acontece sempre a partir de uma *Verkleidung*, termo que usualmente está traduzido para o português como *disfarce*, mas que é mais amplo e mais rico do que isso. Traduzir *Verkleidung* como disfarce é muito útil para pensar sua manifestação do ponto de vista da censura, visto que os conteúdos psíquicos indesejados precisam de um "disfarce" para se apresentarem, mas outras traduções de *Verkleidung* poderiam ser feitas, acentuando outras facetas da prática psicanalítica.

Verkleidung também significa revestimento. Nesse sentido, é algo que reveste um interior, protege um interior. Pode ser uma espécie de cobertura. *Kleidung* significa roupa, vestimenta, e, por isso, *Verkleindung* é mais do que um disfarce, é também uma fantasia, no sentido de fantasiar-se. Aí chegamos a um ponto interessante: estamos falando de personagens. Fazer um papel em cena. É isto que o conteúdo representacional faz para aparecer: mascarar sua acepção original. Portanto, o que é apresentado não é o que de fato se é.

O sonho é uma cena em que os personagens que vemos não são de fato o que representam. Há uma atuação, no sentido mais literal e teatral. É o termo *Darstellung* (*apresentação*) que Freud utiliza ao descrever o que é apresentado a nós em nossos sonhos; e, não obstante, *Darstell* significa ator. Logo, o sonho e os sintomas são figurações, no sentido de realizar um papel, que escondem o conteúdo representacional. Nesse ponto, o que Freud nos fala é que o inconsciente cria uma peça e nos prega uma peça. Cria cenas e personagens que, se tomados de forma literal, enganam-nos. Acessamos, a nível consciente, esse conteúdo manifesto, apenas por meio dessa "peça" ou desse "baile de máscaras". A representação propriamente dita está escondida: revestida/*re-vestida*. A teoria freudiana é baseada em cenas e na tragédia, sendo os sonhos e os sintomas os seus "teatros" principais.

Ressaltemos a importância da crítica de Laurence Kahn[1] aos neologismos *figurabilité/figurability*/figurabilidade, tomados de uma possível tradução da *Darstellbarkeit* (apresentabilidade, representabilidade), pois, em nível teórico, o termo figurabilidade se coloca a serviço de pensar a construção de uma representação via imagem; sobretudo das imagens mentais que ocorreriam dentro do analista, a serem oferecidas como suporte à complexificação psíquica que levaria a caminhos representacionais dentro do analisando. Ao menos é assim que trabalham César e Sara Botella. Ao me referir ao *estado de nuvem*, não necessariamente me refiro à concretude da formação imagética, senão a toda a gama paradoxal de ângulos de escuta, ainda que a imagem possa ser uma via auxiliar.

De nenhuma maneira minha intenção é desmerecer tal recurso imagético na clínica. Na verdade, acredito que ele tem grande importância e é complementar, em qualquer análise, como defendem os autores. No entanto, também acredito que é importante demarcar o que é a *Dartellung* e de que modo Freud utiliza o termo: no sentido de *tomar o lugar de uma representação recalcada*. Portanto, não seria o mais adequado fazer uso do termo figurabilidade, mas seria interessante pensar na *figuração*, pois ela remete ao sentido figurado e ao figurino. Tal concepção conservaria o sentido original do termo — diferentemente de traduzir

---

1 Khan, 2016.

Darstellbarkeit por figurabilidade, que já seria um neologismo e que levaria a interpretações diferentes.

Figurar, fazer-se passar por, atuar em um papel. É nesse sentido que vemos, muitas vezes, a *Darstellung* traduzida também como representação.[2] Afinal, o termo representação também caberia. A diferença é que não estamos a falar de uma representação mental e/ou de um conteúdo inconsciente; estamos falando sobre representar um papel, tal qual um ator.

A partir do *Spiel* e suas ramificações, Freud enfatiza uma correlação direta entre o brincar e a peça teatral. O tradutor Paulo César de Souza faz uma nota, em sua tradução do texto *Personagens psicopáticos no teatro*,[3] de Freud, para esclarecer: "A palavra *Spiel*, que corresponde à inglesa *play*, pode ser vertida por 'brincadeira', 'jogo', 'execução musical' ou 'representação teatral'."[4] A correlação entre a brincadeira e a peça teatral é explicitada, pelo próprio Freud, em *O poeta e o fantasiar*:

> O poeta faz algo semelhante à criança que brinca; ele cria um mundo de fantasia que leva a sério, ou seja, um mundo formado por grande mobilização afetiva, na medida em que se distingue rigidamente da realidade. E a linguagem mantém esta afinidade entre a brincadeira infantil e a criação poética, na medida em que a disciplina do poeta, que necessita do empréstimo de objetos concretos passíveis de representação, é caracterizada como brincadeira/jogo [*Spiele*]: comédia [*Lustspiel*], tragédia [*Trauerspiel*] e as pessoas que as representam, como atores [*Schauspieler*].[5]

---

2   Assim está nas *Obras Completas* de Freud publicadas pela editora Imago (advindas da tradução do inglês de James Strachey) e nas traduções diretas do alemão, realizadas por Paulo César de Souza.

3   Freud, (1942 [1905/1906]) 2019a, p. 362.

4   Freud, (1942 [1905/1906]) 2019a, p. 363.

5   Freud, (1908 [1907]) 2015a, p. 54.

Leiamos o termo "representação" como "apresentação",[6] devido à palavra original utilizada, conforme explicado na nota de rodapé. Quanto ao *Spiel*, o tradutor Ernani Chaves complementa:

> *Spiel*, *spielen*, jogo, brincadeira, jogar, brincar referem-se também à arte de representar no teatro. Assim *Lustspiel* é a "comédia", ou seja, "um jogo, uma brincadeira que dá prazer, provoca riso, é *lustig*; *Trauerspiel* é tragédia, isto é, "um jogo, uma brincadeira com algo que entristece, enluta" e *Schauspieler/in* é o "ator", a "atriz", aquele ou aquela que "joga, brinca com sua aparência", de acordo com o/a personagem.[7]

É nesse ponto nodal que ligamos o brincar infantil, o fazer poético e o teatro como bases indispensáveis para pensar qualquer fenômeno ou prática clínica em psicanálise. Do ponto de vista do sintoma, nenhum exemplo se faz mais claro do que o sintoma clássico da histeria: uma conversão, o sintoma que "finge" ser de ordem orgânica mas é de etiologia sexual. Onde não se pode brincar (fazer a peça), o sintoma prega uma

---

6 Como podemos ver a partir do original em alemão e das palavras que estão marcadas em negrito (*Darstellung* e *darstellt*), apesar de a tradução mencionar "representação" — e, de fato, esse termo ser utilizado no teatro e conceber o trabalho do ator —, a intenção da frase original de Freud trata mais pontualmente do que concerne à "apresentação", e não a uma representação inconsciente. Trata-se da forma de apresentar um conteúdo, valendo-se de outro, o que, do ponto de vista da metapsicologia freudiana, poderíamos dizer: a "apresentação" é derivada de "representações inconscientes", mas não é análoga a elas; é apenas a forma como é apresentada, seja a partir de um sonho, de um sintoma, de uma obra artística, de uma peça de teatro etc. Tal compreensão é importante para o leitor não confundir o seu entendimento a respeito da metapsicologia. Por vezes, quando o leitor encontra a palavra "representação", nas versões em português, ela é utilizada no sentido de uma "representação inconsciente"; por vezes, é utilizada no sentido de "apresentação" que estamos a discutir. Eis o original: "Und die Sprache hat diese Verwandtschaft von Kinderspiel und poetischem Schaffen festgehalten, indem sie solche Veranstaltungen des Dichters, welche der Anlehnung an greifbare Objekte bedürfen, welche der **Darstellung** fähig sind, als Spiele: Lustspiel, Trauerspiel, und die Person, welche sie **darstellt**, als Schauspieler bezeichnet."

7 Freud, (1908 [1907]) 2015a, p. 65.

peça. Laurence Kahn pontua que tanto os sonhos quanto os sintomas são *Darstellung*. A "*Darstellung* está relacionada com a aparência sob a qual algo se apresenta à consciência perceptiva."[8] **Em 1897, Freud já assinalava que "o mecanismo da criação poética é o mesmo das fantasias histéricas",[9] e tais conceitos, que tenho buscado amarrar, desde o princípio, convidam a pensar que minha proposta de encarar a clínica psicanalítica e o divã sob prisma poético seria uma forma de continuar a desenvolver o projeto freudiano.**

Sob o prisma da transferência, podemos pensar que o analisando convoca o analista a esse jogo de encenação. Assim como o que é apresentado no sonho não é o conteúdo latente, mas apenas o conteúdo manifesto que o encobre — e os personagens que o compõem são basicamente disfarces, re-vestidos de *roupagens simbólicas*. A transferência do analisando para com o analista o *re-veste* com essa *roupagem*, exatamente como acontece na formação de compromisso que opera nos sonhos. Portanto, o que o analisando "percebe" do analista jamais é o analista em si; é apenas a roupagem simbólica com que o analisando revestiu o analista.

Na concepção que vem sendo trabalhada — a partir da metáfora da nuvem —, a posição abstinente do analista o coloca como uma matéria amorfa, uma nuvem amorfa, porém maleável, a ser *re-vestida* para o jogo da encenação transferencial a que o analisando o convoca. O analista é enxergado a partir daquilo que o *estado de nuvem* do analisando, que permeia o *estado de nuvem compartilhado* na sessão, o re-vestiu e o re-vestirá incessantemente, de todas as maneiras necessárias ao seu processo de análise.

---

8   Kahn, 2016, p. 179.
9   Freud, 2015, p. 43.

6.3 A *roupagem simbólica* — uma conceitualização

É essencial aprofundarmos o importante conceito de *roupagem simbólica*, citado anteriormente sem que houvesse espaço à sua devida elucidação.

No momento em que traduzíamos[10] o livro *Sonho e mito: um estudo sobre a psicologia dos povos*[11] (1909), de Karl Abraham, e discutíamos as diversas possibilidades de tradução, percebemos que Abraham acentuava o caráter alegórico, mas, sobretudo, o de vestimenta e re-vestimento da palavra *Verkleidung*. Sua teorização se alicerça em gradações de revestimento em contraste com o que seriam histórias nuas, palavras nuas. Em nota de rodapé deixo dois exemplos, dentre outros possíveis.[12]

Mais do que isso, Abraham usa o termo composto *symbolische Verkleidung*, que priorizamos traduzir por *roupagem simbólica* — e pretendo explicar o motivo. Toda a sua construção teórica a respeito dos mitos, baseada principalmente na teoria da sexualidade e na interpretação dos sonhos, carrega a ideia da *roupagem simbólica*. Para o que nos interessa aqui, Abraham estaria falando de mitos mais ou menos "nus". Quanto mais

---

10 A referida tradução foi realizada por Eduardo Spieler, Sander Machado da Silva e por mim.

11 Abraham, 2020.

12 Transcrevo aqui dois parágrafos (não subsequentes) do referido livro, ambos da página 23:
"As lendas [Abraham não diferencia lendas, mitos e tragédias em seu trabalho] de Édipo, de Urano e seus derivados se inter-relacionam não apenas em seus conteúdos, mas também em sua forma externa. Em ambos há uma falta, quase total, de roupagem simbólica. Experienciamos a história completa por meio de palavras nuas. É importante notar que isso também é verdadeiro no sonho típico que recorreremos para explicar estes mitos. Neles se encontram — como Freud observa — a roupagem simbólica em uma formação surpreendente."
"A censura não permite que nossos desejos mais secretos se expressem em sonhos de forma nua e crua, sem disfarce (*unverhüllten*). Ao contrário, força os desejos a obscurecerem sua verdadeira tendência através de uma *distorção* no sonho. O desvio da censura é realizado por um extensivo *trabalho do sonho*. Vamos considerar suas manifestações posteriormente, de forma mais detalhada. Por ora, vamos nos ocupar apenas com a forma de distorção do sonho — a roupagem simbólica do desejo."

o conteúdo manifesto do mito — isto é, a forma como ele é contado — aproxima-se do conteúdo latente e sexual, mais esse mito estaria "nu". Quanto mais *roupagem simbólica* (*symbolische Verkleidung*) esse mito teria, mais distante de acessar a representação inconsciente ele estaria. Consequentemente, quanto mais a narrativa mitológica estaria próxima da representação inconsciente, com menos "disfarces", mais Abraham apontaria para a nudez e a crueza dela.

A dificuldade para decompor um mito em seu caráter inconsciente parece ser proporcional à quantidade de *roupagens simbólicas*. Portanto, quanto maior for a dificuldade para decompor o mito, em seu caráter inconsciente e sexual, mais "agasalhado" de *roupagens simbólicas* esse mito estaria. A forma dessa *roupagem* dependeria de todos os mecanismos psíquicos que auxiliariam em sua confecção, dentre eles, o deslocamento e a condensação.

A proposta teórica de Abraham é demonstrar o caráter sexual dos mitos. Quando ele se refere à nudez e à crueza de um mito, sempre se refere à sua aproximação do conteúdo sexual e incestuoso, fazendo eco às proposições de Freud. Ainda que seja fundamentalmente importante pensar a nudez do ponto de vista da sexualidade, creio que podemos pegar emprestada o termo *roupagem simbólica* para utilizá-lo em outro contexto também.

Justifico isso porque, enquanto tradutores, se fôssemos seguir a tradição tradutória de *Verkleidung* para o português, seria usual traduzirmos o termo composto de Abraham por "disfarce simbólico". É indiscutível, em nossa tradição psicanalítica, a primazia da palavra disfarce para *Verkleidung*, ainda que tenhamos apresentado uma tradução alternativa também condizente com o seu sentido. *Kleidung* significa estritamente roupa/vestimenta, e Abraham trabalha teoricamente em contraponto à nudez e à crueza. Portanto, acredito que, dentro desse contexto, *roupagem simbólica* facilitaria ainda mais o entendimento do leitor de língua portuguesa para alcançar a pluralidade de sentidos ofertados por Abraham ao se utilizar do termo (levando em conta o que expliquei, anteriormente, sobre a riqueza de o termo *Verkleidung* transcender a noção de disfarce).

Toda tradução sujeita-se a uma interpretação e a uma escolha: a depender da expressão traduzida, é possível que se privilegie um ou outro significado. Portanto, traduzir a palavra *Verkleidung* por *roupagem*, fora do contexto utilizado por Abraham, contém certa ousadia. Acredito que nossa leitura do contexto é que tenha diminuído essa ousadia na tradução, visto que ela caminharia no sentido de uma melhor compreensão da proposta de Abraham como um todo. No entanto, não podemos negar que nos valemos de alguma autoralidade na criação do termo *roupagem simbólica*.

É nesse ponto, no qual há uma dose autoral na composição da expressão em português, que me sinto compelido a outra ousadia: a de me apropriar dessa terminologia sob uma ótica re-atualizada. Parece-me interessante utilizar o termo *roupagem simbólica* também em um contexto de padecimentos não neuróticos, se for levada a cabo a ideia de contrapor o que seria da ordem de uma nudez, de uma crueza, ao que seria de uma ordem de camadas representacionais.

Nos casos não predominantemente neuróticos, em vez de pensarmos o nu sob o ponto de vista da sexualidade — o naturalmente vigente nas teorizações em 1909 —, tomaríamos a "nudez" e a "crueza" como o que seria da ordem do traumático, do mortificante, do torturante, da desestruturação, do que faltaria "agasalhar".[13] Nessas circunstâncias, o trabalho do analista seria auxiliar o analisando a tecer e/ou vestir *roupas simbólicas* para sair do cruel frio da dor. Fazer a dor revestir-se[14] de figurinos e atuar em uma peça (no âmbito

---

13   Ou do que estaria falsamente agasalhado, como o *falso self* winnicottiano, por exemplo.

14   Seria interessante pensarmos a proposta de "agasalhar" o sofrimento nu e cru, relacionando-a com os comentários de Didier Anzieu (ver capítulo "O divã-pele de Didier Anzieu") a respeito dos analisandos que buscariam criar mais "camadas de pele", a partir do uso de cobertores em sessão, ou até

da clínica, transferencialmente), e não em sua vida fora do consultório. Transformar essa dor a partir dessas roupas simbólicas.

A *roupagem simbólica* é auxiliar à escuta clínica à medida que, a partir dela, atuam em sessão os personagens e as peças que precisam ser encenadas. Essa proposta atualiza contextualmente o que Freud escreveu sobre trabalhar *per via di porre* e *per via di levare*.[15] O campo transferencial traduz-se em um contínuo "tirar, botar, trocar de roupa/figurino". Às vezes, o trabalho de análise é tecer e agasalhar; às vezes, é despir as imensas camadas de figurino que escondem o que há por trás.

Mais de 100 anos após esse texto de Abraham, quando nós, psicanalistas, utilizamos os adjetivos "nu" e "cru", não estamos mais a nos referir à sexualidade, como fazia Abraham. Estamos falando de atos destrutivos (tempestades, furacões, em nossa metáfora do *estado de nuvem*). Se pensamos a amplitude do divã/*diwan* a partir de sua função aduana e de sala de reuniões importantes, estamos a pensá-lo como o espaço terceiro de encontro entre as *nuvens* de analista e analisando. Nesse caso, uma das missões do analista é procurar conter a nuvem tempestuosa e destrutiva do analisando, oferecendo a ele uma nuvem límpida, mais disposta a filtrar o excesso disruptivo. O analista receberá e acolherá o destrutivo do outro, a fim de que, juntos, transformem-no em algo criativo. Desse modo, o trabalho psicanalítico, paulatinamente, realizado a partir do *estado de nuvem* compartilhado, passaria indiretamente a desenvolver, no sentido da saúde, as *regiões psíquicas* mais prejudicadas do analisando.

---

mesmo de se agasalharem demasiadamente. Muitos psicóticos utilizam o recurso de se agasalharem excessivamente a fim de conservar certa integração psíquica.

15   Aqui, é preciso diferenciar os contextos. Freud usa os termos para discriminar o que seria da ordem da sugestão (*per via de porre*) e o que seria a análise clássica, a decomposição (*per via de levare*). Tomo a ideia de *per via de porre* sob o ponto de vista da construção representacional, não sob o ponto de vista da sugestão [Freud, (1905[1904]) 1989].

6.4 A tecelagem psíquica — um caminho para pensar os papéis transferenciais

Se quiserem,
serei apenas carne louca
e, como o céu, mudarei de tom,
se quiserem,
serei impecavelmente delicado,
não serei homem, mas uma nuvem de calças!
(Vladimir Maiakovski,
tradução de Manuel de Seabra)[16]

As nuvens nos armários se tornam roupas
(Mark Strand)[17]

As nuvens no poente põem seus vestidos
e saem para a noite
(Mark Strand)[18]

Expostos os conceitos de *apresentação* e de *roupagem sim-bólica*, retomemos o rastro lúdico e a importância do brincar (*Spiel/play*) que venho acentuando. Podemos utilizar a maleabilidade da figura da nuvem em diversas direções, dentre elas, a da nuvem enquanto algodão, uma matéria-prima para a tecelagem de roupas. Sim, brinquemos com a ludicidade dessa ideia, sem a reprimirmos de antemão.

A tecelagem acontece a partir de tramas. Pensemos que essas tramas, esse emaranhamento, ocorre a partir de fios. Tomemos a nuvem-algodão como alegoria que contém esse aspecto da tecelagem psíquica, fundamental para nossa reflexão. Em *A interpretação dos sonhos* (1900),[19] no capítulo dedicado ao mecanismo de condensação, Freud cita o *Fausto*,

---

16 Maiakovski, 1995.
17 Strand, 2016.
18 Strand, 2016.
19 Freud, (1900) 2019.

de Goethe, para apresentar os movimentos do Inconsciente como uma máquina tecelã, a qual condensa fios e cria ligações.

> *Cada pedalada move mil fios,*
> *as lançadeiras voam para cá e para lá,*
> *os fios fluem invisíveis,*
> *um golpe cria mil ligações.*[20]

Nessa imagem poética específica, que Freud utilizou justamente para explicar o mecanismo psíquico da condensação, poderíamos ressaltar o tear[21] e as ligações aliadas ao citado ato de "voar/flutuar", que se conectam intimamente ao que foi anteriormente articulado acerca da suspensão das nuvens, bem como ao que foi exposto a respeito da *Verdichtung* (condensação) e do *Dichter* (poeta). É importante destacar, também, que *Fausto* é uma peça de teatro, escrita como um longo poema dramático, e que, no trecho selecionado, tanto Goethe quanto Freud nos falam de movimentos, jogos de nuvens, fios invisíveis que constroem tramas e figurações. Na perspectiva que quero elucidar, a *nuvem* (compartilhada em sessão) se presta a ser, ao mesmo tempo, o palco/teatro e o tecido/algodão presentes no *diwan*. Parece-me que elevar, no sentido de flutuar, a sessão analítica ao *estado de nuvem* coloca um acento ainda maior na questão da maleabilidade da movimentação interna e dos papéis encenados a partir da transferência.

O tradutor Luiz Hanns chama a atenção para como ocorre a conceitualização freudiana e o uso que Freud faz das palavras ao criar sua terminologia de base. Hanns[22] aponta que todos os conceitos teóricos de Freud têm uma rede semântico-teórica intrincada. Cada conceito leva a outro naturalmente, e muitas das traduções a que estamos acostumados no português fazem com que se perca a relação semântico-conceitual original.

---

20 Freud, (1900) 2019, p. 324.
21 Em *A interpretação dos sonhos*, Freud também se refere ao tecido do sonho [Freud, (1900) 2019, p. 615].
22 Hanns, 2016, p. 176-182.

Portanto, as elucubrações teóricas a seguir giram em torno do teatro, já que é esse o fio semântico em que Freud se apoia desde o princípio, ainda que seja possível tecer pensamento equivalente a partir do cinema.

Ao contrário do cinema, porém, o teatro nos oferece um tempo de espera amorfa na mudança de cena. Apagam-se se as luzes, jogos de fumaça neblinam e ofuscam o espectador, tal qual a nuvem quando deixa de figurar uma forma e ainda não se fez outra. Como acontece no jogo transferencial, quando o analista está apenas "amorfo" (um não-papel no jogo transferencial) à espera de que novos movimentos psíquicos da sessão lhe vistam com alguma *roupagem simbólica* a fazer parte da "peça" que necessita ocorrer em cada análise.

Em outras palavras, o papel transferencial que o analista ocupa na análise de um analisando não é estática. Ele pode, por exemplo, ocupar um papel transferencial em determinado momento de uma sessão, e, na sequência, ocupar outro. Há sempre um movimento. Como um vento (pulsão?) que dá uma forma à nuvem (lhe oferece uma *roupagem simbólica*), mas logo a retira, dissipa-a, deixando amorfo o analista (a partir do campo transferencial), até o momento em que lhe oferece nova *roupagem simbólica*.

Nessa perspectiva, o *estado de nuvem compartilhado* (enquanto um espaço terceiro de troca e contato entre a nuvem do analisando e a nuvem do analista),[23] que permeia a atmosfera da sessão, advindo das *regiões psíquicas* do analisando, e que convoca ao trabalho analítico as *regiões psíquicas* do analista, "oferta" papéis transferenciais que se *apresentam* a partir de uma cena que se instaura na sessão (semelhante ao que Freud chamaria de neurose de transferência), em prol do desenvolvimento do trabalho psicanalítico. Em outras palavras, o que chamo de *estado de nuvem* nada mais é do que um estado amorfo potencial, ou melhor, uma matéria em constante movimento, que não

---

23 Retomar o capítulo "As regiões psíquicas e o estado de nuvem", para compreender como se daria essa "formação de nuvem" no psiquismo.

possui uma forma unívoca. À medida que o processo psicanalítico se desenvolve, *roupagens simbólicas* se apresentam e são tecidas. Posteriormente se dissipam, são novamente tecidas, e assim por diante. Sob esse prisma, o divã/*diwan* e o *estado de nuvem* que lhe é intrínseco funcionam como palco para o jogo transferencial.

É importante enfatizar que não encaro essa proposição apenas partir de um teatro interno, que ocorre no interior de cada um. Essa proposta difere da proposta de "palco" de Joyce McDougall,[24] já que, quando a autora se refere ao termos "teatro" e "palco", refere-se sempre ao que é de ordem individual, e não à atmosfera psicanalítica como um todo. McDougall pretende pensar o mundo interno e o corpo como palco e teatro de si mesmo. **Nossa proposta de palco e de teatro alia-se mais a uma proposta intersubjetiva: o jogo transferencial pensado enquanto uma encenação (*Spiel*/*play*) teatral (portanto, virtual), em que o palco é o divã-*diwan*-nuvem (a sala de atendimentos e sua atmosfera virtual em sua totalidade).** Nesse caso, o analista é *re-vestido* transferencialmente por uma *roupagem simbólica* e faz parte da cena necessária ao processo analítico em questão. No paradoxo desse pensamento, a nuvem-divã/*diwan* tece e é o palco, seja das representações, seja do *si mesmo*. O divã/*diwan*, sala de "reuniões importantes" da análise como um todo, presta-se a ser um simulacro de palco (como falamos antes), a permitir o movimento das nuvens de cada membro da dupla analítica nesse espaço terceiro de contato, que é a própria sessão psicanalítica.

Se Freud nos explica que "A condensação, juntamente com a transformação dos pensamentos em situações ('dramatização') é a característica mais importante e peculiar do trabalho do sonho",[25] e isso ocorre dentro de cada um, desloquemos a reflexão de Freud acerca do funcionamento

---

24 Mc Dougall, (1982) 1989; (1989) 1996.
25 Freud, (1901) 1996c, p. 672-673.

interno para o que seria análogo ao contexto intersubjetivo da sessão, pois tudo o que assinala Freud ocorreria também no "palco" da sessão, dentro do *estado de nuvem compartilhado*.

7. O divã/*diwan* e a metáfora da nuvem na clínica

a nuvem que de ambígua se dilui
nesse objeto mais vago do que nuvem
e mais defeso, corpo! Corpo, corpo,

verdade tão final, sede tão vária,
e esse cavalo solto pela cama,
a passear o peito de quem ama.[1]
(Carlos Drummond de Andrade)

7.1 Retomando a proposta de *regiões psíquicas* para pensarmos a clínica

Começo este capítulo por reiterar que a metáfora das *regiões psíquicas* não pretende criar um mapa de como funcionaria o Inconsciente, não tem a pretensão de inaugurar uma nova metapsicologia. Presta-se a ser um objeto teórico--clínico auxiliar à escuta clínica e atenta-se à multiplicidade de entendimentos dentro das variadas formas de se pensar o processo analítico.

---

[1] Trecho do poema *O quarto em desordem*, do livro *Fazendeiro do ar* (Drummond, 1954).

Não estou aqui a postular como exatamente seriam essas imaginadas e hipotéticas *regiões psíquicas*, mas talvez seja possível cogitar diferentes versões para elas, como alguns autores se esforçaram a realizar, em propostas similares, conforme aventado no capítulo "As regiões psíquicas e o *estado de nuvem*". Poderíamos pensá-las a partir de zonas psicopatológicas, mas também poderíamos pensá-las aproximando-as do que Bollas discute, a respeito de as teorias psicanalíticas serem objetos internos do analista, das quais ele pode lançar mão enquanto ferramentas auxiliares à sua escuta. Tal perspectiva, se transpassada à proposta de *regiões psíquicas*, seria como se cada teoria psicanalítica fosse uma espécie de país interno, mas não apenas dentro do analista. Nessa perspectiva, o mundo interno do analisando seria habitado por todos esses "países teóricos", todos esses modos singulares de mapas psíquicos e suas linguagens.

Seria possível, também, considerar essas regiões a partir de formas de funcionamento psíquicos análogos, até mesmo, às zonas erógenas propostas por Freud. Assim, poderíamos aventar a possibilidade de pensar uma região interna de caráter oral-anal, que funcionaria a partir de mecanismos, tais como a incorporação, a expulsão, a introjeção, a projeção e a identificação projetiva. Enquanto isso, uma outra região operaria a partir de formações de compromisso e produziria retornos do recalcado; além de haver uma terceira região, vazia, desértica.

Seja como for, nenhuma postulação se tornaria suficiente para abarcar totalmente as profundezas psíquicas, pois, no fim das contas, nem mesmo Freud conseguiu construir uma teorização sem lacunas consideráveis. Assumamos nossa incompletude quanto a isso. O fato é que, apesar de não ser possível (e nem ser essa a pretensão) especificar diretamente como seriam essas *regiões psíquicas* que habitam cada ser humano, ainda assim a ideia de que delas advém a "água profunda" que cria o *estado de nuvem*, o qual vem se *apresentar* na sessão, parece-me uma forma profícua de tentar pensar a multiplicidade de formas de escutar e intervir, na clínica psicanalítica.

Se estamos a pensar o psiquismo do analisando a partir de *regiões psíquicas* diversas, que se apresentam em sessão a partir do *estado de nuvem* e das *roupagens simbólicas* que as compõem, colocamo-nos em uma tarefa diferente de escutarmos o analisando a partir de uma estrutura psicopatológica específica, ou até mesmo de escutá-lo apenas a partir de um vértice teórico específico. Afinal, cada vértice teórico apresenta uma espécie de mapa diferente de como funcionaria um psiquismo.

Nossa proposta de escuta passa a ser, preponderantemente, identificar que tipo de mecanismo psíquico está a operar durante os variados momentos da análise (ou da sessão). Certamente que algum mecanismo deve se manifestar mais do que outros em cada processo de análise. Porém, não seria profícuo pensar que toda e cada comunicação do analisando se manifesta a partir da mesma via. Jamais estamos livres de receber comunicações que advêm de regiões psicóticas ou áridas, vazias, mesmo que, em um analisando, preponderem regiões neuróticas. O inverso também seria verdadeiro, isto é, todas as regiões psíquicas seriam parte de um "imenso Inconsciente".[2]

7.2 Os mecanismos psíquicos de defesa e as *regiões internas* predominantemente neuróticas

Ainda que tenha explicado a *roupagem simbólica* sob um prisma preponderantemente neurótico, considerando o modelo do sonho, devemos admitir que um delírio, por

---

2 Comunicar-se com todas as regiões psíquicas internas do analisando vai ao encontro do pensamento de Danielle Quinodoz e Christopher Bollas. Ver capítulos "Outros autores e as diversas formas de pensar o trabalho psicanalítico a partir do divã" e "Chritopher Bollas e o divã evocativo".

exemplo, também se apresenta a partir de uma *roupagem simbólica* a encobrir algo. A *roupagem simbólica* seria o produto *apresentado*, independentemente dos mecanismos de defesa que levaram à sua produção. E poderíamos pensá-la como produto de "retorno" de todos os tipos de clivagens estruturantes,[3] como, por exemplo, do recalque (*Verdrängung*), da rejeição (*Verwerfung*) e da renegação/degação/recusa/desmentido (*Verleugnung*):[4] mecanismos de defesa que Freud trabalha como presentes nas neuroses, psicoses e perversões, respectivamente, ainda que seu pensamento não seja tão simplista como colocado aqui resumidamente.

O que interessa aqui é pontuar a gama de mecanismos "estruturantes" que se justapõem, sobretudo se somássemos os descritos por Freud aos pensamentos e às conceitualizações de outros autores que foram apresentados anteriormente. Ainda pensando a partir de Freud, lembremos que ele nos apresenta o "homem dos lobos"[5] como uma neurose obsessiva, mas também nos fala que, em alguma camada, nele estaria a operar uma rejeição (*Verwerfung*) da castração. Esse caso, que, posteriormente, foi atendido por Ruth Mack Brunswick, foi diagnosticado por ela como hipocondria e paranoia (patologia à qual Freud relacionava a psicose de Schreber),[6] sendo um caso que se vê alvo de discussão a respeito de seu diagnóstico até hoje, incluindo posições que o compreendem como um *borderline*. Ao tratar da Sra. P,[7] Freud fala também de "paranoia alucinatória"[8] e "depressão" recheada de delírios e alucinações, a conviver concomitantemente com uma sintomatologia neurótico-obsessiva, assim como fala de um "recalcamento via

---

3   Para maior aprofundamento a respeito das clivagens na obra de Freud, ver Lora; Paim Filho; Nunes, 2018.
4   Para discussão dos termos, ver: Drawin; Moreira, 2018.
5   Freud, (1918 [1914]) 2010b.
6   Freud, (1911) 2010a, p. 13-107.
7   Freud, (1896) 1996b.
8   Freud utiliza o termo paranoia alucinatória ao se referir a esse caso na p. 596 do livro *A interpretação dos sonhos* [(1900) 2019].

projeção"[9] a operar com recalcamentos "normais", se é possível chamar assim.

Se nosso foco não recair em enquadrar o caso em uma estrutura psicodiagnóstica, temos mais chance de captar o vasto mundo interno em questão, pois creio que estamos a falar de *regiões psíquicas* (partes internas com modos de funcionamento diversos) que coabitam o mundo interno e que se justapõem, na medida em que se inter-relacionam e se *apresentam*. É inegável que o "homem dos lobos" possuía sintomas neurótico-obsessivos, como pensou Freud, porém, talvez não só, pois lhe habitava um universo mais complexo do que uma nosografia psicopatológica simplificadora.

O que poderíamos pensar, então, das alucinações e dos delírios histéricos descritos por Freud? Há menções a essas ocorrências psíquicas, por exemplo, nos casos da Sra. Emy Von N., de Anna O. e de Dora, assim como estão presentes em descrições mais genéricas de Freud acerca dos fenômenos histéricos.[10] Como poderíamos pensá-los? Certamente, Freud não está falando de estruturas psicóticas; ele nos apresenta os delírios e as alucinações como sintomas naturais à histeria, comentando esses delírios como produtos dos conflitos internos e das formações de compromisso. Poderíamos nos perguntar, a partir da clínica contemporânea, o quão corriqueiramente nos deparamos com delírios e alucinações (e como deveríamos encará-las), mas o ponto nodal não é esse. É preciso pensarmos que, no momento em que se ocupava prioritariamente da histeria, Freud ainda não havia postulado o conceito de narcisismo. Estava às voltas com o desejo incestuoso, inconsciente, da sexualidade infantil da menina/mulher para com o seu pai.

---

9   Segundo o comentário de James Strachey, esta seria a primeira vez que Freud usa o termo projeção em uma publicação: "Na paranóia, a auto-acusação é recalcada por processo que se pode descrever como *projeção*." [Freud, (1896) 1996b, p. 182].

10   Freud, S. *Obras completas*. Rio de Janeiro: Imago, 1996. v. I, II, III. Freud, (1905 [1901]) 2016.

Christopher Bollas,[11] em seu livro *Hysteria*,[12] ocupa-se a tentar integrar o fenômeno histérico a partir do que seria da ordem de um narcisismo primário[13] constitutivo: a relação do bebê com a mãe (a sua função materna) e a forma como esse narcisismo primário se relacionaria com o "Complexo de Édipo propriamente dito (freudiano)" e com os desejos e conflitos inerentes a ele. Nesse livro, sua preocupação recai em demonstrar que, hoje em dia, muitos dos casos que estariam a ser tratados pelos psicanalistas como casos limítrofes, poderiam e deveriam ser entendidos dentro do campo da histeria. A releitura da histeria, proposta por Bollas, trazendo para debate também aspectos narcísico-primitivos, ajuda-nos a pensarmos a ideia de regiões psíquicas internas e como seus funcionamentos se inter-relacionam (e se apresentam a partir do *estado de nuvem* e das *roupagens simbólicas*).

Nessa linha de raciocínio, trata-se de lembrar que não há nenhum tipo de neurose que não esteja apoiada, inicialmente, em um base primária narcísica estruturante (e em formas primitivas de funcionamento). Freud nos apresenta a realização alucinatória do desejo[14] como constitutiva do psiquismo (e a base do modelo do sonho), sendo a alucinação naturalmente constitutiva e um tipo de modo operante do psiquismo presente em cada ser humano. Em um momento primitivo, obviamente, alucinação e delírio são equivalentes, visto que o bebê alucina o seio, "acreditando" (da ordem do delírio) na sua presença. Ademais, em *A interpretação dos sonhos*, Freud relaciona as psicoses ao estado de sonho,[15] ajudando a compreender que os fenômenos que poderíamos chamar de psicóticos e mecanismos psicóticos de defesa são a base fundante de todo e qualquer psiquismo.[16]

---

11   Ver o capítulo "Christopher Bollas e o divã evocativo".

12   Bollas, 2000.

13   Bollas trabalha, contudo, a partir de suas teorias, valendo-se de nomenclaturas diferentes das que optei por usar aqui, a fim de facilitar o entendimento do leitor freudiano.

14   Freud, (1950 [1895]) 1996; (1905) 2016a.

15   Freud, (1900) 2019, p. 122.

16   "Além disso, lembremos que essa transformação de representações em ima-

Logo, se a realização alucinatória do desejo (que guarda em si um potencial *criacional* — um movimento de caráter ativo e onipotente que cria algo) possui papel importante na fundação de um psiquismo, não há como dizer que mecanismos de defesa primitiva não estejam a atuar em algumas *regiões internas* de si, mesmo que não venham a se *apresentar* ou não se manifestem como fonte de padecimento.

Nem se estivéssemos falando de alguém em quem preponedere um funcionamento neurótico, poderíamos deixar de pensar a existência de áreas internas que funcionam com mecanismos mais primitivos ou de ordem psicótica. Essa seria uma das explicações possíveis para a iminência de delírios e alucinações, em casos clínicos aos quais não podemos chamar de psicóticos, como os casos neuróticos de Freud — em que alucinações e delírios se *apresentam*. Em casos como esses, um tipo de funcionamento (procedural, não necessariamente um conteúdo)[17] de ordem primitiva se "aliaria" ao conflito edípico incestuoso (se estamos a falar de uma histeria), *apresentando* algum delírio (ou alucinação).

> Para as alucinações da histeria, da paranoia, para as visões de pessoas de mente normal, posso dar a explicação de que realmente correspondem a regressões, isto é, são pensamentos transformados em imagens, e de que sofrem essa transformação apenas os pensamentos intimamente ligados a lembranças reprimidas ou que permaneceram inconscientes.[18]

---

gens sensoriais não ocorre apenas no sonho, mas também na alucinação, nas visões que podem aparecer de forma independente, em condições de saúde, ou como sintomas das psiconeuroses". [Freud, (1900) 2019, p. 586].

17 Poderíamos pensar que há duas grandes formas de acessar o primitivo. Uma delas seria acessar algo da ordem do conteúdo primitivo; a outra seria acessar e "trabalhar" a partir de um modo de funcionamento mais primitivo. A criação artística, por exemplo, seria uma das formas de acessar um modo de funcionamento primitivo — acessando o *criacional*, que cria o mundo e a si próprio.

18 Freud, (1900) 2019, p. 595.

O fenômeno delirante/alucinatório prepondera em psicóticos; porém, devido a esses fenômenos serem constitutivos de cada ser humano, eles acabam por se *apresentar* também na histeria e na neurose obsessiva (como nos casos de Freud), assim como em outros tipos de padecimento psíquico que não poderíamos classificar enquanto uma estrutura predominantemente psicótica. Tais fenômenos podem vir a fazer parte da sessão e do campo transferencial de maneira mais ou menos intensa, à medida que a análise e o uso do divã naturalmente levam à regressão/regrediência, a fim de evocar o que necessita ser trabalhado. O divã e a sessão de análise, instrumentalmente, levam a regressões,[19] ainda que, em alguns casos, essas possam ser mais "profundas" ou perturbadoras do que outras. Todo o processo psicanalítico envolve processos de regressão/regrediência.

Portanto, durante o processo de escuta, é fundamental escutar o mecanismo de defesa psíquico que estaria atuando naquele momento a partir do *estado de nuvem* e das *roupagens simbólicas* apresentadas. Por exemplo, novamente, um histérico ou um neurótico obsessivo poderiam, eventualmente, em algum momento de sua análise, procurar incorporar o analista, tal qual ocorre na fase oral-canibalística, proposta por Abraham.[20] Poderiam denegar o vivido, manifestar alguma faceta psicótica ou depositar, em sessão, áreas internas traumatizadas. Tenho a convicção de que o leitor psicanalista já se deparou com situações similares a essas, pois "é esperado" que, em um processo de análise, elas se *apresentem*.

---

19 Ao teorizar sobre os sonhos e sobre o sintoma (teorização que nos auxilia também a pensar a transferência e o trabalho em sessão), Freud nos fala das três facetas da regressão: "a) uma regressão topológica, no sentido do esquema dos sistemas Ψ; b) uma temporal, quando se trata de um retorno a formações psíquicas mais antigas; e c) uma regressão formal, quando modos primitivos de expressão e representação substituem os habituais [Freud, (1900) 2019, p. 599).

20 Abraham, (1924) 1970.

268

7.3 – A importância do divã para a clínica além da neurose

Queria saber como fica o corpo morando assim, na nuvem.
(Aline Bei)[21]

Fiz questão de problematizar o face a face, ainda na Parte I, enquanto trazia as contribuições de outros autores, visto que, em minha prática clínica, o divã não tem se colocado como um empecilho para um bom trabalho analítico, independentemente do tipo de sofrimento psicopatológico de meus analisandos. Pelo contrário, ele tem sido meu aliado, até mesmo em situações que beiram a despersonalização e o risco de suicídio. Desde o momento que passei a refletir sobre a gama de suas funções, apoiado nos autores trabalhados anteriormente, passei a indicá-lo tão logo se encerram as entrevistas iniciais e se firme uma contrato de trabalho. No entanto, essa indicação não ocorre sem um diálogo prévio, sem que eu elucide ao analisando o porquê de fazer uso desse instrumento-objeto enquanto um auxiliar de sua análise. Comentarei essa questão ao longo desta seção.

Nada me impediria de reconsiderar minha posição atual quanto a isso, mas creio ser a forma como o analista encara o trabalho a partir do divã mais importante do que pensar sobre o seu uso ou não uso *a priori*. Muito do que já foi dito corrobora essa posição. Provavelmente, meu trabalho com crianças "me ajude" a tomar o objeto-divã de maneira mais ampla. Seria simplista pensar seu uso apenas sob o prisma de uma análise clássica. Sustentar o uso do divã em análises que envolvem predominâncias não neuróticas passa por diversos vértices que apresentamos anteriormente, sobretudo a partir de Ferenczi, Winnicott, Ogden e Bollas, para além dos outros autores citados. Respeito profundamente

---

21 Bei, 2017.

os colegas que possuem outras experiências que os levariam a discordar de minha posição atual; porém, resta-me falar a partir de minha prática clínica.

A respeito do trabalho com analisandos em quem predominam aspectos de ordem neurótica, creio não ter nada de novo a acrescentar aqui (que não tenha sido discutindo anteriormente), exceto acentuar a importância do que se relaciona ao prazer do brincar em sessão (ainda que não de forma análoga ao que faria uma criança) como mola propulsora para auxiliar a soltar as amarras das neuroses que prendem esses analisandos. Desde o princípio da psicanálise, o divã foi auxiliar no tratamento das neuroses, e tudo o que foi apresentado e discutido até aqui torna inquestionável a importância de seu uso. Certamente, carrego, em minha escuta, todas as contribuições dos autores referidos anteriormente.

Já quanto ao trabalho com analisandos em quem predominam padecimentos não neuróticos, a cada ano que passa, torno-me mais convicto da importância do divã. Certamente, não atendo assim ninguém em situação de surto, em que um pico psicótico impeça qualquer tipo de comunicação, porém os momentos em que se manifestam aspectos psicóticos ou despersonalizantes, durante as análises — incluindo de analisandos em que há predomínio neurótico — não me parecem um empecilho em direção à saúde.

Porém, novamente reitero que, de nenhuma maneira, pretendo invalidar a importância de tratamentos face a face (ou qualquer outra modalidade que abdique do divã). Não poderia fazê-lo até mesmo porque parte de minha formação psi se deu trabalhando no Hospital Psiquiátrico São Pedro, em Porto Alegre, um dos hospitais públicos (antigamente chamados de hospícios) mais antigos do país, atrelado a casos de psicoses gravíssimas nos quais, obviamente, a utilização do divã não é nem sequer cogitada. A proposta deste livro é discutir tratamentos psicanalíticos em espaços onde é possível valer-se do divã enquanto um recurso, como nos consultórios.

Acredito ser a função do analista tolerar o mergulho nos aspectos mais desestruturantes a que o trabalho a partir do divã possa conduzir. Quanto aos colegas que criticam o uso do divã e o evitam, justificando que ele poderia conduzir o analisando a vivências desintegrativas em análise, creio que estão certos em parte de seu raciocínio. De fato, se há uma necessidade interna do analisando de reviver, reparar, re-costurar algum aspecto primitivo de si, o trabalho no divã o auxiliará a "descer" até as respectivas *regiões psíquicas* de funcionamento mais primitivo. Isso seria indesejável? Não poderia fazer parte do tratamento que o analisando tenha uma espécie de transferência primitiva com a figura do analista e com os demais objetos inanimados da sala de atendimentos, sobretudo com o divã, que poderia vir a ser *re-vestido simbolicamente* enquanto corpo da mãe?[22]

Alguns analisandos dormem em sessão e vivenciam adormecimentos apaziguantes, nos quais claramente se manifestam regressões a dependências maternas (no sentido da vigia ocular e da proteção). São situações em que o analisando busca no divã a presença do analista, uma certa paz interna. Funde psiquicamente o divã à figura do analista enquanto função protetiva e de *holding*. Nesses casos, o trabalho a partir do divã se torna uma espécie de reparação, de re-costura de "buracos" feridos de si.

Após e durante as sessões em que ocorrem esses adormecimentos, muitas vezes, o analisando traz conteúdos e/ou formas de funcionar aparentemente desconexas e que, ao longo do tempo, é *como se* passassem a fazer certo sentido dentro de um não-sentido. São situações difíceis de exemplificar, até porque boa parte delas é vivida de forma silenciosa, dentro do analisando,[23] enquanto parte é compartilhada no espaço terceiro. São situações para além do que as palavras

---

22 Como visto nos exemplos clínicos de Winnicott, Ogden e de muitos outros, no capítulo "Outros autores e as diversas formas de pensar o trabalho psicanalítico a partir do divã".

23 Porém, "sentidas" pelo analista a partir de sua *reverie* e de sua contratransferência.

alcançam. Tomando as proposições de Ogden, poderíamos dizer que boa parte dessas vivências/re-vivências se passa apenas privadamente, dentro do analisando, e parte dessa vivência é incomunicável, indizível ao analista, que participa de alguns desses momentos apenas como uma testemunha que consegue "entender" o que está se passando em sessão a partir de sua *reverie*.

Não se trata de o analista procurar interpretar algo que ocorre em um âmbito regressivo; trata-se de respeitar o momento, de vivenciar o papel transferencial que lhe é colocado e exercer sua função *container*. A depender da situação, o analista, enquanto objeto-divã-mãe, deve, no máximo, apaziguar o analisando e reassegurar que ele se encontra em um ambiente protegido, caso necessário. Qualquer trabalho de reelaboração do vivido, re-vivido, dá-se *a posteriori*, em sessões subsequentes e a partir do tempo interno que o analisando sinalizar.

Refiro-me, aqui, a visitar a fronteira entre o ser e o não ser. Da mesma forma que o analista jamais lida diretamente com o conteúdo recalcado de uma neurose — mas apenas o tangencia a partir do que é *apresentado* em sessão —, também não alcança o factual de cenas primitivas. Sua participação e seu "entendimento" dependem de sua *reverie*. Tenho dúvidas se exemplos concretos nos ajudariam a entender essas proposições, porque nem sempre esses momentos regressivos se dão de forma radical, mas tentarei elucidá-los de alguma maneira.[24]

Ocorreram situações de análise em que fui chamado desesperadamente de mãe, após longos silêncios e/ou adormecimentos, e, apesar de, em seguida, os analisandos perceberem seu "deslize" e tentarem transmitir a mim o que estavam vivendo internamente, são situações que as palavras não alcançam. É *como se* algo apenas em nível sensorial fosse transmitido ao analista, e *como se*, só por uma via sem pala-

---

24 Os exemplos clínicos relatados pelos autores trabalhados no livro podem ser correlacionados as minhas proposições.

vras, eu estivesse acolhendo, muitas vezes silenciosamente, o que estava a ser comunicado.

Muitas vezes, os analisandos também relatam sentirem-se "abraçados" pelo divã, o que se tornou um problema durante a pandemia (e a passagem dos tratamentos presenciais para o *online*), visto que ocorreu uma ruptura da função de continuidade corpórea que o divã exercia em alguns casos. Apesar de analisandos relatarem sentir muita falta do divã e relacionarem a "perda" dele a um sentimento de estar faltando algo em si, outros analisandos, que também tomavam o divã enquanto um objeto que exercia essa função materna em nível mais profundo, tornaram-se mais confusos, mas não relacionavam uma coisa à outra, ficando a depender de que eu os auxiliasse mais ativamente (dentre outras funções analíticas) a compreenderem e enunciarem que, de fato, ocorreu um rompimento brusco da tessitura-*holding* que o divã lhes propiciava enquanto um apoio a seu psiquismo durante o trabalho de análise.

Analisandos podem relatar, após silêncios introspectivos, terem se observado fora de si; sentirem-se "unidos" ao divã; sentirem-se flutuando. Muitas vezes, comunicam sensações originárias, sejam de fusão e de desfusão de si, seja de apaziguamento, mas também de intrusão — o que faz com que o manejo do analista envolva trazer aspectos da realidade material, para além da psíquica, a assegurar o espaço analítico enquanto um lugar seguro para o analisando. Vivenciar, em análise, situações análogas ao não-ser si mesmo é também uma forma de conectar-se à criatividade primária (ao criar seu mundo e a si mesmo) — o que eu venho tratando como sendo da ordem do *criacional*. No sentido de acessar um estado *criacional*: de certa maneira, reavivar a sensação originária de criar-se, no trabalho de *re-forma*, que é a análise.

Quanto ao analisando sentir-se invadido e relatar alguma sensação similar a ser invadido, atacado ou "engolido" pelo divã, creio que estamos no lucro. Afinal, se essas são questões internas a serem trabalhadas é, aliás, melhor que estejam direcionadas e transferidas ao objeto-divã, um objeto inanimado (tal qual um brinquedo, na análise de crianças) e terceiro, que não seja o próprio analista.[25] Num atendimento face a face, a invasividade seria transferencialmente ligada massivamente à pessoa do analista.

Claro, no divã o analisando também transferirá ao analista, porém mediado por uma terceiridade que seria, no mínimo, atrapalhada, caso o tratamento acontecesse face a face. No divã, certamente, alguns analisandos podem imaginar que o analista zomba de seus sentimentos e imaginar, mais neuroticamente (ou até psicoticamente), que o analista o atiraria pela janela ou o mataria, que o esfaquearia, o molestaria, o torturaria, livrar-se-ia dele, ou qualquer outra situação que seja da ordem do abuso e da falta de alteridade. Essas são questões intrinsecamente ligadas à sua constituição narcísica, e precisam, de fato, ser trabalhadas.

Ao indicar o divã, sempre aviso aos analisandos, de antemão, que, em algum momento do processo de análise, ele pode vir a ter sentimentos estranhos e talvez até não muito bons em relação a mim (figura do analista). Porém, deixo claro que isso é muito natural, pois ele estaria transferindo toda a sua vida para o espaço da sessão. Sinalizo que, caso um sentimento estranho ou ruim lhe ocorra, ele me comunique, e tentaremos juntos entender o que se passa. Afinal, minha intenção máxima, enquanto seu analista, seria ajudá-lo a trabalhar internamente tudo o que o seu psiquismo mostrar necessário, e jamais o contrário. Aviso-âncora que ajuda (e não costuma falhar,[26] em minha prática) quando alguma transferência negativa, sobretudo mais massiva, apossa-se das sessões. É um aviso-cuidado, um aviso-guardião a lembrar que a análise pode suscitar sentimentos "loucos" ou

---

25 Ademais, essa forma de relacionamento objetal estaria apenas deslocado para a análise (a fim de ser perlaborada), visto que ela já estaria operando, de certa maneira, nas relações objetais do analisando em sua vida para além das sessões.

26 Ainda que falhas do analista possam ser muito produtivas para o processo de análise, caso ele se demonstre apto a reconhecê-las perante o analisando.

ruins, e que tudo bem eles ocorrerem, pois o importante é pensarmos juntos sobre eles depois, a fim de perlaborá-los. É uma forma de anunciar a virtualidade do que é vivido em sessão — mostrar, desde o princípio, que a análise se passa num território do "*como se*", e não de uma relação concreta. Ao mesmo tempo, é algo que circunscreve o espaço analítico como um lugar em que psiquismos dialogam; um espaço em que a insatisfação, a destrutividade e alguns possíveis atos corpóreos violentos se contenham, ou "se contentem" a se expressar da forma mais simbólica possível, sem que o analista sofra alguma agressão física (se pensamos em casos extremos) ou que o analisando simplesmente interrompa o tratamento por conta de um incômodo transferencial não comunicado.

Usos mais primitivos do objeto-divã podem ser longos, mas, muitas vezes, são breves. Ele pode ser propício à emergência de uma certa "loucura momentânea" a ser mais bem entendida a seguir. Há, também, os analisandos que fazem uso, por boa parte da análise, ou por certo período, de cobertores, invólucros que revestem todo o seu corpo. Compreendo algumas situações como análogas ao divã-útero de Winnicott, visto que o uso divã pode ser encarado como uma espécie de proteção ao criar-se, proteção ao ser, proteção de uma invasão, ainda que eu nunca tenha presenciado uma regressão tão acentuada como as que Margaret Little relata em sua análise com Winnicott. Muitas vezes, o uso do cobertor serve (no sentido de ser usado, enquanto um objeto) para proteger a pele "em carne viva", do trauma, da fragilidade da borda que há entre o *si mesmo* e o mundo externo que o ataca. O cobertor "encarnaria" essa função-pele psíquica.[27] Nesse sentido, o divã também é uma proteção ao olhar do analista, que invadiria o psiquismo do analisando em um tratamento face a face. No entanto, cobertores também costumam ser usados com propósitos de "transição", de forma análoga aos répteis, que trocam de pele. Na realidade, o ser humano também troca

---

27   Ver capítulo "O divã-pele de Didier Anzieu".

de pele, já que nossas células morrem e nascem a todo o momento.[28] Há sempre uma renovação e uma *re-forma* de nosso corpo também. Nesses casos, os cobertores estão ali ofertados a fim de proteger a "descamação" e a "composição" de uma nova pele (psíquica), e colocam-se a serviço da *re-forma,* conforme vínhamos articulando.

Ainda quanto ao uso de cobertor como um auxiliar no processo analítico no divã, é verdade que, por um bom período, eu não disponibilizei esse recurso. Essa demanda, porém, foi se instaurando a partir da fala de alguns analisandos, que passaram a relatar o desejo de taparem-se durante as sessões. Isso me levou a oferecer a possibilidade de trazerem seus próprios cobertores, a serem guardados no armário do consultório, tal qual guardamos as caixas e os brinquedos de crianças, para serem usados por eles nos seus horários.[29] Tal entendimento me levou, posteriormente, a disponibilizar (visivelmente), na sala, um cobertor a quem se sentisse impelido ao seu uso.

A crítica de que o uso do divã pode despertar pensamentos persecutórios e paranoides — e, por conta disso, não deveria ser indicado — soa-me um pouco exagerada. Esse tipo de sintomatologia aparece em tratamentos face a face também. Aliás, em uma modalidade face a face, o analisando teria mais subsídios para apoiar "negativamente" suas fantasias ou seus delírios persecutórios e paranoides. Caso o analista aparente cansaço ou sono (sendo isso verdadeiro ou não), o analisando se apoiará nessa "superfície" para projetar a ideia de que o analista não se interessa por ele. Caso o analista olhe, eventualmente, para o relógio, isso poderia ser sentido como se o analista estivesse a contar as horas para se ver livre do analisando "chato"... Dessa maneira, o analista teria de trabalhar com uma falsa "cara de paisagem", o que seria péssimo, ou sua "humanidade" espontânea poderia ser

---

28 Essa ideia de morte e renovação celular como metáfora para pensar o psiquismo é introduzida por Sabina Spielrein [(1912) 2021, p. 20-21].

29 Em alguns casos, apenas quando solicitavam; em outros, já disponibilizados, de antemão, toda vez que adentravam na sala de atendimento.

interpretada sob o viés paranoide, caso essa modalidade de sofrimento seja proeminente no analisando.

Como na expressão "se correr o bicho pega, se ficar o bicho come", não há formas de evitar fantasias persecutórias. Elas precisam ser enfrentadas e, sob esse prisma, o divã, o corte do olhar e a necessidade de confiar (mesmo que permaneça a desconfiança) fazem com que essas fantasias se apresentem de forma que possam contidas e trabalhadas em sessão. Certamente que o analisando pode pensar qualquer absurdo do analista, ou do que ele poderia estar fazendo e/ou pensando enquanto o analisando está privado de enxergá-lo; porém, o analisando estará mais impelido a comunicar sua paranoia deitado no divã do que "procurando algo", no corpo do analista, que a "embase", para vivê-la silenciosamente, sem comunicá-la diretamente. Ademais, quando qualquer tipo de sentimento ou pensamento se intensifica, o analisando deitado no divã pode sempre virar sua cabeça e encontrará a figura do analista, o que ocorre quando há necessidade interna de reassegurar a "boa" presença do analista em sessão.

Uma analisanda de 45 anos,[30] dominada por regiões psíquicas paranoides e permeada por mecanismos projetivos, mas também apresentando outras regiões psíquicas deveras áridas,[31] ainda que mantendo um lado de si funcional (e neurótico), era acometida por transtornos alimentares e manifestava momentos de desconexão de cunho autista (seu filho único tinha um autismo severo). Ela costumava virar-se para me enxergar muitas vezes durante a sessão. Esse era seu primeiro tratamento, em qualquer tipo de psicoterapia. Até então, ela estava há mais de 20 anos em tratamento psiquiátrico, fazendo uso exclusivo de remédios para depressão e ansiedade. Suas sessões de análise eram tensas e suas risadas eram nervosas, desconexas em relação ao conteúdo — pareciam pouco genuínas, como se fossem uma espécie de tentativa em existir

---

30 Com frequência de duas sessões semanais e deitada ao divã.

31 Também regiões neuróticas, que a levavam a seguir uma vida minimamente funcional, dentro de suas possibilidades e apesar do intenso sofrimento.

—, ainda que de um modo esquizoide, e não a partir de uma expressão genuína do humor. Ela demonstrava um humor transtornado. No divã, virava-se com frequência, parecendo sempre assustada, e perseguia-se com as suas próprias falas.

Porém, toda essa sintomatologia foi se atenuando à medida que o tratamento avançava. Ela passou a trazer uma garrafinha de água para tomar durante a sessão (o que outros analisandos também fazem, por motivos múltiplos, incluindo o de "lubrificar" a fala)[32] e passou a utilizar roupas mais coloridas, visto que, por muito tempo, usou apenas preto e cinza,[33] operando uma mudança visual do que aparentava "morte" para algo mais libidinizado — o que ela mesma constatava e sobre o que acabava por refletir.

Sua transferência de cunho erótico demarcava seu desejo, mas sua fantasia, muitas vezes, me colocava menos como um homem hétero (em suas fantasias, com frequência, eu era encarado como homossexual) e mais como uma mãe nutridora. Eu era um "homem hétero" (no papel transferencial) apenas em suas fantasias persecutórias, sendo encarado, transferencialmente, por ela como um machista tirano. Nessas fantasias, eu ocuparia o papel do homem mau, que a explora e a atende apenas para roubar seu dinheiro. Pelo fato de sua percepção ser apenas transferencial e não ligada a nada concreto que se passasse nas sessões, após determinado período, sua transferência me transformava novamente em um "homem homossexual", "sensível até demais", segundo suas palavras.

---

32 "Lubrificar" a fala deve ser encarado em sob uma perspectiva ampla, podendo ser entendida como "libidinizar" a fala, "sexualizar" a fala, se estivermos pensando a partir da metapsicologia freudiana. Para além de suprir necessidades fisiológicas, a água em sessão também pode ser compreendida sob um viés metafórico a encobrir ou substituir "algo" simbolicamente. A água, no caso dessa analisanda, poderia ser encarada com um substituto simbólico do leite materno.

33 De nenhuma maneira pretendo generalizar a forma de o analisando compor seu estilo de se vestir como atrelado a algum sofrimento psíquico. Meus comentários se referem exclusivamente ao caso em questão e apenas à sua singularidade.

Trabalhar com ela era exaustivo. Eu me sentia sugado de minhas energias psíquicas, *como se* ela se nutrisse (se amamentasse) de mim. Era necessária muita paciência para receber seus ataques e desarmar sua perseguição com a devida benevolência e com um tom de voz naturalmente calmo, que sempre saiu espontaneamente, nas intervenções realizadas com ela. Era *como se* meu psiquismo mastigasse o mundo terrorífico que ela projetava e o devolvesse com ternura e acalento. Houve um período em que ela dormia durante boa parte das sessões e roncava profundamente (em uma dessas vezes, ao acordar, me disse: "*Desculpa, mãe. Tava muito cansada, acabei apagando*").

A temática de suas sessões, muitas vezes, era de cunho oral, envolvendo seu peso corporal, sua compulsão alimentar, seus problemas de metabolismo e sua alergia a lactose. Também envolvia questões histórico-culturais de colonização, abuso de poder e a maneira como os indígenas foram explorados no Brasil; bem como incluía seu filho autista e sua relação com seu marido (que sofria de obesidade mórbida e uma paranoia acentuada, o que lhe fazia evitar sair à rua), como também outros aspectos de sua história pessoal. Apesar de ficar exausto psiquicamente ao atendê-la, era *como se*, com o tempo, eu tivesse me acostumado a receber a *roupagem simbólica* de mãe nutridora (e também todas as *roupagens* terroríficas) que ela havia me convocado a exercer, facilitando com que eu vivenciasse suas sessões com certa tranquilidade, dentro das possibilidades.

O principal de um tratamento como esse seria o analista sobreviver a seus ataques e seguir "mastigando" o terror que ela projetava nas sessões, a fim de devolver algo psiquicamente "nutritivo". Era necessário aceitar suas "ausências psíquicas", pois, de fato, muitas vezes, seu psiquismo era levado para um "não-lugar", uma não-existência. Compreender que ela dormia a fim de ser velada e protegida sob o meu olhar me parecia o melhor que eu poderia fazer nesses momentos.

Após três anos de tratamento, quando havia conseguido iniciar o mestrado que pretendia e mostrava-se cada vez mais vivaz e com atenuação da sintomatologia — ainda que cada vez mais a acentuar seus conflitos conjugais —,[34] a analisanda interrompeu o tratamento. Ela não recebeu bem a ideia de que eu mudaria meu consultório de lugar (embora fosse no mesmo prédio e no mesmo andar), ainda eu que houvesse trazido o tema da mudança com bastante antecedência. Disse que gostava muito daquele consultório, que não se adaptaria ao próximo, que se sentia muito agradecida pois eu a havia ajudado muito, mas gostaria de encerrar o tratamento. Tentei interpretar seu medo da mudança, do novo, e sua fantasia de hostilidade em relação ao novo local, mas não surtiu o efeito desejado, e ela realmente encerrou o tratamento.

O caso relatado terminou em reação terapêutica negativa. Infelizmente, nem sempre conseguimos escapar dela. Porém, o recorte selecionado (que deixa de fora muitas informações relevantes) é uma forma de tentar exemplificar a importância do divã em padecimentos para além da neurose. **O divã é o instrumento que auxilia a emergência do *estado de nuvem* do analisando e propicia a instalação do *estado de nuvem compartilhado* (um terceiro espaço de interlocução entre os espaços internos de cada membro do par analítico). Mais do que isso, ele propicia a vivência e a revivência de situações que não poderiam ser alcançadas frente a frente. Era necessário tolerar o misto de ausências autísticas[35] e os ataques que a analisanda dirigia a mim para que ela conseguisse *re-formar* a si mesma a partir de sua análise. O divã propiciava a ela o fazer-se "ausente psiquicamente" de forma acompanhada, libidinizando a cena de ausência interna atuada em sessão em**

---

34 O material de seu tratamento me leva a entender que seu marido tinha um padecimento psíquico mais severo do que o dela. Ele não saía à rua, gastava o dinheiro que não tinha (pegando o dela), era um pai ausente e, à medida que a análise dela avançava, ele parecia cada vez mais encapsulado e isolado dentro de casa, sem nenhuma atividade produtiva, aumentando sua compulsão alimentar, a qual já o tinha levado a um estado considerável de obesidade mórbida.

35 Ver a respeito da posição autista-contígua no capítulo "Thomas Ogden e a privacidade no divã".

prol de sua perlaboração. Não há uma fala, ou alguma cena específica que eu poderia recortar para exemplificar o processo. Nesse caso, parte da técnica acaba por ser tolerar e respeitar seus momentos de ausência, de um grande "branco", um grande "vazio", a fim de ela se sentir aceita e respeitada como é — a criar-se e *re-formar*-se a partir desse "branco". Quanto mais se sentia respeitada, sentindo o espaço de análise como acolhedor ao seu sofrimento, menos entrava em operação sua ausência autística (períodos incomunicáveis, em que ela não falava nada, tampouco respondia a qualquer palavra que eu pudesse proferir — o que, quando percebi, ainda no início, levou-me a apenas respeitar seu tempo interno).

Apenas o divã poderia propiciar essa análise. Ele não só foi fundamental para a analisanda, como o foi também para mim. Minha exaustão e minha reação facial diante de seus ataques, sobretudo os primeiros, influenciariam sua continuidade. É "mais fácil" suportar ataques transferenciais com a garantia de vivê-los minimamente de forma privada, sem o psiquismo "atacante" da analisanda a medir minhas reações faciais. Analisandos, por vezes, realizam ataques sádicos e, a depender do caso, ataques perversos, que dependeriam de ver o rosto/reação do analista a fim de se satisfazerem completamente. O divã serve aqui, também, como um objeto que obriga o sintoma ou o transtorno a buscar meios terceiros, que não via direta ao objeto-analista, assim como protege a sessão de virar uma "conversa normal". Sua presença e sua utilização reafirmam e asseguram a todos: "estamos trabalhando a partir da virtualidade transferencial". O trabalho no divã auxilia o analisando a compreender, ainda que *a posteriori*, que as intensidades depositadas transferencialmente na figura do analista fazem parte de sua enfermidade psíquica. O trabalho no divã auxilia o analista a receber a transferência e as roupagens simbólicas que o analisando o reveste, protegendo a qualidade de sua escuta e de sua intervenção.

Se pretendemos trabalhar da maneira mais profunda possível em uma análise, é importante que o analista se sinta em um conforto mínimo para tanto. Assim como explicou

Freud, o olhar maciço do analisando, em um trabalho frente a frente, atrapalha na devida imersão ao *estado de nuvem* que o trabalho analítico necessita. Ogden reforça tal posição ao colocar que ambos da dupla precisam de um espaço minimamente privado, para que também ocorra o espaço íntimo compartilhado.

Em casos predominantemente não neuróticos, muitas vezes o analisando desconhece a possibilidade de ter sua privacidade psíquica respeitada. Logo, justamente por isso, a reação inicial de um analisando que não vivenciou a devida privacidade em sua constituição psíquica seria a de resistir à ideia de se deitar no divã. Ele não conhece a ideia de privacidade, apenas a de invasão, e preconceitua o divã como algo invasivo, pois não há, dentro dele, a representação do que seria vivenciar a privacidade. Porém, parece-me ser possível indicá-lo, desde que demonstrando sua função para o trabalho conjunto. Nesses casos, a privacidade se torna também algo novo a ser vivido, algo que trabalha para auxiliar no processo de *re-forma* em análise.

Se estamos falando sobre criar uma sustentação para o desenvolvimento psíquico do analisando, precisamos compreender a importância de realizar isso por meio de "algo" que simbolize um terceiro espaço — o divã/*diwan* —,[36] um espaço metafórico, um objeto de sustentação que pode ser tomado como um depositário das internidades do analisando, tal como é um brinquedo na análise de uma criança. A sustentação psíquica do analisando não pode ser o olhar concreto do analista: essa ideia, além de prejudicar a capacidade de escuta e intervenção do analista,[37] levaria o tratamento para o campo da superficialidade.

---

36   Um divã-útero, gestacional do devir, da *re-forma*.

37   Bem como sua capacidade metabólico-psíquica. Poderíamos pensar essa capacidade metabólico-psíquica, por exemplo, a partir das contribuições de Ernst Simmel e de Jean Laplanche. O primeiro nos apresenta um modelo psíquico inspirado em um modelo digestivo, no qual o psiquismo funcionaria de modo gastrointestinal. O segundo, por sua vez, apresenta um modelo tradutório, em que um psiquismo estaria sempre a traduzir (e metabolizar) internamente o que advém do psiquismo do outro [Simmel, (1943), 2022; Laplanche, 1985].

Em uma modalidade face a face, mesmo que não seja a intenção do analista, ele é colocado a ocupar um papel que passa por "aprovar" a busca desesperada do analisando por cada movimento seu, como uma espécie de sustentáculo de sua existência. Ele buscará "aprovação" a partir de cada movimento do analista e se sentirá perseguido ou "desaprovado" quando não a encontrar. Obviamente, precisamos mantê-lo sustentado, mas operando um deslocamento dessa sustentação para o divã, enquanto um objeto terceiro, que intermedeia a transferência, que delimita espaços: "você existe, eu existo, e existe um espaço terceiro de troca".

A indicação do divã serve também como a introdução de um espaço de jogo, que não é um simples projetar e introjetar massivo em uma transferência concretamente escópica em relação ao analista. Compreender o divã enquanto um objeto disposto à maleabilidade do brincar, à maleabilidade do *estado de nuvem*, contendo nele todas as facetas que exploramos na Parte I, somadas a tudo o que foi exposto na Parte II é o que me fez, paulatinamente, ao longo dos anos, passar a indicar o divã para todos os casos clínicos que chegaram até mim até então.[38] Para casos predominantemente neuróticos, o atendimento face a face acabaria por ser, até mesmo, um desperdício do potencial do tratamento — algo como pedir para uma baleia nadar na beira da praia.

Se entendemos o divã como um objeto-corpo da mãe/analista,[39] como teorizou Winnicott, ou até mesmo como um espaço geracional, tal qual um útero, conforme vimos em Bollas, ou a partir de outras posições autorais que sustentam o mesmo vértice de outros modos, compreenderemos que o divã auxilia a criar a separação entre o eu e o não-eu, limite que aparece borrado nos sofrimentos mais severos. Parece-me equivocado pensar que o divã deixaria o analisando sozinho. Estamos logo atrás dele, ele sente

---

38 Repito: falo, aqui, apenas da minha clínica. Ao menos até este momento, não houve um caso que me fizesse repensar essa posição.

39 Ou uma espécie de receptáculo "corpóreo", a exercer uma função *container* de seu próprio psiquismo.

nossa presença física, e isso repercute transferencialmente no trabalho da dupla analítica. O divã não deve estar a serviço de uma impossível neutralidade[40] ou da instalação de silêncios mortificantes. O psiquismo do analista está sempre a influenciar a sessão, quer ele deseje isso ou não. Não há como escapar dessa ideia, pois até mesmo o silêncio é uma comunicação psíquica do analista.

Nesse sentido, em momentos "mortificantes" de uma análise, a voz constante do analista, como uma espécie de acalanto rítmico, torna-se fundamental no manejo nos tratamentos no divã. Não estou, paulatinamente, a reforçar o necessário caráter do brincar à toa. É preciso que o analista "brinque" com os materiais psíquicos da sessão, trazidos pelo analisando, entrando na modalidade de trabalho que Roussillon definiu, inspirado pelo jogo do rabisco de Winnicott, como *conversação psicanalítica*.[41] **É preciso, assim, encarar a virtualidade da transferência enquanto o palco em que é projetado o *estado de nuvem*, o que é apresentado da vida psíquica do analisando. Temos que "brincar" e intervir nesse mundo, conforme o psiquismo do analisando "pede", tal qual interviríamos na brincadeira que o analisando criança oferece na sessão.** Por exemplo, no recorte clínico que expus anteriormente, cumpri o papel em que o jogo transferencial da analisanda me colocava: o da mãe nutridora (dentre outros tipos de papéis que foram exemplificados). Por vezes, esses papéis são mais silenciosos e implícitos; outras vezes, dependem mais de uma presença ativa da voz do analista, tal qual o jogo do rabisco winnicottiano — quando o analista acrescenta uma associação a ligar-se com a do analisando, tecendo uma longa trama conjunta, sempre atravessada por seu pensamento teórico-clínico, mas também por sua *reverie* e sua contratransferência.

O analista não deveria se colocar apenas como um observador fora da cena, como quem eventualmente pontuará

---

40 Está a serviço da abstinência.
41 Ver capítulo "O divã em latência de René Roussillon".

alguma questão, até porque essa posição é ilusória. Sua tentativa de colocar-se fora da cena é, por si só, uma forma de estar na cena, de ocupá-la através de uma ausência. De maneira geral, em padecimentos de predominância não neurótica, a frequência da fala do analista (como análoga ao mencionado jogo do rabisco) precisa ser muito mais alta do que em uma análise clássica, ajudando a tecer a trama. **A fala do analista não é "cirúrgica". A fala do analista se coloca a "brincar" e a oferecer plasticidade aos conteúdos que emergem a partir do *estado de nuvem* do analisando.** Ele deve estar imerso no campo do brincar, tal como o analista de crianças o faz, e isso o obriga a desenvolver sua maleabilidade. Trata-se de o analista "rabiscar" frases junto ao analisando para tecerem conjuntamente o tecido de um corpo psíquico sem bordas, quando for o caso.

A questão da maleabilidade é fundamental e deve ser explícita. A indicação do divã precisa ser explicada ao analisando, de maneira que ele possa minimamente entender sua função. É preciso que fique claro, com ou sem palavras, que o trabalho no divã não demanda uma submissão do analisando ao método do analista. A indicação do divã envolve, isso sim, um convite a confiar no analista para o que der e vier, a partir de um trabalho conjunto. Assim como Ogden indica o divã justificando a privacidade de cada um, creio que devemos "justificar" nossa indicação levando em conta as particularidades de cada caso.

Para fins didáticos, tentarei esboçar, aqui, a forma como eu costumo indicar o divã. No exemplo a seguir, acabei por criar um "grande enunciado", porém, na verdade, o escrito serve apenas como exemplo das variadas possibilidades, a depender da singularidade de cada analisando, e, por conta disso, certamente teria de ser adaptado caso a caso, levando em consideração o que foi trabalhado conjuntamente durante o período avaliativo.[42] O exemplo poderia ser:

---

42 Esse exemplo não deve ser entendido de forma concreta. Os conteúdos de sua enunciação devem ser mais pontuais e não tão extensos quanto no exem-

"Após passarmos por este período de avaliação conjunta, termos discutido seu desejo de continuidade do trabalho, termos discutido a respeito dos honorários e pensado qual a frequência ideal para nossos encontros; seria interessante que, a partir de agora, comecemos a trabalhar com o divã. Percebo que você, muitas vezes, se preocupa com minhas reações, com o que eu possa vir a pensar do que você fala; se preocupa que eu o compreenda; e, talvez, por vezes, fique mais atento ao que eu direi ou a como reagirei àquilo que você me conta. Você não precisa se preocupar com isso, pode se assegurar de que eu estarei conectado ao que você me traz, mesmo que você não me enxergue, ao estar no divã. Ademais, sinto que posso escutá-lo mais profundamente e até mesmo ajudá-lo mais profundamente sem olhá-lo diretamente. Faz parte do meu trabalho deixar que o que você me conta leve meu pensamento para as necessárias profundezas e, por incrível que isso possa parecer a você, consigo fazer isso melhor olhando para a parede, para a estante de livros, a poltrona vazia à minha frente ou para as nuvens do lado de fora da janela... você pode me achar engraçado ao dizer isso, 'esses psicanalistas são estranhos' (diria, acrescentando alguma piada a respeito do meu fazer que faça sentido ao que vem sendo construído pela dupla, durante as avaliações). Estarei com você para o que der e vier, por isso, por favor, sinta-se à vontade aqui. Estamos apenas começando uma jornada juntos. Você pode ser sincero comigo. Pode ser que, em alguns momentos, acabe sentindo me amar, mas pode vir a sentir muito ódio também, até mesmo a ponto de desejar me xingar, caso isso lhe ocorra. Só, por favor, não bata em mim!,[43] (acrescentaria, bem-humorado, autorizando, ao mesmo tempo, a movimentação do humor e dos aspectos agressivos e destrutivos de si em sessão, mas também a criar um limite para essa destruição). Estarei aqui com você, e você sentirá

---

plo, e evocar o que foi trabalhado em cada singular processo de avaliação. Do contrário, nosso cuidado protetivo, na hora de indicar o divã, acabaria por ser um excesso, que viria a dificultar a metabolização por parte do analisando.

43 Explicarei na sequência o motivo de eu dizer algo similar a isso.

minha presença; não há de se preocupar comigo. Sempre que eu estiver em silêncio, tenha certeza de que estou lhe acompanhando com meus pensamentos, e nada impede que você vire a cabeça e me espie, caso lhe pareça uma boa ideia. Deitado no divã, acredito que você se sentirá tão à vontade para entregar-se aos seus pensamentos quanto eu, e vamos pensando e sentindo juntos tudo o que porventura lhe ocorra, ao estar ali deitado."

Essa fictícia indicação ao divã tentaria contemplar distintos aspectos de uma vida psíquica. É de se levar em conta também que, em sessão, ao contrário do texto escrito, eu imprimiria uma coloquialidade, ligada à vida cotidiana, bem mais acentuada. Obviamente, poderiam ser selecionados alguns trechos dessa ideia para algum analisando; outros, para outro... dizer menos para um, mais para outro. Para alguns, muito menos palavras; para outros, alguma outra coisa que o exemplo não contempla. Tudo depende do que se escuta e se constrói, no período inicial da avaliação. O fato é: independentemente do que eu diga, sempre costumo transmitir tranquilidade em meu tom de voz, aliada a umas doses de humor (desde que isso não seja forçado, mas genuíno).

A resistência é sempre uma hostilidade para com o analista. Brinco com o extremo (ele me bater, me atirar pela janela, ou algo nesse sentido), para autorizá-lo a trazer, no futuro, coisas que imagina que poderiam me atacar. Esse tipo de intervenção caminha na direção de marcar o espaço da sessão como diferenciado das relações sociais comuns, nas quais a agressividade não costuma ser acolhida de bom grado. Essa posição analítica o autorizará a trabalhar sua hostilidade edípica, mas também um possível trauma advindo do narcisismo primário, uma possível queixa quanto ao não ter sido devidamente acolhido em sua vida primeva.

É preciso que o analista garanta sobreviver ao que vier, e digo isso indicando que podemos brincar com a hostilidade. Nós podemos brincar de destruir, assim como algumas crianças em análise precisam destruir algum bonequinho.

Nós podemos brincar de desmontarmo-nos. Até mesmo isso podemos dizer, com palavras inteligíveis ao analisando, caso pareça interessante para o tratamento, mas o limite é posto. Em nosso subtexto estaria implícito algo como: "pode fazer uso de suas sessões da maneira que lhe convém, desde que não nos destruamos para além da virtualidade da transferência". Esse tipo de enunciado, ao mesmo tempo, fala com o lado lúdico da brincadeira e cria limites, bordas. A "brincadeira" acaba, caso a integridade física do analisando ou do analista estiver em risco. Certamente, outras enunciações, na hora da indicação do divã, podem ou devem ser mais ou menos acentuadas. Esse exemplo se preocupou em elucidar o trabalho com a destrutividade e em demonstrar a via dupla que uma enunciação pode conter.[44]

O uso do divã alude ao paradoxo presença-ausência, a partir de um olhar subjetivo — em oposição a um olhar concreto. O analista está sempre a marcar sua presença de alguma maneira, seja através de sua respiração, seja a partir de qualquer movimento corpóreo que exerça em sua poltrona, assim como também marca sua presença pela constância de sua voz, exercida pela *conversação psicanalítica* (esse jogo de associações, como o jogo do rabisco). Sob o prisma auditivo, o analisando pode sempre se certificar da presença do analista. No divã, o analisando vivenciará o paradoxo de estar ao mesmo tempo sozinho e acompanhado, a partir da constância das sessões, e se desmontará e se remontará incessantemente, no eterno processo de *re-forma*.

O divã, por essa via de entendimento, para além de ser o instrumento prínceps para análise das neuroses e do modelo clássico, mostra-se o melhor canal para que as *regiões psíquicas* mais precárias possam se manifestar e ser trabalhadas. Em um tratamento, estamos sempre tratando da vida psíquica do analisando como um todo. Assim, uma sessão pode

---

44 Um único enunciado do analista pode ser essencialmente paradoxal, contendo, a um só tempo, o que remete ao lúdico e o que é da ordem de um limite (borda, lei, castração etc.), a depender do contexto.

transcorrer a partir de manifestações neuróticas, até que, em determinado ponto, pode emergir algo de outra ordem.

7.4 A sala de atendimento como um todo e sua relação com os processos inconscientes

Novamente, é importante pontuar a vertente etimológica de divã/*diwan* enquanto uma sala de reuniões da mais alta importância, e, a partir disso, refletir também sobre os outros objetos componentes dessa sala, para além do divã propriamente dito. A reflexão psicanalítica de Bollas[45] nos levaria a dizer que toda escolha — também as arquitetônicas, dos interiores dos ambientes, sejam quais forem — teria ligação com nossos movimentos inconscientes e com o nosso *self*. Enxergar/escutar isso seria da maior importância, visto que acessar nossas próprias escolhas inconscientes reflete em uma melhor escuta. Não esqueçamos que Freud fazia questão de dispor seus artefatos antigos em sua sala de atendimento, e não me parece que seja possível encará-los como mera decoração, senão que eles são, de fato, objetos-materiais que representam o seu modelo arqueológico na sala de análise, intimamente ligados à proposta de pensar o divã e o trabalho a partir dele, sob o prisma das reminiscências.[46] Com base no pensamento de Bollas, devemos reconhecer um sentido inconsciente nessas disposições arquitetônicas ambientais — proposições que reafirmam a inexistência de uma suposta neutralidade asséptica no espaço do atendimento psicanalítico. O analista é abstinente, mas está sempre a oferecer potenciais objetos de uso. Como analogia, lembremos que, desde o primeiro atendimento de uma criança, o analista oferta visualmente brinquedos e possibilidades do brincar na sessão. Nesse sentido, o analista estaria ofertando a sala de atendimentos e seus objetos componentes, a fim de, possivelmente, serem tomados como objeto de uso para

---

45   Ver o capítulo "Christopher Bollas e o divã evocativo".
46   Ver novamente capítulo "O divã-reminiscência de Sigmund Freud".

comunicações inconscientes — da mesma forma que estaria a disponibilizar o seu psiquismo ao trabalho analítico.

A sala do analista e, sobretudo, o divã *comunicam* algo e passam a ser objetos de uso durante a análise. Na postura analítica, o analista segue abstinente, mas se crer neutro é um ideal inalcançável e, mais que isso, uma denegação, à medida que deixa de reconhecer a relação do Inconsciente do analista com os objetos que este escolheu para compor seu *setting*. Segundo Bollas, os objetos evocam muito mais do que representações: evocam procedimentos, movimentos, transformações que, em última instância, são auxiliares pelo menos ao analista. Parece-me honesto e transparente reconhecermos que manifestamos, de alguma maneira, nosso *self* através da forma como compomos o interior de nossa sala de atendimentos (*diwan*). Portanto, o analista está sempre a oferecer material psíquico ao analisando, mesmo que se mantenha em total silêncio.

A ideia de que o analista está sempre a ofertar potenciais materiais psíquicos para conversar com o *estado de nuvem* do analisando, mesmo que não intencionalmente, mostra-se importante também para pensarmos a indicação do divã. Em um tratamento face a face, o analista estará a *apresentar* suas expressões faciais para serem tomadas pelo analisando, como componentes de sua relação transferencial. Portanto, novamente, quando indicamos o uso do divã, estamos a oferecer outra coisa, que não a concretude de nosso olhar.

A partir da postulação do *divã em latência* e dos desdobramentos que a envolvem, Roussilon pontua a importância do divã como representante do processo analítico,[47] ao menos do que o analista viveu enquanto analisando. Não seria importante refletirmos que todos os objetos que compõem a sala de análise — o divã/*diwan* turco-otomano — estão ofertados ao uso psíquico do analisando? Os materiais gráficos e brinquedos que ofertamos ao uso, na análise

---

47 Ver novamente o capítulo "O divã em latência de René Roussillon".

de crianças, seriam os exemplos mais fáceis para correlacionarmos a essa proposta.

Compreendo que, assim como o psiquismo do analista está ofertado ao trabalho transferencial, todos os outros objetos que compõem a sala, incluindo os inanimados, também. Digamos, como exemplo, que estamos a falar de uma escrivaninha, de papéis em branco com potencial de serem escritos, livros de psicanálise (detentores de conhecimento) na estante... Não necessariamente o analisando vai fazer uso psíquico de tais elementos da mesma maneira que o analista (que os escolheu para compor a sala, ainda que inconscientemente). Nem mesmo isso é desejável, ainda que possível. Porém, algum tipo de relação se estabelece, seja ela "benéfica" ou não. Creio ser de valor que cada analista reflita sobre os objetos inanimados que compõem sua sala. Quadros, fotografias de Freud, livros de psicanálise, quando presentes na sala de atendimento, cumprem alguma função para a escuta do analista, tal qual o *divã em latência* de Roussilon, a lhe assegurar sua relação com a sua escuta e, não deixam de ser, uma espécie de totem[48] (ancestrais psicanalíticos, protetores da prática analítica).

Certamente, não é por mero acaso que, em minha sala/*diwan*, eu disponha de estantes com livros de psicanálise e, sobretudo, de poesia; ou, até mesmo, que opto (por puro capricho estético de minha parte, mas, certamente, influenciado pelo modelo de pensar a clínica que tenho apresentado) por posicionar o divã-mobília para um janela com vista para as nuvens.[49] Todas as questões arquitetônicas se presentificam e podem ter funções variadas no processo analítico. Tais objetos fazem parte do *diwan* enquanto sala de reuniões importantes, e cumprem papéis auxiliares (ao menos para a escuta do analista), tanto quanto o divã-mobília (no sentido do que Roussilon postulou a respeito do *divã em latência*) — pelo

---

48 Freud, (1912-1913) 2012.

49 Tal escolha estética certamente acaba por influenciar e "permear" a associação livre de meus analisandos, visto que, muitas vezes, o movimento das nuvens e as suas formas são explicitamente comunicadas pelos analisandos, ao longo de seu processo.

menos no sentido com que Bollas teorizou os objetos evocativos.[50]

Creio que todos os psicanalistas estão familiarizados com alguma situação em que o analisando comenta sobre determinado objeto da sala de atendimento, seja um quadro, um livro ou algum outro elemento. O analista os escolheu, mesmo que inconscientemente, como elementos a serem ofertado para uso psíquico de seus analisandos — como objetos de uso, tanto quanto os brinquedos são para as crianças. Se tomamos o pensamento de Christopher Bollas, os objetos do mundo externo são passíveis de se tornarem objetos transformacionais para o desenvolvimento do *self*. Isto é, de serem tomados como elementos transformadores pelo analisando, já que, para Bollas, buscamos não só a repetição, mas também o novo e a transformação através das relações objetais — seja a partir das relações humanas ou a partir de objetos inanimados. Qualquer produção — como alguma música que o analisando vem a escutar — pode vir a ser um objeto de uso em sessão. Em um ambiente de análise, os objetos (incluindo o analista) estão potencialmente oferecidos ao uso transformacional, quer o analista tenha refletido anteriormente sobre isso ou não.

Poderíamos exemplificar, ainda, com um recorte que extrapola o espaço da sessão, mas que se liga à relação transferencial: uma analisanda, por certo período, passou a levar revistas da sala de espera para ler em casa e, eventualmente, até furtou algumas, sem jamais se acusar (na verdade, sem a comprovação final, pode ser que não tenha sido ela, mas tudo me leva a crer que sim). Demorei um tempinho para perceber sua prática, que ela entendia como natural ("sempre entendi que as revistas estavam ali para serem lidas e, muitas vezes, preferi ler em casa", me disse).[51] Não vem ao caso discutirmos aqui

---

50 Ver novamente o capítulo "Christopher Bollas e o divã evocativo".
51 Levar e trazer coisas de casa e/ou algo que simbolize a sessão é algo recorrente na clínica de crianças.

se seus motivos para tanto são de ordem invejosa ou para levar consigo "algo de bom" do analista, isto é, conteúdos e estados internos do analista que reforçariam, dentro de si, aspectos trabalhados em sessão, na transferência ou todas essas as coisas. O fato é que, para essa analisanda, as revistas da sala de espera eram materiais que faziam parte de sua análise e de sua relação transferencial comigo. Não muito diferente disso seria a pesquisa via Google (ou outros meios *online*) que os analisandos fazem antes de iniciar uma análise, ou até mesmo durante ela, procurando informações sobre o analista.

Tanto o que há na internet a respeito do analista quanto a maneira como ele compõe sua sala de atendimentos fazem parte do âmbito público e manifesto de nós, analistas. Todos os objetos ofertados contêm traços de nossas *regiões psíquicas* mais íntimas e são, sim, buscados pelos analisandos, sob o prisma da relação objetal. Boa parte dos meus analisandos sabe, até mesmo, o time de futebol para o qual eu torço, por conta de pesquisas no Google. Esses analisandos me relataram que, antes mesmo de terem uma primeira sessão comigo, acessaram um material em que fui entrevistado como escritor, a respeito de meu processo criativo, no qual relatei gostar de começar o dia por me inteirar a respeito das notícias de meu time do coração.

Isso revela que até o analisando mais neurótico busca a "concretude" de seu analista, que passa a ser material de sessão, mais cedo ou mais tarde. Nesse caso, o time do coração do analista se torna material para trabalhar questões ligadas à identificação (quando o analisando torce para o mesmo time) ou à rivalidade (quando torce para um time rival). Esse exemplo é interessante, pois estamos a falar de questões internas projetadas em um espaço terceiro e da cultura. Não é interessante que esse tipo de demanda psíquica de "investigação" ocorra a partir do olhar concreto das expressões faciais do analista, em um tratamento face a face. Há sempre uma sede do analisando para com a pessoa do analista e uma curiosidade sobre o que estaria pensando acerca dos materiais psíquicos expressados em sessão.

O que diríamos, então, sobre os analisandos, também psicanalistas, que acabam por saber de aspectos da vida íntima do analista por compartilharem o mesmo ambiente — da comunidade psicanalítica — e que procuram informações "factuais" por esses meios? O anseio por visualizar o título de um livro que repousa na sala de atendimento é apenas uma forma concreta de o analisando tentar se relacionar mais intimamente com o analista, porém, pelo fato de esse ser um objeto terceiro, a especulação em torno dele se faz um tanto mais interessante para "brincar" na análise do que a especulação concreta do olhar face a face.

Por essa via, é mais rica a especulação do analisando deitado e voltado para uma parede branca, ou para o movimento das nuvens na janela e as formas que nela podem ser projetadas, do que a projeção a partir da concretude do olhar do analista — independentemente de quais *regiões psíquicas* do analisando preponderam no trabalho analítico.

Para além do analisando, é interessante pensarmos a relação do analista com a composição de sua sala/*diwan*. Ele, analista, conviverá com esses objetos por horas, dias, anos, enquanto estiver a escutar seus analisandos, e esses objetos passam também a funcionar como objetos evocativos de grande força dentro do analista. Parece-me interessante que o analista se relacione de modo lúdico e poético com esses objetos, e que eles sejam facilitadores ao seu *estado de nuvem*, visto que eles são evocativos de suas *regiões internas*, de seu *self* de trabalho analítico.

É para esses objetos que seu olhar estará voltado, na maior parte do tempo, durante o atendimento, e sua função lúdica e poética, contida em seu *estado de nuvem analítico*, pode ser imprescindível ao seu trabalho psíquico durante as análises, sobretudo nas situações clínicas em que estaríamos a tratar de psiquismos áridos ou demasiadamente doentios. O ser humano e sua potência *criacional* por excelência acabam por criar totens de referência involuntariamente. Para alguns analistas (talvez até de forma nociva), figuras da persona de Freud ocupam um lugar similar ao de Jesus Cristo ou de Maomé, como uma espécie de religião, o que, certamente, leva também à cegueira.

Não esqueçamos que divã/*diwan*[52] significa originariamente (e literalmente), pela sua via persa, uma obra poética, o volume que reúne uma obra poética; e Freud deixa claro, em sua obra, o seu apreço pelos poetas e pelo fazer poético. Sob esse prisma, a poética faz parte da análise, não só no pensamento de Freud ou nos seus escritos. O *diwan*, sua etimologia, alude e contém o fazer analítico, independentemente do pensamento consciente de Freud a respeito do uso do divã. Não ganhamos nada em creditar ao acaso ou à aleatoriedade o fato de Freud ter se afeiçoado a ele como instrumento essencial de sua prática, ou que seja *nonsense* refletirmos sobre os objetos que compõem a sala de reuniões importantes analítica (*diwan*) e estão sempre, de alguma maneira, oferecidos ao analisando como objetos de uso. **Todo o movimento do analista, em sessão, pressupõe escolhas, mesmo que sejam inconscientes. Meu entendimento é de que o psiquismo do analista também se colocaria em *estado de nuvem*, enquanto uma função procedural criativa de ordem *criacional* (a influir e auxiliar na composição do campo transferencial analítico), durante a sessão (e isso inclui os objetos presentes em sua sala de atendimento). Seria no encontro, no espaço terceiro, que tange as nuvens de analista e analisando que o trabalho psicanalítico ocorreria.**

---

52   Ver o capítulo "Algumas considerações sobre a história e a etimologia da palavra divã".

7.5 Considerações a respeito da análise de crianças — o divã enquanto cama, barco e castelo

Ainda que o divã esteja ligado, desde os primórdios, à análise de adultos, é interessante discuti-lo a partir da análise com crianças.[53] Se Klein[54] pensou a análise de crianças a partir de como o divã era utilizado enquanto um objeto auxiliar/facilitador na análise de adultos, criemos o caminho contrário: a análise de crianças como um embasamento teórico-clínico para pensarmos a análise de adultos.

Em análises com crianças, o divã costuma realizar funções tão importantes quanto em análises com adultos, ainda que, naturalmente, ele não seja utilizado em sua forma clássica. Para elas, o divã pode cumprir um papel essencial, mesmo que implicitamente.[55] As crianças brincam com o divã, trazem-no para a narrativa que estão a construir. Ele é evocado como um elemento útil a suas fantasias e enxergado como um potencial objeto de uso, a partir de uma função *criacional* onipotente, auxiliar à comunicação inconsciente. As crianças fazem o divã de cama, barco, um quarto, um castelo e/ou qualquer demarcação de espaço que lhes convenha... na verdade, o divã pode ser qualquer coisa, na brincadeira da criança. Em muitos casos, a própria sala de análise é comumente entendida por elas como quarto e/ou como casa do analista e/ou como continuidade de sua própria casa/quarto. Curiosamente, essas atitudes subjetivas da criança remetem à vertente etimológica turco-otomana de divã/*diwan*: uma sala de reuniões da mais alta importância.

Colocar a sala de análise no espectro de um "fazer de conta", como uma casa/quarto — ou o divã como uma cama

---

53   Quanto a pensar sobre os objetos de uso no atendimento de crianças, discuti anteriormente o uso de instrumentos musicais no texto "Sonoridades clínicas" (Krüger, 2017a).

54   Ver capítulo "O processo criativo do analista e o divã para Melanie Klein".

55   No capítulo "Outros autores e as diversas formas de pensar o trabalho psicanalítico a partir do divã" estão compilados alguns materiais dessa ordem.

—, nada mais é do que uma aproximação, em termos de familiaridade, com o material psíquico dessas crianças que, de fato, chegam à sessão justamente pelos conflitos que decorrem do ambiente familiar, de casa. É essencial que a sala de análise possa ser uma "casa receptiva". Já, o divã como "cama", quando não se trata de questões de abuso, poderia aludir ao que teoriza André Green a respeito do método clássico como modelo do sonho. A criança sabe, de alguma maneira, mesmo que não esteja plenamente consciente disso, que, no sonho, não há censura alguma. Ao adormecer, seus desejos, medos e traumas circulam e irrompem de um modo que não acontece na vida desperta.

Em algum grau, mesmo que mínimo (não comparemos com um adulto, certamente), algo da cultura e do ambiente familiar restringe a satisfação de seus impulsos, e é disso que estou falando. A castração (o não poder tudo) entra em operação tão logo se sai do ventre da mãe, a começar pela impossibilidade de voltar para a proteção do útero. Desde o princípio, o bebê precisa lidar com a não satisfação total. Uma satisfação total é ilusória, até mesmo para uma criança suficientemente bem amparada.

Presentificar-se uma "cama" (divã) no local de atendimento sinaliza às crianças, mesmo de modo inconscientemente, que suas questões internas podem emergir sem censura. Dessa maneira, sabemos que tal presença concreta da mobília é facilitadora da emergência de conteúdos de ordem edípica, como a enurese noturna. **O infantil movimenta o divã/*diwan* a funcionar em *estado de nuvem.* As *regiões psíquicas* da criança, em desenvolvimento, ofertam ao trabalho psicanalítico uma plasticidade ainda maior, se comparada ao *standard* das sessões de adultos. Os objetos da sala de análise (e o analista também, claro) são tomados pelas crianças em toda a sua potência e re-vestidos com *roupagens simbólicas* auxiliares a suas manifestações inconscientes. Toda a sala do analista e toda a gama de brinquedos e materiais gráficos ofertados na sala de atendimento são tomados em sua maleabilidade brincante.**

Mesmo na análise de adultos, trabalhamos com a criança que vive dentro deles, ressaltaria Sándor Ferenczi.[56] Trabalhar visando se relacionar com a criança que vive "dentro" de cada analisando conferiria uma intenção de acessar o funcionamento primevo do psiquismo. Nessa concepção, estaríamos a trabalhar diretamente com a criança-poeta, de Freud, a criança que cria o mundo, de Winnicott, e a criança que busca o objeto transformacional, de Bollas, a explorar a faceta poética do *diwan*.

Marion Milner relata, no texto *Um paciente adulto utiliza brinquedos*,[57] que uma analisanda adulta, ao saber que sua analista trabalhava com crianças, solicita-lhe que ofereça os materiais utilizados por elas em análise — no caso, folhas de desenho. Sua analisanda seria um "caso grave" (com a qual era necessária a utilização de eletroconvulsoterapia) e, poderíamos dizer, tomou a possibilidade de desenvolver seu mundo interno através da folha em branco, um espaço circunscrito — metaforicamente, também, esse espaço em branco seria um espaço potencial e maleável, em que ela teria liberdade para se experimentar, sujar-se e, sobretudo, para brincar e existir. O trabalho a partir da escultura, da pintura, do desenho e de toda a forma de brincar e encenar são correlatos à ideia de pensar o divã/*diwan* a partir do que começamos a trabalhar com a etimologia, já que essas modalidades de trabalho "encarnam" a função de "jogo das nuvens", da maleabilidade do brincar, contido no *diwan*. É sob esse vértice de escuta que as análises de crianças e de adultos se assemelham.

A linha que separa uma análise de crianças da de adultos pode ser tênue. Lembremos, conforme colocado no capítulo "O divã, a criança que vive no adulto e as ousadias técnicas de Sándor Ferenczi", o relato de Ferenczi a respeito de um analisando adulto que o abraçou, chamou-o de vovô e falou

---

56 Ferenczi, (1931) 1992, p. 69-83.
57 Milner, (1948) 1991, p. 74-79. Obs.: *É* interessante essa ideia de o analisando adulto solicitar objetos auxiliares extras, e talvez devamos discutir mais sobre isso em outra oportunidade.

com ele *como se* ele realmente o fosse. Essa encenação apenas alude, de forma mais concreta, ao que foi descrito a respeito de ser colocada uma *roupagem simbólica* transferencial no analista, a partir do *estado de nuvem* da sessão.

O que me parece essencial assinalar, a respeito dos exemplos citados, é que os pensamentos teórico-clínicos de Milner e de Ferenczi não visavam defender a saída do divã, substituindo-o por um tratamento face a face (ainda que, obviamente, as situações relatadas contemplem a troca de olhares entre analista e analisando durante a sessão), mas, sim, contemplar o brincar da criança que vive dentro do adulto. Em outras palavras, pensar a criança que vive no adulto é pensar de dentro para fora, enquanto defender primariamente o face a face poderia ser uma forma de pensar de fora para dentro. O trabalho psicanalítico com crianças acontece a partir da maleabilidade com que elas *re-vestem*, a partir de seu mundo interno, cada objeto "concreto" da sessão psicanalítica — maleabilidade essencial, também, para pensarmos a análise adultos.

7.6. O compartilhamento da poesia interna singular e a apresentação da *roupagem simbólica* — penúltimas palavras

"Ando em vias de ser compartilhado / Ajeito as nuvens no olho", dizem os versos de Manoel de Barros.[58] Não reduzamos a intenção de seus versos a interpretações psicanalíticas (que sempre perdem a amplitude do pensamento poético), mas os tomemos como estímulo e nos permitamos pensar/brincar com algumas das inúmeras possibilidades de nos relacionar com esse fragmento artístico. Os versos de Manoel de Barros ressaltariam a importância do brincar? Estariam falando do paradoxo entre o dentro e o fora de si? Seus versos colocam as nuvens como palco da projeção do que está sendo compartilhado? Ele está explicitamente falando de tornar público (em forma de livro) o que é privado? Se pensamos no âmbito

---

58 Trecho de *Segundo dia 2.2*, poema do *Livro das ignorãças* (Barros, 1993).

psicanalítico, podemos tomar esses versos como inspiração para uma discussão sobre o que o analisando compartilha com o analista na sessão. Tal ideia seria das nuvens como o que contém o brincar do poeta, mas também o local onde ele projeta tal brincadeira, como quem diz "compartilharei meu âmago através das nuvens; preste atenção a elas, pois, com elas, brincarei, e a partir delas advirá minha profundidade."

Os versos de Manoel de Barros também podem nos conduzir para mais perguntas: em uma sessão de análise, para onde é interessante que os olhos se dirijam? Onde é o palco para as encenações do Inconsciente, o desfile das *roupagens simbólicas* e a possibilidade maleável de trocá-las? Muito possivelmente, o palco seria a sala de atendimentos e sua atmosfera como um todo. As cenas do palco nunca se bastam, é sempre a partir da interação com elas que a arte se constrói — e o mesmo se pode dizer da análise.

É complicado ler o próprio livro interno olhando para os olhos de outrem. Uma análise se realiza a partir do que é possível enxergar no movimento de suas nuvens, no jogo de suas nuvens internas. Trata-se de um "olhar para os movimentos de dentro", a partir das *roupagens simbólicas* tecidas no palco da sessão/*diwan*.

A maleabilidade contida nessa premissa traduz-se em fazer uso da capacidade de figurar tal como um brinquedo em uma sessão de análise, pois é sempre a *Darstellung* (apresentação/figuração/encenação) o agente da sessão psicanalítica. A representação (conteúdo ideativo) está lá dentro do Inconsciente, é "intocável": tentamos tateá-la através de derivados, das *roupagens simbólicas* que as revestem. O conteúdo da nuvem é água; o Inconsciente, águas profundas. A condensação da nuvem tece a *roupagem simbólica*.

Durante uma sessão de análise, o analista pode ser utilizado figurativamente pelo analisando, através da transferência, sob determinada forma, e, em poucos segundos, a forma já ser outra. Para pensarmos um exemplo simples, digamos que o analista está a ser tomado, em alguma enunciação do analisando, como pai (ou melhor, sob a *roupagem simbólica* de pai), e, em 10 segundos, já ser utilizado, transferencialmente, sob outra forma, outra *roupagem*.

O analisando "coloca" no analista uma *symbolische Verkleidung*, uma *roupagem simbólica·* Ele coloca uma, tira, coloca outra e vive a trocar os figurinos postos no analista. Ainda mais precisamente, o analisando faz isso com todos os elementos da sessão: ele toma o analista e também o divã/*diwan* como uma massa amorfa, e os molda como "quer" (necessita internamente) que ele pareça. Tudo isso é feito de forma inconsciente e a partir da relação transferencial que ele estabelecer.

Tomar o que se passa no divã/*diwan* como em *estado de nuvem* permite "flutuar", como a indicação técnica de Freud, ao mesmo tempo que essa noção deixa claro para o psicanalista que esse flutuar é, de fato, dificílimo. Seria leviano e pobre o psicanalista pensar que passou uma sessão inteira, quiçá meses ou anos, vinculado a apenas uma ou duas figuras/papéis ou a um par de modos transferenciais.

O estado de nuvem "colhe" a água das *regiões internas* e propicia o espaço maleável do brincar, mas, ao mesmo tempo, marca impiedosamente a castração ao analista. Quando ele se acostuma com a figuração transferencial que o analisando supostamente lhe confere, precisa estar ciente de que o vento (as associações do analisando) pode soprar de modo que, por um tempo, o analista será transferencialmente amorfo, até virar uma forma outra, aparentemente desconexa daquela em que acabou de se sentir acostumado/acomodado. Sentir-se amorfo (no campo transferencial) pode ser sentido como angustiante pelo analista. É necessário ser amorfo temporariamente, até que o analisando vista (re-vista) o analista com nova *roupagem simbólica* na cena transferencial — no tempo de espera na transição de cenas, tal como ocorre no teatro, quando esse momento é literalmente marcado pelo efeito de uma máquina de esfumaçar, a qual cria uma "grande nuvem" a embaralhar e encobrir a visão do público, até que uma nova cena se materialize.

O poeta chileno Pablo Neruda nomeou sua poltrona de escrita como *La nube* (a nuvem). Seguindo nossas proposições, poderíamos brincar com a ideia de que o *estado de nuvem* se projetou em sua poltrona, ou investiu libidinalmente, em termos freudianos, nessa poltrona. A partir do momento em que a poltrona é *La nube*, uma poltrona especial para a escrita, ela já não é mais uma poltrona qualquer, passa a estar carregada e "forrada" com a maleabilidade brincante e poética das nuvens. Trata-se de pensarmos o divã dessa maneira. A partir do momento em que ele é investido, catexizado, em sessão, deixa de ser um objeto qualquer. O divã "propriamente dito" (mobília concreta) e a sala de análise como um todo servem ao *estado de nuvem* que se *apresenta* no trabalho analítico.

A transferência e todos os seus derivados também seriam nada mais e nada menos do que condensações da "água-fonte do Inconsciente". Nos primórdios, em *A intepretação dos sonhos*,[59] por exemplo, Freud utilizava o termo transferência/*Übertragung*[60] também dentro do contexto dos mecanismos que envolviam o sonho. Sua concepção primeira é a de transpor para uma figura o que é originalmente de outra. Estamos falando de usar um figurino, tal qual no teatro. Isso que se apresenta no campo da análise, dos sonhos, dos sintomas, e a que Freud chamou de "falsa ligação".[61]

Sob o prisma que estamos trabalhando, poderíamos dizer: "temos acesso direto as *roupagens simbólicas* (que encobrem a verdadeira representação), e é somente elas que temos para tentar movimentar os conteúdos alojados no Inconsciente". Freud deixa claro, durante toda a sua obra, que é por meio desses derivados que se pode fazer o trabalho psicanalítico.

O divã/*diwan* é o corpo, a poesia, o espaço-aduana e a sala de reuniões importantes que define rumos. É notável, e foi previamente alertado, que "condenso" o que teorizo sobre a

---

59   Freud, (1900) 2019.
60   Dentre outras passagens, podemos encontrar esse uso da *Übertragung* em
      Freud, (1900) 2019, p. 614.
61   Freud, (1895) 1996a.

metáfora da nuvem e sobre o divã/*diwan*, pois é justamente este o ponto a levantar: pensar o trabalho no divã/*diwan enquanto nuvem* (espaço terceiro que materializa o encontro entre a nuvem do analista e do analisando), no que auxilia o movimentar interno, e o que nele está latente.

Não esqueçamos que estar deitado no divã forneceria ainda o apoio corpóreo-objetal primevo, presente nas teorizações de Winnicott, Bollas e outros autores apresentados no livro. Não olhar diretamente para o analista não significa deixar de sentir sensivelmente sua presença, seu corpo, sua respiração e suas falas. O *divã/diwan* é esse campo embrionário da poesia de cada um, acompanhado pelo analista.

A nuvem é depositária do desejo que cria formas, contornos. Faz parte do trabalho analítico mergulhar no *estado de nuvem* até se sentir nela, deitar-se nela. Ela é a forma-não-forma em potencial, nela convive o paradoxo. A nuvem-algodão serve como a tecelagem dos figurinos cênicos — pode ser tomada, em certa medida, como um engenho *criacional*, se seguirmos os rastros de Pontalis, Bollas, Winnicott e Bion, entendendo que se deitar no divã-nuvem é também se deitar no útero que gera, transportar-se para cenas outras, vividas ou a serem vividas, infinitamente, sob formas benéficas ou maléficas. A nuvem faz aparecerem monstros e deuses, pode repartir-se em mil, dilacerar-se, conter muitas imagens em uma, conter várias que se interconectam ou não. Ser-não-ser. A nuvem se presta ao *criacional* necessário à *re-forma*. Cria a chuva que lava, que atormenta, que banha e dá vida, que fere com raios. Há nela a eletricidade, a luz, e nela também pode haver o escuro. Ela conversa com o arco-íris e pode acompanhar nosso desejo ou nos desafiar. Ela pode ser teimosa, escapar do desejo, contrariar-nos; mas também pode nos seduzir. Pode ser o pai, a mãe, o abraço, a raiva, o amor, o analista. Em nível transferencial, ela poder ser "tudo". Para o analista, que trabalha também com a historicização e procura construir ou desconstruir as significações que vivem em seus analisandos, parece-me que tal metáfora pode servir como uma ferramenta auxiliar a

mais. **O psicanalista trabalha com a "matéria" psíquica. Ser um psicanalista (quem, etimologicamente, decompõe ou participa da decomposição do que é do campo psíquico) é ser também um "psicoartenalista" (quem compõe ou participa da composição do que é do campo psíquico).**[62] **É aquele que trabalha com e na "matéria" psíquica de maneira artesanal, singular, não apenas na sua decomposição.**

É essencial, em nosso trabalho, pensarmos sobre o eterno processo de composição e decomposição presente no "jogo das nuvens" da sessão. A nuvem "propriamente dita", que vemos lá fora, no céu, é também uma espécie de espelho. No processo psicanalítico, trata-se de olhar para si, acompanhado de um outro ser humano (o analista), mas não necessariamente moldado pelo olhar desse ser humano; sem fazer da análise uma alienação ao olhar desejante do outro, como poderia pontuar Lacan.

O divã/*diwan*-nuvem é um *palco virtual* e, portanto, vive do condensado de todas as *regiões psíquicas*. Se tomamos a primeira tópica freudiana como auxiliar a esse pensamento, é *como se* as barreiras da tópica dormissem. Contudo, é *como se* em sua virtualidade, sendo a *nuvem* o terreno da *apresentação* que comportaria o sonho, o sintoma, a transferência e qualquer outra forma de *presentificação*. Freud[63] cita sua influência em G. T. Fechner e a sua proposição de "palco dos sonhos" para pensar a respeito de uma localidade psíquica, e começar a teorizar e a apresentar, para nós, a sua primeira tópica.

Há uma virtualidade no jogo transferencial. Ela é vivida *como se* fosse real, e, em certo ponto, de fato é. A transferência não é uma psicose, é um *como se*, no sentido de encenar uma fantasia, um enredo, delegar papéis a si e ao analista, moldar situações — de forma inconsciente.

Percebam que a proposta aqui é a de ofertar ângulos diversos de encarar uma proposição-estímulo, a fim de pensar

---

62 Ver o capítulo "A nuvem, a condensação e o fazer poético – Reflexões sobre o *Dichter*, a *Dichtung* e a *Verdichtung*".

63 Freud, (1900) 2019, p. 586.

sobre o processo psicanalítico e o funcionamento interno. "O multilinguismo é o alvo",[64] **a nuvem é o espaço onde todas as línguas regionais internas podem conversar (ou não). A *nuvem* "colhe" o que evapora das *regiões psíquicas* e as manifesta/*apresenta* formalmente.**

Ao tratarmos a neurose, estamos sempre "tocando" na figuração-encenação, no sentido de que isso é o que é possível acessarmos. Essa *apresentação* é o que nos auxilia no trabalho com o que é inacessível. É ela "quem vai conversar" com a representação (conteúdo ideativo), a fim de resolver o conflito interno. É a "direção" e a interpretação que damos à cena e suas *roupagens* que pode movimentar as internidades mais profundas. Nosso papel é também organizar as cenas e os papéis que o analisando transpõe para a análise sem saber, em nível consciente, o que está a encenar.

Quando pensamos em "não neuroses", se podemos falar assim, de forma mais genérica, o analista seria convocado a ofertar a capacidade potencial dos seus processos psíquicos *criacionais* a fim de ajudar o analisando a tecer *roupagens simbólicas* para "agasalhar" a nudez e a crueza de suas feridas expostas ao frio incessante do traumático. **Nesses casos, um dos papéis do analista seria oferecer seu recursos psíquicos enquanto capacidade tecelã, seja para auxiliar o tecimento de representações onde não há, seja para tecer/costurar/*re-formar* o *self*, ou até mesmo para retirar "agasalhos falsos" (os quais não aquecem afetivamente) que encobririam um *self* não bem desenvolvido. Haveria de ser feita uma troca/*re-forma* de pele, via tecelagem. Em última instância, trata-se de o analista conduzir a sessão à dimensão alegórica do brincar maleável interno.**

O *estado de nuvem* é, ao mesmo tempo, uma oficina de tecelagem e uma encarnação da *darstellung* na sala de análise (se tomamos a ideia de encarnação, de Roussillon, mencionada anteriormente). Sua movimentação alude aos mecanismos de

---

64 Trecho do *Poema Jet-lagged*, de Waly Salomão, presente no livro *Algaravias: Câmara de ecos* (1996).

deslocamento e condensação, e há nela o caráter de elevação, presente na proposta de sublimação freudiana. Seu caráter de movimentação — sua inquietude — figura também a vida pulsional e até mesmo o polo motor (se pensamos na metapsicologia de Freud). Voltar-se às nuvens da infância, de dentro, permite uma elasticidade do olhar que é para fora ("enxergar melhor o mundo"), mas, ao mesmo tempo, é olhar para dentro.

A metáfora das nuvens é auxiliar ao entendimento das transferências que precisam se instaurar (e se instalam) para que o processo analítico ocorra. É a encarnação do "como se", que alude à transferência ao analista "como pai", "como mãe", "como irmão", "como bom", "como mau" ou como qualquer outro modo transferencial que precisa operar em análise. É claro, porém, que pensar a sessão psicanalítica sob esse prisma depende de uma boa condução do psicanalista, como em qualquer outro uso técnico. O analisando não visualizar diretamente o analista, tal como na modalidade face a face, não significa que não sentirá sensivelmente sua presença, seu corpo, sua respiração e suas falas. O divã/*diwan* é esse campo embrionário da poesia de cada um, acompanhado pelo analista.

Percy Shelley (1792-1822), um dos maiores poetas ingleses, oferece-nos lampejos de que bem poderia ter sido um psicanalista, apenas corroborando o pensamento de Freud de que a sabedoria dos poetas alimentou a criação das bases psicanalíticas. No trecho que apresento a seguir, Percy Shelley mostra-se um aliado do pensamento teórico-clínico psicanalítico que estamos trabalhando e parece, até mesmo, resumir, em um parágrafo, o nosso trabalho enquanto psicanalistas, problematizando a poesia e sua função até mesmo contra "a recorrência das impressões amortecidas pela repetição".

> ... a poesia derrota a maldição que nos prende, sujeitos ao acidente das impressões que nos cercam. E, se ela estende sua cortina figurada ou puxa o escuro véu da vida da frente do cenário das coisas, igualmente cria,

para nós, um ser dentro de nosso ser. Ela faz de nós os habitantes de um mundo ao qual o mundo familiar é um caos. Reproduz o universo comum do qual somos habitantes e temos consciência, e expurga, de nossa visão interior, o filme de familiaridade que nos obscurece a maravilha de nosso ser. A poesia compele-nos a sentir aquilo percebemos e a imaginar aquilo que sabemos. Ela cria um novo universo, após ter sido aniquilado em nossas mentes pela recorrência das impressões amortecidas pela repetição. A poesia justifica as corajosas e verdadeiras palavras de Tasso: "Non merita nome di criatore, se non Iddio ed il Poeta".[65]

Não seria interessante decompor e reduzir a já lúcida e poética colocação de Shelley; mesmo assim, traduzamos sua citação de Tasso: "Ele não merece o nome de criador, senão de Deus e de Poeta". Esse verso está intimamente ligado ao que chamo de processo *criacional*, desde que comecei a trabalhar a interlocução entre o trabalho de Freud, Goethe, o criacionismo de Vicente Huidobro e sua visão do poeta como um "pequeno deus", nos capítulos anteriores. A proposta de Shelley se alia a essa tentativa de elucidar o funcionamento do imenso universo interno que vive em cada um de nós.

---

65 Shelley, (1840 [1815]) 2008, p. 117-118.

ÚLTIMAS PALAVRAS

O leitor certamente percebeu que a segunda parte deste livro traz ideias que vão além de refletir apenas o estatuto do divã na psicanálise. Não seria possível que eu compartilhasse minha visão atual acerca do tema sem evocar todo esse pensamento teórico-clínico e a forma como tenho escutado e realizado meu trabalho psicanalítico neste momento.

Creio ser fundamental que toda a comunidade psicanalítica e seus membros possam compartilhar suas inquietações com os colegas. É possível que eu siga trabalhando, em novas publicações, nas propostas presentes neste livro e que extrapolam o pensamento acerca do divã. Assim como é possível que eu as reformule ou até mesmo as abandone, como fez Freud, ao longo de sua obra. O movimento interno não cessa. É indiscutível, para mim, que um dos valores fundamentais do trabalho teórico-clínico psicanalítico é que os psicanalistas coloquem seu pensamento singular a circular entre pares, independentemente dos efeitos e dos tipos de repercussão que podem causar na troca posterior entre colegas.

Minha visão da clínica tem sido cada vez mais indissociada do que concerne ao fazer artístico e poético, portanto, procurei desenvolver essa proposta da maneira mais profunda que o momento me permite. Certamente, cada temática paralela apresentada poderia ser desenvolvida de outra maneira, em trabalhos específicos dedicados a ela.

Desde a primeira parte do livro, o leitor deve ter percebido meu ímpeto em justificar importância do uso do objeto-divã em uma análise, como também espero ter deixado claro que não me refiro à importância do seu uso apenas no que se convenciona chamar de psicanálise clássica. Mesmo quando trabalhamos com analisandos em que predominam regiões não neuróticas, não penso que devamos mudar a nomenclatura do nosso fazer para "psicoterapia" ou qualquer outro termo. A psicanálise é, por si só, uma psicoterapia, desde Freud. Onde há um psicanalista a trabalhar cuidadosamente todos os meandros técnicos, e um analisando desejante do processo, independentemente da ordem de seu sofrimento, estamos a falar sempre de uma análise.

Direcionei-me à questão do uso ou não uso do divã por meio da leitura de outros autores, desde o princípio, para deixar bem claro que evidenciar a importância de seu uso não é uma posição conservadorista; muito pelo contrário. Tendências contemporâneas de relativizar o uso do divã sob prerrogativas que não me parecem mais profundas do que as que estão sendo apresentadas aqui me levaram a escrever este livro. **É preciso re-escutarmos, re-lermos, re-interpretarmos e, sobretudo, *re-form*armos a função do divã na clínica psicanalítica.**

O projeto do livro não contemplou a discussão do trabalho remoto *online*,[1] o que se deve ao fato de que não o encaro como antagônico ao trabalho no divã/*diwan*, conforme desenvolvi na Parte II. De certa forma, a questão remota e *online* visa discutir mais o que está ligado às condições do *setting*, do ponto de vista externo. Tudo o que foi pensado clinicamente, a partir da noção ampla do divã/*diwan*, englobaria o atendi-

---

1   Foi incluído, neste livro, como um texto extra, o escrito "A necessidade do divã ou um substituto que não o olhar", a fim de contemplar, de alguma maneira, essa questão (Kupermann; Gondar; Dal Molin, 2022).

mento *online* e possui seus análogos nessa modalidade de *setting*. Creio que a modalidade *online* deva operar enquanto uma adequação ao que é possível, dentro das limitações, de tudo o que foi proposto acerca do divã/*diwan*, o trabalho a partir do *estado de nuvem* e todas as proposições já discutidas, traspassando a crítica relativa ao face a face para o tela a tela.

Parece-me que devemos encarar a elasticidade da técnica de Ferenczi sob este vértice: uma elasticidade da técnica, da escuta, das intervenções, da modalidade de encarar a sessão — não necessariamente repensar a utilização do dispositivo do divã, ainda que possamos eternamente *re-formar* a maneira de encará-lo.

Seria leviano e ingênuo pensar que os problemas e as dificuldades da técnica com analisandos difíceis se alocam no uso do divã, ou seguirmos uma infeliz colocação de Elisabeth Roudinesco quando afirma: "A psicanálise deve evoluir no ritmo imposto pelo mundo. Deverá passar a apostar em tratamentos mais curtos, durante os quais se interaja com o paciente cara a cara, e não no divã".[2] Ora, o ritmo de uma análise jamais é do ritmo imposto pelo mundo, é, no máximo, do ritmo "imposto" pelo interno. Seguir tal proposição sem refletir sobre a profundidade do trabalho que o divã nos oferece, desde o que foi visto por meio de todos os autores citados, e do que desenvolvemos subsequentemente a respeito da metáfora da nuvem é, no mínimo, triste e reducionista para a psicanálise, para não dizer mais.

Levar uma análise no ritmo imposto pelo mundo ou pelo desejo consciente do analisando (quando esse diz "preferir" se analisar frente a frente), sem levar em conta toda a complexa discussão exposta neste livro, é quase como se nós analistas disséssemos: "trabalhemos por fortificar um *falso self* e sigamos adiante". A gravidade da afirmação de Roudinesco é ainda maior, pois é feita no *Jornal El País*, o que significa expandir sua posição para fora do âmbito psicanalítico; e pior: sem

---

2   Entrevista de Élisabeth Roudinesco. Disponível em: brasil.elpais.com/brasil/2015/09/02/cultura/1441210297_491115.html.

elevar a discussão à sua devida complexidade[3]. Sua posição, em nenhum momento, apoia-se na clínica, senão que faz da sessão de análise uma formalidade a cumprir as demandas do mundo externo, sem se preocupar em discutir a funcionalidade do divã. Repito, não se trata de negar um possível tratamento olho no olho, mas, certamente, o critério não poderia ser por conta de um desejo manifesto do analisando; haveria de ter justificativas muito mais profundas do que isso, como foi intencionado discutir ao longo deste livro. Há colegas psicanalistas que as encontram a seu modo, com base em sua clínica e sua escuta, e a isso devo o maior respeito. Porém, como tem sido exposto até aqui, trabalhar o processo analítico, a partir do uso divã/*diwan*, tem sido fundamental nos processos de análise que conduzo, independentemente dos "tipo psicopatológicos" presentes em minha clínica.[4] Minha intenção é de que o problematizado, neste escrito, mobilize a discussão em torno da dicotomia divã = análise clássica (neuroses), face a face = não neuroses.

Penso que se o manejo "suficientemente bom", levando em conta o tato, o *holding* e as diversas proposições ofertadas ao longo do livro, não haveria como considerar que o divã, concretamente, deva ser posto de antemão como um problema para o tratamento de "casos difíceis". "O buraco é mais embaixo" diria a nossa cultura popular. Creio que a proposição de tratamentos face a face tem se dado (banalizando-se), nos dias atuais, em muitas circunstâncias, muito mais pela dificuldade dos psicanalistas em manejar o uso do divã para além de uma escuta e uma intervenção clássicas do que de fato pelo divã ser um empecilho. É claro que não podemos colocar o divã como um deus intocado, que jamais pode ser abandonado, mas, por outro lado, não

---

3 Confesso que gosto da ideia de acreditar que a afirmação de Roudinesco seja um erro de interpretação do seu entrevistor e que, na verdade, ela não tenha dito o que foi publicado dessa maneira.

4 Apenas o que vivo a partir dela posso compartilhar com os colegas. Confrontações quanto a isso são bem-vindas, e há uma bibliografia considerável que a confronta, ao longo do livro.

podemos dizer categoricamente que ele não serviria para auxiliar em tais casos.[5]

Como desenvolvido ao longo do livro, o ponto não é esse; por isso, devemos nos perguntar se o analista, por vezes, não está "resistindo" ao uso do divã em algumas circunstâncias clínicas, como forma de ganho secundário (não enfrentar, em análise, aspectos primitivos do analisando que só conseguiriam se manifestar por essa via — o que seria um trabalho "mais difícil", que desacomodaria mais o analista). Porém, novamente repito, não pretendo ser dogmático e acredito que devemos sempre reavaliar se, por algum motivo, algum caso deva ou não ser atendido fora do divã. No entanto, considero apenas que o face a face não deve ser encarado como um "novo normal" ou que o uso do divã seja obsoleto, como aparentou sinalizar Roudinesco.

Certamente que, também, a discussão do livro contempla atendimentos em grupos e/ou em situações em que não há infraestrutura básica para trabalhar com o divã, como é o caso de atendimentos voltados à população de baixa renda em localidades nas quais não é possível criar um ambiente com o conforto de um consultório. A questão do conforto é de fato importante de ser colocado, pois, sem dúvidas, o conforto tanto do analista quanto do analisando é auxiliar ao processo analítico. Em todos os âmbitos da vida, principalmente fora do contexto psicanalítico, o conforto é auxiliar ao melhor desenvolvimento do que quer que seja. A fome reduz as possibilidades de complexificar um processo de qualquer ordem e, consequentemente, do processo psicanalítico. "Como se a cidade não nos servisse o seu pão de nuvens", diz o poema de Drummond.[6]

Nesse sentido, não podemos ser hipócritas. Devo assinalar que estou falar sobre condições ótimas de se realizar

---

5   Discurso que vemos, com frequência, ser replicado.

6   Trecho do poema *Hotel Toffolo* [Drummond de Andrade, (1951) 2014, p. 345]. No mesmo livro, Drummond também nos deixa versos que nos ajudam a pensar o trabalho com a tristeza, evocando a figura da nuvem: "[...] E resta, / perdida no ar, por que melhor que se conserve, / uma particular tristeza, a imprimir seu selo nas nuvens" (*Tarde de maio. Ibid.*, p. 326-327).

uma análise — o que nem sempre é possível —, mas isso não impede que as questões aqui colocadas possam reverberar, de alguma maneira, na forma de pensar a prática de outras modalidades psicanalíticas.

O intuito deste trabalho é repensar e *re-formar* o estatuto do divã para quando há a possibilidade material de trabalhar a partir dele. O trabalho psicanalítico é sempre um trabalho de esperança, um trabalho para mudar o mundo, seja o interno, seja o externo. Cabe a nós, psicanalistas, utilizarmos, da maneira mais profunda possível, os recursos que temos à nossa disposição. Se não o divã, ao menos a nuvem está ofertada — de uma maneira ou de outra — a todos.

Rá[7]

Eu tenho a manhã
(brilhando) forte dentro do olho

O germe do abraço
atravessando a pálpebra do arranha-céu

Eu tenho a nuvem
brincando ao redor de meus dedos
a transformar o que mora dentro da realidade[8]

---

7   Deus-Sol do Antigo Egito.
8   Poema do livro *Homenagem à nuvem* (Krüger, 2017b, p. 88).

Extras

Através desse QR code, o poema impresso em preto e branco, na página à direita, pode ser visualizado com fundo azul e palavras escritas em branco, respeitando a intenção estética do autor (e relacionando-se mais profundamente com a sua metáfora a respeito do estado de nuvem).

pá larva

ímã gene

nada

palavra

imagem

nada

palavra imaginada

Poema "Criação", autoria de Lucas Krüger, presente no livro *Homenagem à nuvem* (2017).

Provocações a respeito dos atendimentos remotos *online*: A necessidade do divã ou um substituto que não o olhar[1]

Nos fios tensos
Da pauta de metal
As andorinhas gritam
por falta de uma clave de sol[2]
(Cassiano Ricardo)

---

1 Texto originalmente publicado no livro *Ferenczi: pensador da catástrofe*, organizado por Daniel Kupermann, Jô Gondar e Eugênio Canesin Dal Molin (Zagodoni, 2022). O livro foi organizado de forma que o texto de um autor (Bruna Zerbinatti) se apresenta como uma provocação-estímulo para o texto de um segundo autor (Renato Mezan) e, ainda depois, de um terceiro autor (no caso eu). A versão aqui publicada é aquela apresentada em evento na Sigmund Freud Associação Psicanalítica (Porto Alegre), no dia 05/10/2022, com pequenas alterações. É importante apontar, ainda, que este texto foi publicado durante a escrita do presente livro. Eu poderia dizer que seu conteúdo se apresenta, em grande parte, como um resumo do proposto mais detalhadamente nos capítulos referentes a Ferenczi, Winnicott e Green, ainda que algumas reflexões se encontrem exclusivamente aqui.

2 Poema *As andorinhas de Antônio Nobre*, de Cassiano Ricardo, presente no livro *Os Sobreviventes* (1971), que foi musicado e gravado sob o nome *As andorinhas*, no primeiro disco do grupo Secos & Molhados, lançado em 1973. Mais informações podem ser encontradas em meu artigo *Cassiano Ricardo na música de Secos & Molhados* (2017), em minha extinta coluna mensal *O sonho da vírgula*, sobre música e poesia, para a *Revista Noize*. Link: https://noize.com.br/cassiano-ricardo-secos-molhados/#1.
Observação: a disposição do poema original foi modificada para esta epígrafe, devido à sua singularidade. Conferir o poema original em anexo ao final do texto.

Procuramos, é certo, colocar-nos no diapasão do doente, sentir com ele todos os seus caprichos, todos os seus humores, mas também nos atemos com firmeza, até o fim, à nossa posição ditada pela experiência analítica.
(Sándor Ferenczi)[3]

Seguirei a provocação dos organizadores para a adição de uma "terceira camada" aos elementos que os colegas Bruna Paola Zerbinatti e Renato Mezan trouxeram para a discussão. Não comentarei o conteúdo de seus escritos diretamente, ainda que os acompanhe de forma latente.

Zerbinatti evoca as noções de ritmo e de andamentos, enquanto Mezan segue a música a fim de explicar didaticamente os compassos, trabalhando as noções de silêncio, espaço e corpo, e ambos culminam, cada um ao seu modo, em uma discussão sobre a escuta psicanalítica e os desafios do trabalho clínico *online*. Pretendo seguir o projeto de escrita deles que, resumidamente, passará de uma reflexão musical para uma reflexão acerca do corpo e da presença e desembocará na questão do divã, para, finalmente, problematizar o atendimento remoto *online*. O leitor perceberá que a citação de Otto Fenichel, "Quando não se pode ser 'clássico', um procedimento 'não clássico' é igualmente psicanalítico", realizada por Mezan, será um disparador importante para nossa discussão.

Sándor Ferenczi é o primeiro psicanalista a se preocupar efetivamente com a linguagem musical. No texto *A interpretação das melodias que vêm em nossa mente*,[4] de

---

3   Ferenczi, (1928) 1992, p. 36.
4   Este título refere-se à tradução do texto realizada a partir do alemão por E. Spieler, F. Gerchman e por mim para o livro *Sonhos, melodias e sintomas*, uma seleção de textos de Ferenczi. O título original do escrito é *Zur Deutung einfallander Melodien*, enquanto o texto presente nas *Obras Completas*, editadas pela Martins Fontes e traduzidas a partir do francês, está intitulado como *Da interpretação das melodias que nos acodem ao espírito*.

1909 — ainda que publicado apenas postumamente —, podemos perceber o tato de Ferenczi5 para com o tema da musicalidade e das "associações sonoras não determinadas pelo conteúdo de palavras". Freud6 se mostrava mais comedido com a temática, referindo-se à "imagem sonora" como elo entre a representação de palavra e a representação de coisa. "Mas sim, existem melodias sem palavras (melodias sem texto que vêm à mente, como sinfonias, sonatas etc.)", afirma Ferenczi,[7] que questiona se o ritmo não seria um correspondente do humor. "O grau de minha alegria, ou mesmo de minha tristeza, corresponde exatamente ao ritmo da melodia que me vem à mente", observa.

Ao ponderar não ser músico, Ferenczi aventa a possibilidade de um músico com formação psicanalítica desenvolver melhor o que ele compartilha sem maiores elaborações nesse escrito, o que talvez tenha sido o motivo para que fosse publicado apenas postumamente. No entanto, notemos que a temática da melodia atravessa sua clínica e podemos visualizá-la em *Prologamentos da técnica ativa* (1921), texto no qual Ferenczi traz um recorte clínico em que uma determinada melodia é um disparador para trabalhar conteúdos psíquicos de uma analisanda. No caso em questão, a melodia, a cantoria e a execução de piano, em sessão, teriam auxiliado no desvelamento de aspectos da sexualidade e das conflitivas infantis da analisanda, intimamente ligados ao seu corpo e à sua atividade corporal — que envolveria o controle dos esfíncteres anais e uretrais, bem como a masturbação clitoriana. Não nos interessaria aqui discutir a técnica ativa de Ferenczi, tampouco caberia dar mais detalhes sobre o caso. Parece-me interessante pensarmos o que está implícito: o instrumento musical usado como um prolongamento corporal. Ao descrever como o homem foi construindo a civilização e as suas ferramentas, Freud afirma que "através de cada instrumento, o homem recria

---

5   Ferenczi, 1909, p. 14.
6   Freud, 1915, p 217-222.
7   Ferenczi, 1909, p. 14.

seus próprios órgãos, motores ou sensoriais, ou amplia os limites de seu funcionamento".[8] Ainda que Freud não esteja a se referir ao instrumento musical propriamente dito, certamente a afirmação o contempla.[9] Podemos perguntarmo-nos: não poderíamos pensar o divã, um instrumento (no sentido amplo) do psicanalista, sob a perspectiva corpórea a que alude Freud?

Hoje sabemos,[10] devido aos avanços da medicina, que os sentidos táteis e auditivos são proeminentes na vida do feto, e que este chega, até mesmo, a sonhar com "imagens sonoras". O ritmo dos batimentos cardíacos da mãe e do feto, bem como do fluxo sanguíneo, fazem-se presentes desde a vibração corpórea tátil da vida intrauterina e se complexificam à medida que o sistema auditivo vai se desenvolvendo. Winnicott provavelmente já intuía a importância dessa primitividade tátil-auditiva, e nos abriu a possibilidade de pensarmos o uso do divã (e a escuta a partir dele) como um instrumento-objeto de sustentação, um instrumento que pode ser complementar e/ou um prolongamento do corpo, tal qual na relação mãe-bebê, como podemos ver nas seguintes passagens:

> O divã e as almofadas estão lá para que o paciente os use. Aparecerão em pensamentos e sonhos, e nesse caso representarão o corpo do analista, seus seios, braços, mãos etc., numa infinita variedade de formas. Na medida em que o paciente está regredido (por um momento ou por uma hora, ou por um longo período de tempo), o divã *é* o analista, os travesseiros *são* seios, o analista *é* a mãe em certa época do passado. Em situações extremas, não se pode mais dizer que o divã representa o analista.

---

8   Freud, 1930, p. 97.

9   No escrito *Sonoridades clínicas* (ver referências finais), procurei elucidar, por meio de diversas situações clínicas, algumas funções específicas que instrumentos musicais particulares podem cumprir em análises com crianças, sobretudo em questões relacionadas ao corpo.

10   Maíra dos Santos Jaber trabalha minha afirmação (aqui resumida), com muito mais detalhes, em sua dissertação (2013).

Para o neurótico, o divã, o calor e o conforto podem *simbolizar* o amor da mãe. Para o psicótico, seria mais correto dizer que essas coisas *são* a expressão física do amor do analista. O divã *é* o colo ou o útero do analista, e o calor *é* o calor do corpo do analista. E assim por diante.[11]

Percebam que Winnicott está pensando na utilização do divã também com "casos graves", citando a psicose. Sabemos que o autor[12] pontua a necessidade da onipotência criativa do bebê, presente no *momento de ilusão* inicial da relação mãe-bebê para os processos de integração (ou não integração do *self*). A psicanalista Margaret Little, que se autodenominou psicótica-*borderline*, relata que, em sua análise (no divã) com Winnicott, esteve em momentos de extrema regressão, completamente tapada por um cobertor, e também de mãos dadas com Winnicott. "Para mim, DW., não representava a minha mãe. Em minha ilusão de transferência, ele era minha mãe. Como na verdade há continuidade entre mãe e feto, genética e física, para mim as mãos dele eram o cordão umbilical, seu divã a placenta e o cobertor as membranas...".[13] (p. 95-96).

Literalmente, durante intermináveis horas, ele segurou as minhas duas mãos apertadas entre as dele, quase como um cordão umbilical, enquanto eu ficava deitada, frequentemente escondida debaixo do cobertor, calada, inerte, retraída, apavorada, com raiva ou em lágrimas, dormindo e às vezes sonhando.[14]

Os trechos de Winnicott destacados, aliados aos relatos de Little, bem como o caso descrito no texto *Retraimento*

---

11   Winnicott, 1954, p. 285; 283.
12   Winnicott, 1945a; 1945b.
13   Little, 1990, p. 95-96
14   Little, 1990, p. 46.

e regressão[15] reforçam o uso do divã como um instrumento-objeto de uso auxiliar para a análise em qualquer tipo de padecimento psíquico. Sob esse prisma, o divã está ali para ser usado da maneira que o analisando precisar, simbolicamente ou não, corporalmente ou não, neuroticamente ou não. Além disso, podemos complementar que o divã cumpre uma função de objeto terceiro. Winnicott[16] nos explica que a regressão à dependência (propiciada pelo uso do divã) é "parte integrante da análise dos fenômenos da primeira infância, e se o divã molhar-se, o paciente se sujar ou babar, saberemos que tais coisas são inerentes, e não uma complicação". Ferenczi provavelmente se entusiasmaria com as colocações de Winnicott que estamos a citar, e poderia complementar que "... chegamos a deixar o paciente mergulhar em todos os estágios precoces do amor de objeto passivo, onde, em frases murmuradas, como uma criança prestes a adormecer, ele nos permite entrever seu universo onírico".[17] Mas por que estou escrevendo sobre o instrumento-divã, se nossa proposta seria refletir sobre o atendimento remoto *online*? Pois bem, tanto Renato Mezan quanto Bruna Paola Zerbinatti mencionaram, *en passant* (por não ser o objeto principal de suas reflexões), uma dicotomia entre os atendimentos com o uso do divã *versus* o frente a frente, e creio que essa questão merece ser aprofundada antes de pensarmos sobre a modalidade *online*.

É notável uma forte corrente de pensamento presente nos psicanalistas contemporâneos de que "casos graves" precisam ser atendidos frente a frente, sustentando suas posições essencialmente sobre a necessidade do olhar. De nenhuma maneira pretendo desarticular tais posições — que são e devem ser pensadas a partir da clínica —, mas apenas seguir problematizando a questão. Ainda que

---

15 Winnicott, 1954.
16 Winnicott, 1954, p. 386.
17 Ferenczi, 1931, p. 78.

Ferenczi[18] afirme eventualmente deixar o analisando abdicar do divã para falar algo olhando nos olhos e tenhamos outros relatos de situações clínicas fora do divã, como a citada execução de piano e as encenações aliadas ao brincar ("análise pelo jogo", de Ferenczi),[19] não seria verdade afirmar que Ferenczi procurou contemplar uma indicação do face a face em detrimento do divã. Entendo que sua "elasticidade técnica" se alia muito mais à ideia de facilitar a emergência da criança que vive no adulto do que alguma reflexão sobre a importância do olhar concreto (pois o analista "olha" com a escuta, e o analisando é "olhado" quando escutado), ainda que também não seria verdade afirmar que Ferenczi se oporia a atendimentos frente a frente, até mesmo porque sua obra é caracterizada por experimentações. No entanto, compreendo que a essência de seu pensamento, como também a de Winnicott, é a de ressaltar a importância do jogo/brincar como auxiliar para a análise também de adultos, e isso não necessariamente passaria por uma proposta de defesa de uma modalidade frente a frente (que tomamos aqui como análoga ao uso da tela no atendimento *online*).

Em *Objetivos do tratamento psicanalítico*,[20] Winnicott relata fazer *análise modificada*, porém sem especificar como seria isso, explicitando apenas que ele teria o costume de tentar seguir, ao máximo, uma *análise padrão*, todavia sem receio de "praticar outra coisa"[21] — e sem aludir a necessidade do olhar e/ou do frente a frente.

Encontraremos teorizações e casos clínicos de psicanalistas como Christopher Bollas, Thomas Ogden, James Grotstein, Didier Anzieu, Masud Khan, dentre outros que ressaltariam, a seu modo, uma função corpórea, aliada ao objeto primário de cuidado, à semelhança do que apontamos por meio de Winnicott — com a ressalva, talvez, de que

---

18   Ferenczi, 1930, p. 58.
19   Ferenczi, 1931, p. 69.
20   Winnicott, 1962.
21   Tanto os termos entre aspas quanto os em itálico são do próprio Winnicott.

o tratamento de Margaret Little seja o único em que encontramos um relato em que o corpo do analista, para além do divã, acaba por ser materialmente utilizado.

Quanto a enfatizar a importância do divã também em casos mais graves, minha posição não é de sustentar uma atitude conservadora ou dogmática a respeito do divã, mas de fato problematizar a questão. Como didaticamente escrito por Renato Mezan, André Green nos dá uma verdadeira aula sobre o enquadre, sobretudo acerca da importância do enquadre interno, mas me permitirei ser ousado em apontar algumas passagens de Green — não as selecionadas por Mezan — acerca da necessidade do olhar em sessão que se mostram, no mínimo, confusas.

Em entrevista a Fernando Urribarri, Green defende a ideia da "mãe suficientemente boa" como fundadora da estrutura enquadrante e afirma:

> O que querem dizer o *hold* (segurar) e *handle* (manejar) para o bebê que é segurado? O que isso significa? Bem, justamente: uma estrutura enquadrante. Quando se é separado da mãe, o importante não é a lembrança do seu rosto, do seu sorriso. O que conta são os traços do enquadramento que o contato do seu corpo representava. O rosto da mãe e seu sorriso podem desaparecer ou serem substituídos. O enquadramento permanece. [22]

Green cita Winnicott para ressaltar que o enquadramento propiciado por estar nos braços, no colo, no corpo da mãe, é mais importante do que a forma singular de seus traços e o contato visual com ela. No entanto, na mesma entrevista, diz que, em casos graves, é preciso modificar o enquadramento e passar a aceitar o tratamento frente a frente por conta do olhar.[23] Ora, se Green afirma ser mais importante o enquadramento do corpo nos braços da mãe

---

22 Urribarri; Green, 2019, p. 64-65.
23 Urribarri; Green, 2019, p. 70.

do que o olhar, porque sua justificativa clínica para o frente a frente apoia-se sobretudo no olhar?

Isso é contraditório, pois, na entrevista a Urribarri, para articular a ideia do atendimento frente a frente em detrimento do divã, Green cita o texto *O ódio na contratransferência* de Winnicott (1947)[24] e, para defender o mesmo ponto, em seu livro *Orientações para uma psicanálise contemporânea*,[25] também cita Winnicott — dessa vez, o texto *Aspectos clínicos e metapsicológicos da regressão no contexto psicanalítico* (1954),[26] o que, naturalmente, é uma incongruência ainda maior, pois Winnicott não só não faz nenhuma menção a favor da troca do divã para o frente a frente, como, até mesmo, em ambos os seus textos citados por Green, Winnicott ressalta o divã como um possível "corpo da mãe" e a possibilidade de a análise transcorrer a partir desse entendimento. Portanto, para defender o frente a frente e a necessidade do olhar em casos não neuróticos, Green se valeu essencialmente dos textos em que Winnicott demonstra um interessante uso do divã em casos não neuróticos.

É por meio de uma leitura contraditória dos escritos de Winnicott que Green articula o face a face e a importância do olhar no *setting*. A pergunta que fica é: se o próprio Green afirma que o corpo/enquadre da mãe é mais importante do que o olhar, porque ele defenderia o olhar do frente a frente, abdicando do divã? Baseando-se em Winnicott, justamente nos textos em que ele nos propõe a pensar o divã como corpo da mãe e que tratam até mesmo de trabalhar uma profunda regressão à dependência realizada no divã?[27]

O equívoco de Green não diminui a importância de seu pensamento, tampouco de problematizar a respeito do olhar como um possível auxiliar ao tratamento. Se Green

---

24 Winnicott, 1947.
25 Green, 2008, p. 49.
26 Justamente os textos do qual colhemos os trechos que citamos anteriormente.
27 Porém, apesar dessa teorização de Green, de acordo com apresentado no capítulo *O divã de André Green — o modelo do sonho, outras contribuições e equívocos*, é possível encontrarmos relatos clínicos de Green que envolvem o tratamento de "casos difíceis" no divã.

fosse fiel à sua própria afirmação de que o enquadre/corpo da mãe é mais importante do que o olhar, e se ele quer se apoiar em Winnicott para defender uma prática, parece-me que Green deveria afirmar que, ao invés do olhar, o analisando, mesmo com uma patologia grave, deveria deitar--se ao divã, pois esse enquadre remeteria ao corpo da mãe (*estrutura enquadrante*) — e o divã, à função de *holding* e ao *handling*, mais fundamentais do que o olhar (segundo a afirmação do próprio Green); ou, para ressaltar a importância da concretude do olhar, Green teria que buscar outra base conceitual para defender o frente a frente, porém não as que ele foi precisamente buscar na obra de Winnicott. Pois está implícito no pensamento de Winnicott que a forma como o analista lida/maneja (*handling*) e sustenta (*holding*) o analisando dentro do enquadre é o mais importante. Tal contradição teórico-clínica apenas nos deixa claro o quão complexos e diversos podem ser os posicionamentos em torno dos possíveis usos e não usos do divã.

Respeitando as posições que defendem a importância do frente a frente, minha experiência clínica me conduz a ressaltar a importância do uso do instrumento-divã também nos "casos difíceis", nos quais reinariam questões ligadas ao que poderíamos entender como "não integração" ou "desintegração", pois é através dele que conduzo essas "análises modificadas" — para utilizar o termo de Winnicott, a fazer contraponto com a "análise clássica". E é a partir de minha experiência que acabei por refletir sobre o que propõe Bruna Paola Zerbinatti acerca dos intervalos de fala/silêncio e do andamento. Entendo que "análise modificada", seja presencial, seja remota, necessita mais de "modificações" da técnica clássica do que a troca do divã (ou algum substituto deste, por exemplo, a cama do analisando, no caso da análise remota) pelo face a face. Seria o caso de levarmos mais em conta o *holding*, o *handling* e a ampliação das formas de escutar e de intervir no divã do que de abdicarmos da potencialidade desse instrumento.

A "análise pelo jogo" pressupõe que o analista "participe" mais ativamente através de sua fala e de suas construções mentais do que em uma "análise clássica". Logo, tomando a teorização da colega acerca dos silêncios e do andamento, inclino-me a pensar que os "casos difíceis" demandam uma maior "continuidade de voz" (enquanto presença) do analista, sejam os atendimentos presenciais, sejam *online*.[28]

Como trabalho essencialmente com o uso do divã (estamos falando de analisandos adultos), tenho de confessar não sentir maiores cansaços (se comparados com o presencial) em realizar atendimentos predominantemente *online*, como problematizado por Zerbinatti. Meus atendimentos seguiram sem o uso do olhar direto para ambos da dupla e, por isso, esse ponto não foi tão dificultoso — ainda que singular — na maioria dos casos. A problemática que afetou alguns atendimentos, sobretudo os casos mais "difíceis", foi justamente o intervalo — sentido como um rompimento — do uso do divã enquanto uma continuidade corpórea e/ou de sustentação como "corpo da mãe", um sentimento de perda do objeto de uso que possuía uma função de sustentação importante. Esses analisandos não afirmaram sentir falta das sessões presenciais e/ou de minha "presença física", mas, ainda nas primeiras sessões *online*, já acusavam sentir falta, literalmente, do divã e até mesmo da almofada dele, pois, de fato, o divã cumpria uma função de sustentação e, por mais aparentemente aconchegante que pudesse ser utilizar a "própria" cama,[29] em sua "própria" casa, como um substituto da função que o divã outrora fazia, foi desorganizador "perdê-lo" traumaticamente, e cada caso teve de ser manejado singularmente.

---

28 Poderíamos pensar essas colocações, por exemplo, à luz do conceito de "conversação psicanalítica" de René Roussillon (2005).

29 Refiro-me à cama, pois me parece ser o substituto ideal para o divã no atendimento remoto, visto que ela remeteria ao mais íntimo, ao quarto, à vida onírica e também à sexualidade, ainda que saibamos nem sempre ser possível trabalhar em condições ótimas. Seria interessante pensar a cama e o quarto também sob o prisma do que Christopher Bollas (1992) chama de objetivos evocativos.

Estamos falando de casos em que não é nada simples viver "suficientemente bem" dentro de si mesmo.

É claro que colegas podem objetar a defesa do uso do divã nesses casos. Sem dúvidas, não estamos a falar de um processo analítico "fácil". No entanto, creio ser necessário enfatizar que a concretude do olhar me parece mais atrapalhar do que ajudar a necessária regressão/regrediência aos períodos primitivos (ou às localidades psíquicas) onde residem, geralmente, os núcleos "acinzentados" do traumático e/ou da partes psicóticas de si. Sabemos que tais questões envolvem vivências excessivas. Nesse ponto, Thomas Ogden (2013) pode contribuir para a discussão, ao ressaltar a necessidade de privacidade do analisando (e também do analista) ao valer-se do uso no divã, onde há um espaço que é só do analisando, um espaço que é só do analista, e um terceiro espaço intersubjetivo compartilhado (*terceiro analítico*). Para ele, a privacidade propiciada pelo trabalho no divã é essencial para o analisando e para o analista se entregarem profundamente à associação livre e à atenção flutuante. Portanto, não estar face a face com o analisando é também essencial para que o analista alcance a "imersão" que a escuta psicanalítica exige. Não esqueçamos que também precisamos estar com condições plenas de escutar profundamente.[30] "Olhamos" para os analisandos quando realmente os escutamos.

Não podemos negar que o trabalho com a imagem é, sim, fundamental para o processo analítico, mas o trabalho se torna mais profundo se essas forem "imagens mentais" ofertadas pelo psicanalista e não a imagem do analista propriamente dita. Como pontuou Mezan, a voz é um representante corpóreo do analista, e ela ainda me parece nosso instrumento mais rico de intervenção, sobretudo se for auxiliada pelos aspectos corpóreos enquadrantes do divã (ou um substituto que cumpra sua função, no caso do

---

30 Anteriormente, Freud (1913) já apontava o olhar como um dificultador para o processo de escuta.

online). É importante não confundirmos o olhar concreto com acolhimento, ou acusar o divã como propiciador de distância (ou até mesmo de frieza). Não projetemos isso nele e reflitamos a questão do acolhimento englobando as múltiplas funções do divã. É bom lembrar que o olhar concreto não está e nunca esteve "proibido" em um tratamento que priorize o divã, pois basta virar a cabeça que o analisando já estará a ver o analista e a certificar-se de sua presença física, quando necessário.

O ponto é que trabalhar no divã com casos difíceis exige mais do analista. Exige que ele tenha realizado uma análise pessoal profunda, que ele possua alta capacidade de *holding* e *handling* e, sobretudo, que ele suporte a emergência do cerne traumático. Trabalhar desse modo é se colocar à disposição para trabalhar no nível mais profundo do "sentir com" proposto por Ferenczi (*Einfühlung*), acolhendo (ou recuperando) a criança que vive no adulto. Oferecer imagens mentais, em detrimento da captura narcísica da própria imagem, é oferecer a capacidade de brincar e a capacidade da onipotência criativa, para que o analisando crie/recrie/transforme/re-forme o seu mundo interno doente em um que prepondere a vida.

Neste curto espaço de escrita, fiz um grande esforço para tentar transmitir essas reflexões da maneira mais profunda possível. No entanto, receio ter deixado demasiadas lacunas que poderiam ser mais bem exploradas e discutidas, por conta disso, espero que, numa próxima oportunidade, isso possa ser feito, bem como espero que essa "terceira camada" reflexiva contribua para a complexidade do que trouxeram Zerbinatti e Mezan. As questões que gostaria de deixar reverberando são: será que o instrumento-divã não deveria ser visto mais como um aliado do que como um impedimento, em patologias graves? Será que não devemos nos ater mais ao paradoxo que convive no divã (ou substituto análogo), não o encarando apenas sob o vértice da "análise clássica", ao representar o lugar da falta, da lacuna (e que, em casos difíceis, deixaria o analisando no vazio), e repensá-lo também como um objeto-corpo-instrumento auxiliar à sustentação necessária nesses tratamentos? E, finalmente: como podemos seguir problematizando essas questões, a partir dos atendimentos remotos *online*?

Anexo (versão original do poema citado na epígrafe)

AS ANDORINHAS
DE ANTÔNIO NOBRE

— Nos

— fios

— ten

 sos

— da

— pauta

— de me-

 tal

— as

— an/

 do/

 ri/

 nhas

— gri-

 tam

— por

— fal/

 ta/

— de u-

 ma

— cl´a-

 ve

— de

— sol

REFERÊNCIAS

ABRAHAM, Karl. **Selected Papers of Karl Abraham**. London: The International Psycho-Analytical Library; Hogarth Press and the Institute of Psycho-Analysis, 1942.

ABRAHAM, Karl. Hysterical dream-states. *In*: ABRAHAM, Karl. **Selected Papers of Karl Abraham**. London: The International Psycho-Analytical Library; Hogarth Press and the Institute of Psycho-Analysis, 1942a.

ABRAHAM, Karl. Transformations of Scoptophilia. Hysterical dream-states. *In*: ABRAHAM, Karl. **Selected Papers of Karl Abraham**. London: The International Psycho-Analytical Library; Hogarth Press and the Institute of Psycho-Analysis, 1942b.

ABRAHAM, Karl (1909). **Sonho e mito**: um estudo sobre a psicologia dos povos. Tradução de Lucas Krüger, Eduardo Spieler e Sander Machado da Silva. Porto Alegre: Artes & Ecos, 2020. (Série escrita psicanalítica).

ANDRÉ, Jacques. Entrevista com Jacques André: a vida de hoje e a sexualidade de sempre. **J. psicanal.**, São Paulo, v. 42, n. 77, dez. 2009. Disponível em: pepsic.bvsalud.org/scielo.php?script=sci_arttext&pid=S0103-5835200 9000200002.

ANZIEU, Didier. **O eu-pele**. Tradução de Zakie Yazigi e Rosali Mahfuz. São Paulo: Casa do Psicólogo, 1989.

ANZIEU, Didier. **A Skin for Thought**: Interviews with Gilbert Tarrab on Psychology and Psychoanalysis. London; New York: Karnac Books, 1990.

BACHELARD, Gastón. As nuvens. *In*: **O ar e os sonhos**. Tradução de Antônio Pádua Danesi. São Paulo: Martins Fontes, 1990.

BALINT, Michael. **Thrills and Regressions**. New York: International Universities Press, 1959.

BARANGER, Madeleine; BARANGER, Willy (1961/1962). **La situación analítica como campo dinámico**. Problemas del campo psicoanalítico. Buenos Aires: Kargieman, 1969. Disponível em: https://www.apuruguay.org/apurevista/1960/1688724719611962040101.pdf.

BARRENTO, João. As formas do informe. *In*: GOETHE, Johann Wolfgang von. **O jogo das nuvens**. Seleção, tradução, prefácio e notas de João Barrento. Porto: Assírio & Alvim, 2003.

BARROS, Manoel de (1993). Livro das ignorãças. *In*: BARROS, Manoel de. **Poesia completa**. São Paulo: Leya, 2013.

BEI, Aline. **O peso do pássaro morto**. São Paulo: Editora Nós, 2017.

BION, Wilfred R. (1957). Diferenciação entre a personalidade psicótica e a personalidade não-psicótica. *In*: SPILLIUS, Elizabeth Bott. **Melanie Klein hoje**: desenvolvimentos da teoria e da técnica. Tradução de B. H. Mandelbaum. Rio de Janeiro: Imago, 1991. v. 1.

BION, Wilfred R. (1965). **Transformations**. London: Karnak, 1991a.

BION, Wilfred R. (1978). Brasília. *In*: BION, Wilfred R. **Clinical Seminars and Other Works**. London: Karnac Books, 1994.

BION, Wilfred R. **Cogitations**. London: Karnak Books, 2005.

BION, Wilfred R. (1978). **The Tavistock Seminars**. London; New York: Karnak, 2005.

BION, Wilfred R. (1967). **Los Angeles Seminars and Supervision**. London: Karnak, 2013.

BION, Wilfred R. (1978). **Bion in New York and Sao Paulo and Three Tavistock Seminars**. London: The Harris Meltzer Trust, 2018.

BLEGER, José. Psicanálise do enquadramento psicanalítico. *In*: BLEGER, José. **Simbiose e ambiguidade**. Tradução de Maria Luiza de A. Borger. Rio de Janeiro: Francisco Alves, 1988.

BOLLAS, Christopher (1992). **Sendo um personagem**. Tradução de Suzana Menescal de Alencar Carvalho. Revisão técnica de José Outeiral. Rio de Janeiro: Revinter, 1998.

BOLLAS, Christopher. O estado de mente fascista. *In*: BOLLAS, Christopher. **Sendo um personagem**. Tradução de S. M. A. Carvalho. Rio de Janeiro: Revinter, 1998a.

BOLLAS, Christopher. **Hysteria**. São Paulo: Escuta, 2000.

BOLLAS, Christopher (2000). **Hysteria**. London; New York: Routledge, 2000a.

BOLLAS, Christopher. **The freudian moment**. London: Karnak Books, 2007.

BOLLAS, Christopher. **The Evocative object world**. New York: Routledge, 2009.

BOLLAS, Christopher. Architecture and the unconscious. *In*: BOLLAS, Christopher. **The Evocative object world**. New York: Routledge, 2009a.

BOLLAS, Christopher. **The infinite question**. London; New York: Routledge, 2009b.

BOLLAS, Christopher. **Catch Them Before They Fall**: The Psychoanalysis of Breakdown. New York: Routledge, 2013.

BOLLAS, Christopher (2007). **O momento freudiano**. São Paulo: Roca, 2013a.

BOLLAS, Christopher (1987). **A sombra do objeto**: psicanálise do conhecido não pensado. Tradução de Fátima Marques. São Paulo: Escuta, 2015.

BOLLAS, Christopher. **When the Sun Bursts**: The Enigma of Schizophrenia. New Haven: Yale University Press, 2015a.

BOLLAS, Christopher (1987). Ordinary regression to dependence. In: BOLLAS, Christopher. **The Shadow of the Object**: Psychoanalysis of the Unthought Known. London; New York: Routledge, 2018.

BOLLAS, Christopher (1987). **The Shadow of the Object**: Psychoanalysis of the Unthought Known. London; New York: Routledge, 2018a.

BOLLAS, Christopher. **Three Characters**: Narcissist, Borderline, Manic Depressive. Bicester: Phoenix Publishing House, 2021.

BOLOGNINI, Stefano. **Fluxos vitais**: entre o self e o não self. São Paulo: Blucher, 2022.

BOTELLA, César; BOTELLA, Sara. **The Work of Psychic Figurability**: Mental States without Representation. East Sussex: Brunner-Routledge, 2005.

BRUNI, Alessandro. Container-Contained Inverted Relationship – (♀ ♂): Developments and Applications of a Very Powerful Concept of Wilfred R. Bion. *In*: LEVINE, Howard B.; BROWN, J. Lawrence (org.). **Growth and Turbulence in the Container/Contained**: Bion's Continuing Legacy. London: Routledge, 2013.

BUSCH, Fred. **Criar a mente psicanalítica**. Teoria e método psicanalítico. São Paulo: Escuta, 2017.

CAMPOS, Haroldo de (1992). O que é mais importante: a escrita ou o escrito? Teoria da linguagem em Walter Benjamin. *In*: TAPIA, Marcelo; NÓBREGA, Thelma Médici (org.). **Haroldo de Campos transcriação**. São Paulo: Perspectiva, 2015.

CASSORLA, Roosevelt Moises S. (2013). Quando o analista se torna estúpido: tentativa de compreensão do enactment utilizando a teoria do pensamento de Bion. *In*: BARROS NETO, Alberto Moniz da Rocha; ROCHA, Elias Mallet da (org.). **O Psychanalytic Quarterly** – artigos contemporâneos de psicanálise. São Paulo: Escuta, 2016. v. II.

CASSULLO, Gabriele. The Psychoanalytic Contributions of Melitta Schmideberg Klein. More Than Melanie Klein's Rebel Daughter. **The American Journal of Psychoanalysis**, v. 76, p. 18-34, 2016.

CELENZA, Andrea. Vis-à-vis the couch: Where is psychoanalysis? **Int J Psychoanal**, v. 86, p. 1.645-1.659, 2005.

DEJOURS, Christophe. O corpo inacabado entre fenomenologia e psicanálise: entrevista. **DOSSIÊS, Psicol. USP**, São Paulo, v. 26, n. 3, set.-dez. 2015. Disponível em: www.scielo.br/j/pusp/a/d766jpxNCfsX5rxqmr9yjxm/?lang=pt.

DEJOURS, Christophe. Entre o legado e a criação. [Entrevista cedida a] Ana Claudia Patitucci Bela M. Sister Cristina Parada Franch Franch Danielle Melanie Breyton Deborah Joan de Cardoso. **Percurso**, n. 56/57, ano XXIX, jun./dez. 2016. Disponível em: www.bivipsi.org/wp-content/uploads/percurso-2016-56-57-19.pdf.

DEUTSCH, Felix. Analytic posturology. **Psychoanal. Quart.**, n. 21, p. 196-214, 1952.

DRAWIN, Carlos; MOREIRA, Jacqueline. A *Verleugnung* em Freud: análise textual e considerações hermenêuticas. **Psicol. USP**, São Paulo, v. 29, n. 1, jan.-abr. 2018. Disponível em: https://doi.org/10.1590/0103-656420160171.

DRUMMOND DE ANDRADE, Carlos (1954). O quarto em desordem. *In*: DRUMMOND DE ANDRADE, Carlos. **Fazendeiro do ar**. Rio de Janeiro: BestBolso, 2014. (Coleção nova reunião, v. 1).

DRUMMOND DE ANDRADE, Carlos (1951). Hotel Toffolo. *In*: DRUMMOND DE ANDRADE, Carlos. **Claro enigma**. Rio de Janeiro: BestBolso, 2014. (Coleção nova reunião, v. 1).

DRUMMOND DE ANDRADE, Carlos. Tarde de maio. *In*: DRUMMOND DE ANDRADE, Carlos. **Claro enigma**. Rio de Janeiro: BestBolso, 2014. (Coleção nova reunião, v. 1).

DURBAN, Joshua. "The very same is lost": in pursuit of mental coverage when emerging from autistic states. *In*: LEVINE, Howard B; POWER, David G.

(org.). **Engaging Primitive Anxieties of The Emerging Self**: The Legacy of Frances Tustin. London: Karnak, 2017.

EDITORA BLUNCHER. **Lançamento**: Psicanálise e vida covidiana. YouTube, 2 jun. 2021. 1 vídeo (1h37min). Disponível em: https://www.youtube.com/watch?v=BcoG-RoteRE.

EEKHOFF, Judy K. Finding a center of gravity via proximity with the analyst. *In*: LEVINE, Howard B; POWER, David G. (org.). **Engaging Primitive Anxieties of The Emerging Self**: The Legacy of Frances Tustin. London: Karnak, 2017.

EISSLER, Kurt. Some Psychiatric Aspects of Anorexia Nervosa. **Psa. Rev.**, XXX, 1943.

EISSLER, Kurt. Remarks on the Psychoanalysis of Schizophrenia. **Int. J. Psa.**, XXXII, 1951.

ESHEL, Ofra. "Black holes" and "fear of breakdown" in the analysis of a fetishistic-masochistic patient. *In*: LEVINE, Howard B; POWER, David G. (org.). **Engaging Primitive Anxieties of The Emerging Self**: The Legacy of Frances Tustin. London: Karnak, 2017.

FAIRBAIRN, William Ronald Dodds. Freud, The Psychoanalytical Method and Mental

Health. **Brit. J. Med. Psychol**, v. 30, pt. 2, p. 53-62, 1957.

FAIRBAIRN, William Ronald Dodds. On the nature and aims of psycho-analytical treatment. **The International Journal of Psychoanalysis**, n. 39, 374-385, 1958.

FAVEREAU, Eric. Le divan. XX1 e siècle. Demain la mondialisation des divans? Vers le corps portable. Par Jacques-Alain Miller. **Libération**, 3 juil.1999. Interview. Disponível em: https://www.liberation.fr/cahier-s-pecial/1999/07/03/le-divan-xx1-e-siecle-demain-la-mondialisation-des--divans-vers-le-corps-portable-par-jacques-alain-m_278498/.

FERENCZI, Sándor (1928). A elasticidade da técnica psicanalítica. *In*: FERENCZI, Sandór. **Obras completas de Sandór Ferenczi**. São Paulo: Martins Fontes, 1992. v. 4.

FERENCZI, Sandór (1930). Princípio de relaxamento e neocatarse. *In*: FERENCZI, Sandór. **Obras completas de Sandór Ferenczi**. São Paulo: Martins Fontes, 1992a. v. 4.

FERENCZI, Sandór (1919). Dificuldades técnicas de uma análise de histeria. *In*: FERENCZI, Sandór. **Obras completas de Sándor Ferenczi**. 2. ed. Tradução de Álvaro Cabral. São Paulo: WMF Martins Fontes, 2011. v. 3.

FERENCZI, Sándor (1921). Prolongamentos da "técnica ativa" em psicanálise. *In*: FERENCZI, Sandór. **Obras completas de Sándor Ferenczi**. São Paulo: Martins Fontes, 2011a. v. 3.

FERENCZI, Sandór (1931). Análise de crianças com adultos. *In*: FERENCZI, Sandór. **Obras completas de Sandór Ferenczi**. São Paulo: Martins Fontes, 2011b. v. 4.

FERENCZI, Sandór (1915). Inquietude no fim de sessão de análise. *In*: FERENCZI, Sandór. **Sonhos, melodias e sintomas**. Seleção de textos e tradução de Lucas Krüger, Eduardo Spieler e Felipe Gerchman. Porto Alegre: Artes & Ecos, 2019. (Série escrita psicanalítica).

FIGUEIREDO, Luís Cláudio. A virtualidade do dispositivo de trabalho psicanalítico e o atendimento remoto: uma reflexão em três partes. **Cad. Psicanál.**, Rio de Janeiro, v. 42, n. 42, p. 61-80, jan./jun. 2020. Disponível em: http://pepsic.bvsalud.org/pdf/cadpsi/v42n42/v42n42a05.pdf.

FLOURNOY, Olivier. **Le Temps d'une Analyse**. Paris: Pierre Belfond, 1979.

FORBES, Jorge. **Da palavra ao gesto do analista**. Texto estabelecido por Maria Margareth Ferraz de Oliveira. Rio de Janeiro: Jorge Zahar, 1999.

FRANK, Claudia (1999). **Melanie Klein in Berlin**: Her First Psychoanalyses of Children. London: Routledge, 2009.

FREUD, Sigmund (1916). Letter to Andreas-Salome, May 25, 1916. *In*: PFEIFFER, E. (ed.). **Sigmund Freud and Lou Andreas-Salome Letters**. New York: Harcourt, Brace, Jovanovich, 1966.

FREUD, Sigmund (1905[1904]). Sobre a psicoterapia. *In*: FREUD, Sigmund. **Obras psicológicas completas de Sigmund Freud**: edição standard brasileira. Rio de Janeiro: Imago, 1989. v. VII.

FREUD, Sigmund (1950 [1895]). Projeto para uma psicologia científica. *In*: FREUD, Sigmund. **Obras completas**. Rio de Janeiro: Imago, 1996. v. I.

FREUD, Sigmund (1895). Psicoterapia da histeria. *In*: FREUD, Sigmund. **Obras completas**: edição standard brasileira. Rio de Janeiro: Imago, 1996a. v. II.

FREUD, Sigmund (1896). Análise de um caso de paranóia crônica. *In*: FREUD, Sigmund. Observações adicionais sobre as neuropsicoses de defesa. **Obras completas**. Rio de Janeiro: Imago, 1996b. v. III.

FREUD, Sigmund (1901). Sobre os sonhos. *In*: FREUD, Sigmund. **Obras completas**: edição standard brasileira. Rio de Janeiro: Imago, 1996c. v. V.

FREUD, Sigmund (1912). Recomendações aos médicos que exercem a psicanálise. *In*: FREUD, Sigmund. **Obras psicológicas completas**: edição standard brasileira. Rio de Janeiro: Imago, 1996d. v. XII.

FREUD, Sigmund (1913). Sobre o início do tratamento (novas recomendações sobre a técnica da psicanálise I). *In*: FREUD, Sigmund. **Obras psicológicas completas**: edição standard brasileira. Rio de Janeiro: Imago, 1996e. v. XII.

FREUD, Sigmund (1914). Sobre o narcisismo: uma introdução. *In*: FREUD, Sigmund. **Obras completas**. Rio de Janeiro: Imago, 1996f. v. XIV.

FREUD, Sigmund (1937). Análise terminável e interminável. *In*: FREUD, Sigmund. **Obras psicológicas completas de Sigmund Freud**: edição standard brasileira. Rio de Janeiro: Imago, 1996g. v. XXIII.

FREUD, Sigmund (1908 [1907]). Escritores criativos e devaneios. *In*: FREUD, Sigmund. **Obras completas**. Rio de Janeiro: Imago, 2006. v. IX.

FREUD, Sigmund (1930). O mal-estar na civilização. *In*: FREUD, Sigmund. **Edição standard brasileira das obras psicológicas completas de Sigmund Freud**. Rio de Janeiro: Imago, 2006a. v. XXI.

FREUD, Sigmund (1914). **Recordar, repetir e elaborar**. *In*: FREUD, Sigmund. **Obras completas**. Tradução de Paulo César de Souza. São Paulo: Companhia das Letras, 2010. v. 10.

FREUD, Sigmund. Observações psicanalíticas sobre um caso de paranoia (Dementia Paranoides) relatado em autobiografia ("O caso Schreber, 1911"). *In*: FREUD, Sigmund. **Obras completas**. Tradução de Paulo César de Souza. São Paulo: Companhia das Letras, 2010a. v. 10.

FREUD, Sigmund (1918 [1914]). História de uma neurose infantil ("O homem dos lobos"). *In*: FREUD, Sigmund. **Obras completas**. São Paulo: Companhia das Letras, 2010b. v. 14.

FREUD, Sigmund (1912-1913). Totem e tabu. *In*: FREUD, Sigmund. **Obras completas**. Tradução de Paulo César de Souza. São Paulo: Companhia das letras, 2012. v. 11.

FREUD, Sigmund (1908 [1907]). O poeta e o fantasiar. *In*: FREUD, Sigmund. **Escritos sobre literatura**. Tradução de Saulo Krieger. São Paulo: Hedra, 2014.

FREUD, Sigmund. Trecho do Manuscrito N, anexo à carta a Fliess, de maio de 1897. *In*: **Obras incompletas de Sigmund Freud**. Tradução de Ernani Chaves. Belo Horizonte: Autêntica, 2015.

FREUD, Sigmund (1908 [1907]). O poeta e o fantasiár. *In*: FREUD, Sigmund. **Obras incompletas de Sigmund Freud**. Tradução de Ernani Chaves. Belo Horizonte: Autêntica, 2015a.

FREUD, Sigmund (1908 [1907]). O escritor e a fantasia. *In*: FREUD, Sigmund. **Obras completas**. Tradução de Paulo César de Souza. São Paulo: Companhia das Letras, 2015b. v. VIII.

FREUD, Sigmund (1905 [1901]). Análise fragmentária de uma histeria ("O caso Dora"). *In*: FREUD, Sigmund. **Obras completas**. São Paulo: Companhia das Letras, 2016. v. 6.

FREUD, Sigmund (1905). Três ensaios sobre a teoria da sexualidade. *In*: FREUD, Sigmund. **Obras completas**. São Paulo: Companhia das Letras, 2016a. v. 6.

FREUD, Sigmund (1900). A interpretação dos sonhos. *In*: FREUD, Sigmund. **Obras completas**. Tradução de Paulo César de Souza. São Paulo: Companhia das letras, 2019. v. 4.

FREUD, Sigmund (1942 [1905/1906]). Personagens psicopáticos no teatro. *In*: FREUD, Sigmund. **Obras completas**. Tradução e notas de Paulo César de Souza. São Paulo: Companhia das Letras, 2019a. v. 6.

FRIEDBERG, Ahron; LINN, Louis. The Couch as Icon. **The Psychoanalytic Review**, v. 99, n. 1, p. 35-62, feb. 2012.

GAY, Peter. **Freud**: uma vida para o nosso tempo. Tradução de Denise Bottman. São Paulo: Companhia das Letras, 1989.

JORGE, Marco Antonio Coutinho. **Fundamentos da psicanálise de Freud a Lacan**. A prática analítica. 1. ed. Rio de Janeiro: Zahar, 2017. v. 3.

GABBARD, Glen O. Technical approaches to transference hate in the analysis of borderline patients. **Internat. J. Psycho-Anal.**, v. 72, p. 625-637, 1991.

GEDO, John E. Channels of communication and the analytic setup. **Psychoanalytic Inquiry**, v. 15, p. 294-303, 1995.

GOETHE, Johann Wolfgang von. **O jogo das nuvens**. Seleção, tradução, prefácio e notas de João Barrento. Porto: Assírio & Alvim, 2003.

GOETHE, Johann Wolfgang von (1819). **Divã ocidento-oriental**. Tradução e posfácio Daniel Martineschen. 1. ed. São Paulo: Estação Liberdade, 2020. Título original: West-örlicher divan

GOLDBERGER, Marianne (1995). The Couch as Defense and as Potential for Enactment. **The Psychoanalytic Quarterly**. v. 64, n. 1, p. 23-42, 1995.

GROSSMAN, William I. Reflections on a group investigating borderline personality. *In*: GREEN, André (org.). **Resonance of Suffering Countertransference in Non-Neurotic Structures**. London: Karnak Books, 2007.

GREEN, André. L'enfant modèle. **Nouv. Rev. Psychanalyse**, n. 19, p. 27-47, 1979.

GREEN, André (1979). A psicanálise e modos comuns de pensamento. *In*: GREEN, André. **Sobre a loucura pessoal (coletânea de artigos, 1972-1986)**. Rio de Janeiro: Imago, 1988.

GREEN, André. The Central Phobic Position: A New Formulation of the Free Association Method. **International Journal of Psychoanalysis**, n. 81, p. 429-451, 2000.

GREEN, André. The Central Phobic Position: A New Formulation of the Free Association Method. *In*: WILLIAMS, P. (ed.). **Key Papers on Borderline Disorders**. London: Karnac, 2002.

GREEN, André. **André Green e a Fundação Squiggle**. São Paulo: Roca, 2003.

GREEN, André. O silêncio do psicanalista. **Revista Psychê**, São Paulo, ano VIII, n. 14, p. 23, jul./dez. 2004. Disponível em: pepsic.bvsalud.org/pdf/psyche/v8n14/v8n14a02.pdf.

GREEN, André. O enquadre. *In*: GREEN, André. **Orientações para uma psicanálise contemporânea**. Rio de Janeiro: Imago, 2008.

GREEN, André. **Orientações para uma psicanálise contemporânea**. Rio de Janeiro: Imago, 2008a.

GREEN, André. **Illusions and Disillusions of Psychoanalytic Work**. London: Karnak Books, 2011.

GREEN, André; URRIBARRI, Fernando. Do pensamento clínico ao paradigma contemporâneo: diálogos. Tradução de Paulo Sérgio de Sousa Jr. São Paulo: Blucher, 2019.

GROTSTEIN, James S. (1995). A reassessment of the couch in psychoanalysis. **Psychoanalytic Inquiry: A Topical Journal for Mental Health Professionals**, v. 15, n. 3, p. 396-405, 1995.

GROTSTEIN, James S. (2009) **... But at the Same Time and on Another Level ...** Clinical Applications in the Kleinian/Bionian Mode. London: Karnac, 2009.

GUNTRIP, Harry (1961). **Personality Structure and Human Interaction**: The Developing Synthesis of Psycho-dynamic Theory. New York: International Universities Press, 1964.

GUNTRIP, Harry. **Schizoid Phenomena Object-Relations and the Self**. New York: International Universities Press, 1969.

HOUZEL, Didier. Precipitation anxiety in the analysis of adult patients. *In*: MITRANI, Judith L.; MITRANI, Theodore (org.). **Frances Tustin Today.** New York: Routledge, 2015.

ISAACS, Susan (1952). The Nature and Function of Phantasy. *In*: KLEIN, Melanie; HEIMANN, Paula; ISAACS, Susan; RIVIERE, Joan (ed.). **Developments in Psychoanalysis.** London: Karnak, 2002.

JACOBSON, Jacob G. The analytic couch: Facilitator or sine qua non? **Psychoanalytic Inquiry,** v. 15, 1995.

JABER, Maíra dos Santos. **O bebê e a música**: sobre a percepção e a estruturação do estímulo musical, do pré-natal ao segundo ano de vida pós-natal. Dissertação (Mestrado em Música) – Escola de Música, Programa de Pós-Graduação em Música, Universidade Federal do Rio de Janeiro, Rio de Janeiro, 2013. Disponível em: http://objdig.ufrj.br/26/dissert/817223.pdf.

KORBIVCHER, Celia. F. Bion and the unintegrated states: falling, dissolving, and spilling. *In*: LEVINE, Howard B; POWER, David G. (org.). **Engaging Primitive Anxieties of The Emerging Self**: The Legacy of Frances Tustin. London: Karnak, 2017.

KELMON, Harold. The use of the analytic couch. **The American Journal of Psychoanalysis,** v. 14, iss. 1, 1954.

HEIMANN, Paula (1961). **Notes on anal stage**. *In*: HEIMANN, Paula. **About Children and Children-NoLonger**: Collected Papers 1942-80. London; New York: Routledge, 2005.

HEIMANN, Paula (1975). Sacrificial parapraxis – failure or achievement? *In*: HEIMANN, Paula. **About Children and Children-NoLonger**: Collected Papers 1942-80. London; New York: Routledge, 2005a.

HOPKINS, Linda. **False Self**: The life of Masud Khan. London: Karnak, 2008.

HUIDOBRO, Vicente. **Arte póetica**. *In*: HUIDOBRO, Vicente. **El espejo de agua**. Buenos Aires: Órion, 1916.

JUNQUEIRA DE MATTOS, José Américo. Impressions of my analysis with Dr. Bion. *In*: LEVINE, Howard B.; CIVITARESE, Giuseppe. **The W. R. Bion Tradition**: Lines of Development – Evolution of Theory and Practice over the Decades. London: London, 2016.

KAHN, Laurence. Se apenas soubéssemos o que existe! *In*: LEVINE, Howard B.; REED, Gail S.; SCARFONE, Dominique (org.). **Estados não representados e a construção de significado**: contribuições clínicas e teóricas. São Paulo: Blucher, 2016.

KHAN, M. Masud Raza. **The Privacy of the Self**: Papers on Psychoanalytic Theory and Technique. London: Karnak, 1996.

KLEIN, George S. **Perception, Motives, and Personality**. New York: Knopf, 1970.

KLEIN, Melanie (1957). Inveja e gratidão. *In*: **Obras completas de Melanie Klein**: inveja e gratidão e outros trabalhos (1946-1963). Rio de Janeiro: Imago, 1991. v. III.

KLEIN, Melanie. Narrativa da análise de um a criança; o procedimento da psicanálise de crianças tal como observado no tratamento de um menino de dez anos. *In*: KLEIN, Melanie. **Obras completas de Melanie Klein**. Rio de Janeiro: Imago, 1994. v. IV.

KLEIN, Melanie (1932). A técnica da análise no período de latência. *In*: KLEIN, Melanie. **Obras completas de Melanie Klein**: a psicanálise de crianças. Rio de Janeiro: Imago, 1997. v. II. Título original (1999): Melanie Kleins erste Kinderanalysen: die Entdeckung des Kindes als Objekt sui generis von Heilen und Forschen.

KLEIN, Sydney. Autistic Phenomena in Neurotic Patients. *In*: MITRANI, Judith L.; MITRANI, Theodore (org.). **Frances Tustin Today**. New York: Routledge, 2015.

KRIS, Anton O. **Free Association**: Method and Process. Hillsdale, NJ: Analytic Press, 1996.

KRÜGER, Lucas. Sonoridades clínicas. *In*: KRÜGER, Lucas; REFOSCO, Lísia da Luz; SILVA, Sander Machado da (org.). **Interlocuções na fronteira entre psicanálise e arte**. Porto Alegre: Artes & Ecos, 2017.

KRÜGER, Lucas. **Homenagem à nuvem**. Artes & Ecos: Porto Alegre, 2017a.

KRÜGER, Lucas. Rá. *In*: KRÜGER, Lucas. **Homenagem à nuvem**. Artes & Ecos, 2017b.

KRÜGER, Lucas. A poesia, a escuta, e o uso da palavra na clínica psicanalítica. *In*: KRÜGER, Lucas; REFOSCO, Lísia da Luz; SILVA, Sander Machado da (org.). **Interlocuções na fronteira entre psicanálise e arte**. Porto Alegre: Artes & Ecos, 2017c.

KRÜGER, Lucas. Sobre as reflexões de Christopher Bollas a respeito do fascismo e do genocídio. **Sig revista de psicanálise**, Porto Alegre, v. 10, n. 18, p. 31-40, jan./jun. 2021.

KRÜGER, Lucas. A necessidade do divã ou um substituto que não o olhar. *In*: KUPERMANN, D.; GONDAR, J.; DAL MOLIN, E.C (org.). **Ferenczi: pensador da catástrofe**. São Paulo: Zagodoni, 2022.

KUPERMANN, Daniel. **Por que Ferenczi?** São Paulo: Zagodoni, 2019.

KUPERMANN, Daniel. **Presença sensível: cuidado e criação na clínica psica-nalítica.** Porto Alegre: Artes & Ecos, 2021.

KUPERMANN, D.; GONDAR, J.; DAL MOLIN, E.C. **Ferenczi: pensador da catástrofe.** São Pualo: Zagodoni, 2022.

LABLE, Ira; KELLEY, John M.; ACKERMAN, Julie; LEVY, Raymond; WALDRON, Sherwood Jr.; ABLON, J. Stuart. The role of the couch in psychoanalysis: proposed research designs and some preliminary data. **Journal of the American Psychoanalytic Association,** v. 58, n. 5, p. 861-887, oct. 2010. Disponível em: citeseerx.ist.psu.edu/viewdoc/downloaddoi=10.1.1.103 3.9718&rep=rep1&type=pdf.

LACAN, Jacques (1954-1955). **O Seminário, livro 2:** o eu na teoria de Freud e na técnica da psicanálise. Rio de Janeiro: Zahar, 1995.

LACAN, Jacques (1955-1956). **O Seminário, livro 3:** as psicoses. Rio de Janeiro: Zahar, 1997.

LACAN, Jacques (1955). A coisa freudiana: ou sentido do retorno a Freud em psicanálise. *In*: LACAN, Jacques. **Escritos.** Rio de Janeiro: Jorge Zahar, 1998.

LACAN, Jacques (1975-1976). **O Seminário, livro 23:** o sinthoma. Rio de Janeiro: Zahar, 2007.

LAPLANCHE, Jean. **Vida e morte em psicanálise.** Tradução de Cleonice Paes Barreto Mourão e Consuelo Fortes Santiago. Porto Alegre: Artes Médicas, 1985.

LAPLANCHE, Jean (1987). **A Tina:** a transcendência da transferência. São Paulo: Martins Fontes, 1993.

LEWIN, D. Bertram. Dream Psychology and the Analytic Situation. **The Psychoanalytic Quartely,** v. 24, n. 2, 1955.

MACALPINE, Ida. The Development of the Transference. **The Psychoanalytic Quarterly,** v. 19, n. 4, p. 501-539, 1950.

LORA, Débora Zaffari; PAIM FILHO, Ignácio A.; NUNES, Luciana Nunes de. Percepção – castração – cisão: as múltiplas faces do Eu. **Rev. CEPdePA,** v. 25, 2018. Disponível em: http://www.cepdepa.com.br/wp-content/ uploads/2020/02/5-Percep%C3%A7%C3%A3o-%E2%80%93-castra%-C3%A7%C3%A3o-%E2%80%93-cis%C3%A3o-as-m%C3%BAltiplas-fa-ces-do-Eu.pdf

MAIAKOVSKI, Vladimir. A nuvem de calças. *In*: BLOK, Aleksandr... [et al.]. **Poetas Russos**. Tradução, prólogo e notas de Manuel de Seabra. Lisboa: Relógio D' Água Editores, 1995.

MANNONI, Maud. O divã de Procusto. *In*: MCDOUGALL, Joyce (coord). **O divã de Procusto**. Porto Alegre: Artes Médicas, 1991.

MARUCCO, Norberto C. O analisando de hoje e o inconsciente (sobre o conceito de zonas psíquicas). **Revista de Psicanálise da SPPA**, v. 10, n. 3, 453-473, 2003.

MARUCCO, Norberto. A clínica contemporânea e suas raízes metapsicológicas freudianas. **Jornal de Psicanálise**, São Paulo, v. 45, n. 83, dez. 2012.

MARUCCO, Norberto. A prática psicanalítica contemporânea: as zonas psíquicas e os processos de insconscientização. **Revista de Psicanálise**, v. 15, n. 1, p. 133-136, 2013.

MATTUELLA, Luciano. **O corpo do analista**. Porto Alegre: Artes & Ecos, 2020. (Série escrita psicanalítica).

McDOUGALL, Joyce (1982). **Teatros do Eu**. Rio de Janeiro: Francisco Alves, 1989.

McDOUGALL, Joyce (1989). **Teatros do corpo**. São Paulo: Martins Fontes, 1996.

McLAUGHLIN, James T. Nonverbal behaviors in the analytic situation: The search for meaning in nonverbal cues. *In*: KRAMER, Selma; AKHTAR, Salman (ed.). **When the Body Speaks**: Psychological Meanings in Kinetic CluesNorthvale, NJ: Aronson, 1992.

MELTZER, Donald. **The Claustrum**: An Investigation of Claustrophobic Phenomena. Strath Tag, Perthshire, Scotland: The Clunie Press, 1992. (The Roland Harris Trust Library, 15).

MELTZER, Donald. **Sincerity and Other Works**: Collected Papers of Donald Meltzer. London: Karnak, 1994.

MELTZER, Donald (1984). **Dream-Life**: A Re-Examination of the Psychoanalytic Theory and Technique. London: Karnak Books, 2009.

MELTZER, Donald; HARRIS, Martha. **Adolescence**: Talks and Papers by Donald Meltzer and Martha Harris. Edited by Martha Harris. London: Karnak, 2011.

MELTZER, Donald (1967). **The Psycho-Analytical Process**. London: Karnak, 2018.

MÉLEGA, Marisa Pelella. **Post-Autism**: A Psychoanalytical Narrative with supervisions by Donald Meltzer. London: Karnak, 2014.

MENDES, Murilo (1930). **Poemas**. São Paulo: Cosac Naify, 2014.

MENDES, Murilo (1944). **Metamorfoses.** São Paulo: Cosac Naify, 2015.

MILNER, Marion (1948). Um paciente adulto utiliza brinquedos. *In*: MILNER, Marion. **A loucura suprimida do homem são:** quarenta e quatro anos explorando a psicanálise. Tradução de Paulo Cesar Sandler. Rio de Janeiro: Imago, 1991.

MILTON, Christopher. **A Phenomenological Hermeneutic Investigation into the Psychoanalytic Psychotherapist's Experience of Using The Psychoanalytic Couch.** 2003. Thesis (Doctoral) – Rhodes University, Grahamstown, 2004.

MITRANI, Judith L.; MITRANI, Theodore. **Frances Tustin Today.** New York: Routledge, 2015.

MITRANI, Judith L. Trying to enter the long black branches: Some technical extensions for the analysis of autistic states in adults. *In*: MITRANI, Judith L.; MITRANI, Theodore (org.). **Frances Tustin Today.** New York: Routledge, 2015.

MONEY-KYRLE, Roger E. Introdução a Amor, culpa e reparação. *In*: KLEIN, Melanie (1921-1945) **Obras completas de Melanie Klein.** Rio de Janeiro: Imago, 1996. v. I.

NASIO, Juan David. **O olhar em psicanálise.** Rio de Janeiro: Jorge Zahar, 1995.

OGDEN, Thomas. The Structure of Experience. *In*: OGDEN, Thomas. **The primitive edge of experience.** New Jersey: Jason Aronson, 1989.

OGDEN, Thomas. The Autistic-Contiguous Position. *In*: OGDEN, Thomas. **The primitive edge of experience.** New Jersey: Jason Aronson, 1989a.

OGDEN, Thomas. **Subjects of analysis.** New Jersey: Jason Aronson, 1994.

OGDEN, Thomas. **His Art of Psychoanalyis:** Dreaming Undreamt Dreams and Interrupted Cries. New York: Routledge, 2005.

OGDEN, Thomas (2005). Sobre sustentar e conter, ser e sonhar. *In*: OGDEN, Thomas. **Esta arte da psicanálise:** sonhando sonhos não sonhados e gritos interrompidos. Porto Alegre: Artmed, 2010.

OGDEN, Thomas. Privacidade, reverie e técnica analítica. *In*: OGDEN, Thomas. **Reverie e interpretação:** captando algo humano. São Paulo: Escuta, 2013.

OGDEN, Thomas. **Leituras criativas:** ensaios sobre obras analíticas seminais. São Paulo: Escuta, 2014.

OGDEN, Thomas. **Reclaiming Unlived Life**: Experiences in Psychoanalysis. New York; London: Routledge, 2016.

OGDEN, Thomas. **Conversations at the Frontier of Dreaming**. London: Karnak Books, 2022.

OGDEN, Thomas. Re-Minding the body. *In*: OGDEN, Thomas. **Conversations at the Frontier of Dreaming**. London: Karnak Books, 2022a.

OLIVEIRA, Ana Lúcia Monteiro. Poltrona elástica? Divã transicional? Reflexões sobre a minha poltrona giratória. **Revista da SPPA**, Porto Alegre, v. 27, n. 2, 2020.

OLIVEIRA, Ana Lúcia Monteiro. Poltrona elástica? Divã transicional? Reflexões sobre a minha poltrona giratória. **Revista da SPPA**, Porto Alegre, v. 27, n. 2, 2020.

PONTALIS, Jean-Bertrand. **Entre o sonho e a dor**. Aparecida, SP: Ideias & Letras, 2005.

PONTALIS, Jean-Bertrand. Na borda das palavras. [Entrevista cedida a] Marcelo Marques. **Percurso**, out. 2008. Disponível em: https://www.revistapercurso.com.br/index.php?apg=artigo_view&ida=40&ori=en-trev#topo.

POUND, Ezra. **ABC da literatura**. São Paulo: Cultrix, 2013.

QUINET, Antonio. **As 4+1 condições da análise**. 12. ed. Rio de Janeiro: Jorge Zahar, 2009.

QUINODOZ, Danielle (2003). **Words That Touch**: A Psychoanalyst Learns to Speak. London: Karnac Books.

RANK, Otto. **O trauma do nascimento**: e seu significado para a psicaná-lise. Tradução e introdução de Érica Gonçalves de Castro. São Paulo: Cienbook, 2016.

RIOLFI, Claudia. Quando está indicado o divã: a análise lacaniana tem contraindicações? *In*: RIOLFI, Claudia (org.); FORBES, Jorge (ed.). **Psicanálise**: a clínica do real. Barueri: Manole. Edição digital.

ROSE, Gilbert J. Unconscious birth fantasies in the ninth month of treat-ment. **J. Amer. Psychoanal. Assn.**, v. 10, p. 677-688, 1962.

ROSS, John Munder (1999). Once more onto the couch: Consciousness and Preconscious Defenses in the Psychoanalytic Situation and Process. **Journal of the American Psychoanalytic Association**, v. 47 n. 1, p. 99, 1999.

ROUSSILLON, René (2005). A conversão psicanalítica: um divã em latência. Tradução de Eline Batistella. Disponível em: https://issuu.com/psicossomaticainstitutosedessapient/docs/a_conversacao_psicanalitica_por_r._roussillon. Originial: La «conversation» psychanalytique: un divan en latence. **Revue Française de Psychanalyse**, v. 69, p. 365-381, 2005/2.

ROUSSILLON, René. **Primitive Agony and Symbolization**. London: Karnac, 2011.

ROUDINESCO, Élisabeth. Élisabeth Roudinesco: Freud nos tornou heróis da nossa vida. [Entrevista concedida a A. V.]. **El País**, 6 set. 2015. Cultura. Disponível em: brasil.elpais.com/brasil/2015/09/02/cultura/1441210297_491115.html.

ROUSSILLON, René. Satisfaction et plaisir partagé. **Revue française de psychanalyse**, France, v. 74, p. 21-38, 2010.

ROUSSILLON, René. The function of the object in the binding and unbinding of the drives. **International Journal of Psychoanalysis**, v. 94, p. 257-276, 2013.

ROUSSILLON, René. **Le transitionnel, le sexuel et la réflexivité**. Paris: Dunod, 2008.

ROUSSILLON, René. Aspects métapsychologiques des médiations thérapeutiques. **Cliniques**, n. 12, 230-245, 2016/2.

ROUSSILLON, Le transitionnel et le travail psychanalytique en séance. **Revue française de psychanalyse**, v. 82, p. 121-131, 2018/1.

ROUSSILLON, René. **Manual da prática clínica em psicologia e psicopatologia**. São Paulo: Blucher, 2019.

SALOMÃO, Waly (1996). Poema Jet-lagged. *In*: SALOMÃO, Waly. **Algaravias**: Câmara de ecos. Poesia Total. São Paulo: Companhia das Letras, 2014.

SANTOS, Guilherme Geha dos; MELLO NETO, Gustavo Adolfo Ramos. Pacientes, problemas e fronteiras: psicanálise e quadros borderline. **Psicol. USP**, São Paulo, v. 29, n. 2, p. 285-293, maio-ago. 2018. Disponível em: http://dx.doi.org/10.1590/0103-656420170101.

SCHACHTER, Joseph; KÄCHELE, Horst. The Couch in Psychoanalysis. **Contemporary Psychoanalysis**, v. 46, n. 3, p. 439-459, 2010.

SCHMIDEBERG, Melitta. A note on claustrophobia. **Psychoanalytic Review**, n. 35, p. 309-311, 1948.

SCHERMER, Victor L. **Meaning, Mind, and Self-Transformation**: Psychoanalytic Interpretation and the Interpretation of Psychoanalysis. London: Karnak Books, 2014.

SEARLES, Harold F. **The Nonhuman Environment in Normal Development and in Schizophrenia**. New York: International Universities Press, 1960.

SHELLEY, Percy (1840 [1815]). Uma defesa da poesia. *In*: SHELLEY, Percy. **Uma defesa da poesia e outros ensaios**. São Paulo: Landmark, 2008.

SIMMEL, Ernst (1943). **A autoconservação e a pulsão de morte**. Tradução e introdução de Gabriel K. Saito. Porto Alegre: Artes & Ecos, 2022. (Série escrita psicanalítica).

SKOLNICK, Neil J. Rethinking the Use of the Couch: A Relational Perspective. **Contemporary Psychoanalysis**, v. 51, n. 4, p. 624-648, 2015.

SOUZA, Jovelina M. R. de. As origens da noção de poíesis. **Revista Hypnos**, São Paulo, ano 13, n. 19, p. 85-962, sem. 2007.

SPIELREIN, Sabina (1912). **A destruição como origem do devir**. Tradução de Renata Dias Mundt. Curadoria e introdução de Renata Udler Cromberg. Porto Alegre: Artes & Ecos, 2021. (Série escrita psicanalítica).

STAEHLE, Angelika. The Threatening Character of Change: An Approach with Patients Who Experience Progress as Trauma. *In*: LEVINE, Howard B.; BROWN, J. Lawrence (org.). **Growth and Turbulence in the Container/ Contained**: Bion's Continuing Legacy. London: Routledge, 2013.

STERN, Adolph. Psychoanalytic Therapy in the Borderline Neuroses. **The Psychoanalytic Quarterly**, v. 14, n. 2, p. 190-198, 1945.

STRAND, Mark. **Collected Poems of Mark Strand**. Knopf: New York, 2016.

TUSTIN, Frances. **Autistic Barriers in Neurotic Patients**. London: Karnak, 1986.

TUSTIN, Frances. **Autism and Childhood Psychosis**. London: Karnak, 1995.

UM ENCONTRO com Lacan. Direção de Gérard Miller. Paris: 2Cafe L'Addition, 1972. 1 DVD (169 min.), son.

URRIBARRI, Fernando. André Green: paixão clínica, pensamento complexo. Em direção ao futuro da psicanálise. **Contemporânea – Revista de Psicanálise e Transdisciplinaridade**, Porto Alegre, n. 10, p. 40, jul./ dez. 2010. Disponível em: www.revistacontemporanea.org.br/revistacontemporaneaanterior/site/wp-content/artigos/AndreGreen.pdf.

URRIBARRI, Fernando. Os casos-limite e a psicanálise contemporânea: do desafio clínico à complexidade teórica. Entrevista com André Green. **Sig Revista de Psicanálise**, Porto Alegre, v. 1, n. 2, jan.-jun. 2013.

VALÉRY, Paul (1937/1938). O ensino da poética no Collège de France. *In*: VALÉRY, Paul. **Lições de poética**. Belo Horizonte: Âyiné, 2018.

WAUGAMAN, Richard M. The analytic couch as transference object. **Psychoanalytic Inquiry: A Topical Journal for Mental Health Professionals**, v. 15, n. 3, p. 338-357, 1995.

WINNICOTT, Donald Woods. **Playing and Reality**. London: Tavistock Publications, 1971.

WINNICOTT, Donald Woods. **O brincar e a realidade**. Rio de Janeiro: Imago, 1975.

WINNICOTT, Donald Woods (1953). Objetos transicionais e fenômenos transicionais. *In*: **O brincar e a realidade**. Rio de Janeiro: Imago, 1975a.

WINNICOTT, Donald Woods (1967). O papel de espelho da mãe e da família no desenvolvimento infantil. *In*: WINNICOTT, Donald Woods. **O brincar e a realidade**. Rio de Janeiro: Imago, 1975b.

WINNICOTT, Donald Woods (1969). A localização da experiência cultural. *In*: WINNICOTT, Donald Woods. **O brincar e a realidade**. Rio de Janeiro: Imago, 1975c.

WINNICOTT, Donald Woods (1971). O lugar em que vivemos. *In*: **O brincar e a realidade**. Rio de Janeiro: Imago, 1975d.

WINNICOTT, Donald Woods (1962). Os objetivos do tratamento psicanalítico. *In*: WINNICOTT, Donald Woods. **O ambiente e os processos de maturação**: estudos sobre a teoria do desenvolvimento emocional. Porto Alegre: Artes Médicas, 1984.

WINNICOTT, Donald Woods (1971). **Consultas terapêuticas em psiquiatria infantil**. Tradução de Joseti Marques Xisto Cunha. Rio de Janeiro: Imago, 1984a.

WINNICOTT, Donald Woods (1972). **Holding and Interpretation**: Fragment of an Analysis. London: The Hogarth Press, 1986.

WINNICOTT, Donald Woods (1954). Retraimento e regressão. *In*: **Da pediatria à psicanálise**: obras escolhidas. Rio de Janeiro: Francisco Alves, 1993.

WINNICOTT, Donald Woods (1964-1968). O jogo do rabisco [Squiggle Game]. *In*: WINNICOTT, Clare; SHEPHERD, Ray; DAVIS, Madeleine (org.). **Explorações psicanalíticas**: D. W. Winnicott. Porto Alegre: Artmed, 1994.

WINNICOTT, Donald Woods (1947). O ódio na contratransferência. *In*: WINNICOTT, Donald Woods. **Da pediatria à psicanálise**: obras escolhidas. Rio de Janeiro: Imago, 2000.

WINNICOTT, Donald Woods (1954). Retraimento e regressão. *In*: WINNICOTT, Donald Woods. **Da pediatria à psicanálise**: obras escolhidas. Rio de Janeiro: Imago, 2000a.

WOLF, Ernest S. Brief Notes on Using the Couch. **Psychoanalytic Inquiry**, v. 15, p. 314-323, 1995.

ARTES & ECOS)))))▸

Blucher